国家社科基金
后期资助项目
GUOJIA SHEKE JIJIN HOUQI ZIZHU XIANGMU

新媒体时代的
传播学创新

基于"媒介现象学"的路径

张 骋 / 著

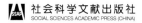
社会科学文献出版社
SOCIAL SCIENCES ACADEMIC PRESS (CHINA)

图书在版编目（CIP）数据

新媒体时代的传播学创新：基于"媒介现象学"的
路径 / 张骋著 . -- 北京：社会科学文献出版社，2025.
3（2025.9 重印）. --ISBN 978-7-5228-4828-0

Ⅰ. G206

中国国家版本馆 CIP 数据核字第 20252LV711 号

国家社科基金后期资助项目
新媒体时代的传播学创新
　　——基于"媒介现象学"的路径

著　　者 / 张　骋

出 版 人 / 冀祥德
责任编辑 / 张建中
文稿编辑 / 李瑶娜
责任印制 / 岳　阳

出　　版 / 社会科学文献出版社·文化传媒分社（010）59367156
　　　　　　地址：北京市北三环中路甲 29 号院华龙大厦　邮编：100029
　　　　　　网址：www.ssap.com.cn
发　　行 / 社会科学文献出版社（010）59367028
印　　装 / 河北虎彩印刷有限公司

规　　格 / 开　本：787mm×1092mm　1/16
　　　　　　印　张：16　字　数：253 千字
版　　次 / 2025 年 3 月第 1 版　2025 年 9 月第 2 次印刷
书　　号 / ISBN 978-7-5228-4828-0
定　　价 / 89.00 元

读者服务电话：4008918866

国家社科基金后期资助项目
出版说明

后期资助项目是国家社科基金设立的一类重要项目，旨在鼓励广大社科研究者潜心治学，支持基础研究多出优秀成果。它是经过严格评审，从接近完成的科研成果中遴选立项的。为扩大后期资助项目的影响，更好地推动学术发展，促进成果转化，全国哲学社会科学工作办公室按照"统一设计、统一标识、统一版式、形成系列"的总体要求，组织出版国家社科基金后期资助项目成果。

全国哲学社会科学工作办公室

前　言

一　写作的缘起

传播学自诞生以来就面临着学科合法性的危机，正如传播学创始人施拉姆（也译作宣伟伯）所言："有时候我们竟然忘记了传播研究是一个领域而不是一门学科。在有关研究中，这个领域是一个巨大的十字路口。很多学者在此路过，但很少有人驻足。"[①]　具体而言，这种危机首先体现为：作为一门新兴学科，传播学的诞生受到社会学、心理学、社会心理学、政治学等学科的影响。传播学的四大奠基人拉斯韦尔、卢因、拉扎斯菲尔德、霍夫兰是社会学家、心理学家和政治学家，他们为传播学带来了不少研究理论和研究方法。不过，从更深层面上讲，这些对传播学诞生有深刻影响的学科在当时都有一个最本质的哲学基础：主客二元论。事实上，传播学遭遇的危机，也就是主客二元论遭遇的危机。

主客二元论强调的是主客体二元对立的研究范式，确立了人的主体性地位，也肯定了人的理性认识能力。虽然这种研究范式在当时能起到启蒙的作用，能让人们从中世纪的愚昧中走出来，但是也造成了人类权力的极度膨胀，所有自然物都成了被人类利用的客体和资源。正如霍克海默和阿多诺（也译作阿道尔诺）所言："神话变成了启蒙，自然则变成了纯粹的客观性。人类为其权力的膨胀付出了他们在行使权力过程中不断异化的代价。启蒙对待万物，就像独裁者对待人。独裁者了解这些人，因此他才能操纵他们；而科学家熟悉万物，因此他才能制造万物。于是，万物便顺从科学家的意志。"[②]

传播学就是在这样的语境下出现的，大众传播在当时被视为启蒙最

[①]　Wilbur Schramm, "Comments on 'The State of Communication Research'," *Public Opinion Quarterly*, Vol. 23, No. 1 (1959): 6–17.

[②]　〔德〕马克斯·霍克海默、西奥多·阿道尔诺：《启蒙辩证法——哲学断片》，渠敬东、曹卫东译，上海人民出版社，2006，第6页。

为倚重的工具之一，其功能是对受众进行思想和精神层面的引导和控制。因此，当时传播学关注的不是人们在日常生活中的交流互动，而是将各种思想观念转化为意识形态的大众传播。传播效果自然成为传播学的研究中心，实证主义成为传播学的研究方法，基于传播者与受众二元对立的"5W"模式也成为传播学的研究框架。正如辛普森所言："美国军方、宣传机构和情报机构……将大众传播视为一种说服和统领目标群体的工具。他们理解的传播不过是一个信息传达通道，一旦你掌握了所需技巧，其中任何类型的信息都可以被用来达到意识形态的、政治的，或者军事的目的。"①

这种基于主客体二元对立的研究范式极大地制约了传播学的创新与发展，不仅仅是因为其主要关注大众传播，忽略了人际传播、组织传播、自我传播等其他传播形态，更重要的是其秉持的工具论媒介观极大地窄化了媒介这个概念，使得只有专门用于信息传递的东西才被视为媒介，这必然导致传播学忽略了自身理论的建构，而沦为其他学科的工具。最近几年，诸如媒介政治学、媒介经济学、媒介伦理学、媒介人类学、媒介社会学等研究领域的出现就是很好的例证。其实，这些新兴研究领域都不隶属于传播学，而隶属于各自的母学科。只是随着媒介在社会中的地位越来越重要，这些学科开始关注其中的信息传播问题，进而将媒介视为自身学科的研究对象。也就是说，工具论媒介观只是有助于其他人文社会科学的创新与发展，而无助于传播学的创新与发展。

随着新媒体时代的到来，面对新媒体传播实践中不断涌现的新现象和新问题，基于主客体二元对立的传播学的解释力和预见力越发不足，面临前所未有的危机。因为主客体二元对立的研究范式和工具论媒介观既不适应新媒体的本质，也不适应新媒体时代人与媒介之间关系的转变。那么，如何理解新媒体？人与媒介之间的关系发生了怎样的转变？

笔者在本书中指出：新媒体的"新"不是指技术和特征上的新，而是指在新技术和新特征基础上的新逻辑，这种新逻辑使得新媒体是一种位于媒介之上的元媒介。作为元媒介的新媒体是一种像水、电、天然气

---

① 〔美〕克里斯托弗·辛普森：《胁迫之术：心理战与美国传播研究的兴起（1945—1960）》，王维佳等译，华东师范大学出版社，2017，第4~5页。

一样的基础设施，是一种能够重构人与人、人与世界之间关系的结构性力量。新媒体不仅仅是对大众传媒的超越，更是一种回归，回归到媒介的本来面目。以报纸、广播、电视等为代表的大众传媒只是媒介发展过程中的一个例外，偏离了媒介发展的正常轨道。新媒体的出现让媒介发展重新回到了正常轨道。

正如彼得斯在《奇云：媒介即存有》一书中所言："20世纪，我们将媒介视为一种娱乐机器，用指头一点它，新闻和娱乐节目就如自来水一样持续稳定地哗哗流出……这在人类历史上其实是一个例外，而不是常态。今天我们有了数字媒介，它将我们带回到历史上的常态时期。"[①]回到了正常轨道的媒介不再是一个传播信息，或认识和改造世界的工具，而是一个建构人与人、人与世界之间关系的本体。人与媒介的关系也不再是传播主体与传播工具之间二元对立的关系，而是存在论视域下的共生共在关系。

由此可见，新媒体时代的传播学创新研究需要超越主客体二元对立的研究范式，摆脱工具论媒介观。现象学虽然也是一种主体哲学，但其旨在超越主客体二元对立的研究范式，而媒介现象学就是以现象学的视角来重新审视人与媒介的关系，旨在超越工具论媒介观。因此，笔者选择媒介现象学的路径来超越基于主客体二元对立的传播学研究，进而实现传播学在新媒体时代的创新发展。

如果我们从媒介现象学的路径来重新审视传播学，媒介理论研究的兴起就是传播学走出危机的重要契机。媒介理论研究不是将媒介视为主客体二元对立框架之内的实体，而是将媒介视为一种现象学视域下无形无相的隐喻，这极大地丰富了媒介的内涵，也重新审视了媒介的作用和地位。媒介不再被视为一个不太重要的承载和传递信息的工具，而是被视为能够重构人与世界之间关系的本体。人与媒介的关系不再被视为主体与工具的关系，媒介与世界的关系也不再被视为反映与被反映的关系，这些关系更多被强调为媒介对人和世界的生成与建构，并在此基础上共生共在。这种本体论媒介观既符合新媒体的本质，也能让传播学超越主

---

① 〔美〕约翰·杜海姆·彼得斯：《奇云：媒介即存有》，邓建国译，复旦大学出版社，2020，第22页。

客体二元对立的研究范式。因此，作为本体的媒介理应成为新媒体时代传播学的研究核心，从媒介的视角来理解人与世界的关系理应成为新媒体时代传播学的主要研究视角，媒介理论研究也理应成为新媒体时代传播学的研究范式。

媒介理论研究的兴起需要我们重新理解媒介，重新理解媒介与人、媒介与世界的关系。如果我们将媒介理论研究放在新媒体语境下思考，会给新媒体时代的传播学研究带来两个重要的转向：身体转向和空间转向。"身体"和"空间"都是主客二元论传播学所忽略的对象，因为在主客体二元对立的框架下，意识是第一性的，身体是第二性的；时间是第一性的，空间是第二性的。也就是说，身体和空间都是附属性的，自然也就会遭到忽视。传播学的身体转向和空间转向都是在推翻主客体二元对立的框架下出现的，不仅"身体"和"空间"成为新媒体时代传播学的重点研究对象，而且我们对"身体"和"空间"的理解也出现重大的转变。这种转变促使我们进一步理解"媒介与人"以及"媒介与世界"的关系。

由此可见，本书不仅仅是对主客二元论传播学的超越，更是一种回归，即借新媒体技术飞速发展，媒介行动力得以彰显这个契机，重新理解媒介，重新理解媒介与人、媒介与世界的关系，让传播学摆脱"大众传播"这一狭隘的研究对象，回到自己应然的出发点，即探讨媒介与人类存在的关系。这个应然的出发点一直不是主客二元论传播学所关注的重点。正如黄旦所言："应将'媒介'确定为传播学研究的重要入射角，这不仅是为了纠正传播研究重内容、重效果而忽视媒介的偏向，更重要的是，我们认为从'媒介'入手最能抓住传播研究的根本，显示其独有的光彩。"[1]

"媒介与人类存在的关系"之所以应该成为传播学研究的出发点，是因为"人"是所有人文社会科学共同的研究母题，传播学也不例外。而传播学区别于其他人文社会科学的地方就在于：传播学是从媒介的视角来理解人的存在方式，进而揭示媒介为我们建构了一个怎样的世界。

---

[1]　黄旦：《辨音闻道识媒介》，转引自杰弗里·温斯洛普-扬《基特勒论媒介》，张昱辰译，中国传媒大学出版社，2019，前言第 13 页。

这也是传播学研究最终应该走向"媒介本体论"的原因。

二　研究内容与篇章结构

基于以上论述,本书在具体的研究内容和篇章结构上共分为以下六章。

第一章介绍了基于主客体二元对立的传播学。本章共分为三节,第一节介绍了基于主客体二元对立的主体哲学的认识论和方法论,第二节和第三节在主客体二元对立的视域下探讨了传播学的两种不同倾向:自然主义和人文主义。这两种倾向虽然有较大的差异,但是都遵循主客体二元对立的研究范式,也就是把传播者和受众视为主客体二元对立的关系,媒介被视为在主客体之间进行信息传递的工具和载体。也就是说,传播学的这两种倾向都将传播视为作为主体的传播者通过媒介这个传播工具或载体将信息传递给作为客体的受众,进而达成传播者想要实现的传播效果的方式。

第二章分析了新媒体时代的传播学危机。如何理解新媒体?如何理解新媒体时代人的角色的转变?如何基于人与媒介之间关系的转变理解传播学的危机?这三个问题是本章所要解决的。本章共分为五节,第一节分析了新媒体带来的新逻辑,这种新逻辑使得我们可以将新媒体视为一种作为基础设施的元媒介。接下来,从第二节到第四节探讨了作为元媒介的新媒体如何形塑和改造"人"以及如何重构人与媒介的关系。根据新媒体技术的发展变化,本书将新媒体时代分成了三个小的时代:移动互联时代、大数据时代、智能媒体时代。与传统媒体时代的"人"相比,这三个小时代塑造出来的"人"的角色发生了很大的转变,人与媒介的关系也发生了相应的变化。第五节基于人与媒介之间关系的转变探讨了主客二元论传播学在新媒体时代面临的危机。这些危机也是新媒体时代传播学需要创新的原因。

根据第二章的论述,主客二元论使得传播学形成了主客体二元对立的研究范式。这种研究范式所提倡的工具论媒介观既不适应新媒体时代人与媒介的关系,也严重制约了传播学的创新发展。因此,第三章主要论述了新媒体时代传播学能够超越主客体二元对立的研究范式、摆脱工具论媒介观的创新路径:媒介现象学。本章共分为三节:第一节介绍了现象学的兴起，也就是分析现象学如何超越主客体二元对立的研究范式；第二节介绍了技术现象学，技术现象学在现象学与媒介现象学之间起到承上启下的作用；第三节介绍了媒介现象学的兴起，即麦克卢汉的媒介观。

第四章论述了基于媒介现象学的媒介理论研究。媒介理论研究理应成为新媒体时代传播学的主流研究范式。本章共分为三节，这三节分别论述了近年来与媒介理论研究相关的三大学派和思潮，它们分别是：媒介环境学派、媒介技术哲学、媒介化理论。这三大学派和思潮并不是一种并列关系，而是一种递进关系。这就是说，媒介环境学派为传播学研究摆脱主客体二元对立的框架做了最初的铺垫，该学派将传播学的研究对象从"内容"转向了"媒介"，将被内容遮蔽的媒介的物质性凸显了出来，看到了媒介对人与社会的作用和影响。但是，媒介环境学派并没有完全摆脱主客体二元对立的框架，因为该学派仍然将媒介视为一个外在于人与社会的静态结构，仍然站在主体哲学的立场上看待媒介与人的关系，也就是将主体的先验能力视为将人从技术的控制之下解放出来的关键，并没有看到媒介与人、媒介与社会之间是一种不可分离的、共生共在的动态关系。与媒介环境学派不同，媒介技术哲学看到了媒介的动态生成性，不再将媒介视为一个静态结构，也不再将人视为独立于媒介的主体，而是将媒介技术与人之间的关系视为互嵌互为的相互生成关系。在媒介技术哲学的基础上，媒介化理论也看到了媒介与社会之间相互交融、相互影响、共同发展的关系。由此可见，媒介技术哲学和媒介化理论真正摆脱了主客体二元对立的框架，为传播学带来了更广阔的发展空间。

总体而言，虽然这三大学派和思潮对于媒介的理解，对于媒介与人、媒介与世界的关系的理解不尽相同，但是它们都是在媒介现象学视域下来审视媒介，都主要关注媒介的物质性而不是媒介的内容，都在以媒介的视角审视人与人、人与世界的关系。这三大学派和思潮对于媒介的研究为我们指明了新媒体时代传播学创新的路径，也让我们看到了传播学在新媒体时代摆脱自身危机的希望。

虽然媒介理论研究理应成为新媒体时代传播学的研究范式，但是其对于媒介的思考并不是在新媒体语境下进行的，而是在探讨所有的媒介。

如果我们将其放在新媒体语境下思考，那么媒介理论研究会给新媒体时代的传播学带来哪些新的变化？这是第五章和第六章所要解决的问题。

基于此，第五章和第六章分别论述了新媒体时代的传播学发生的两个重要的转向：身体转向和空间转向。虽然这两个转向不尽相同，但都超越了主客体二元对立的研究范式，帮助我们重新理解了媒介与人、媒介与世界的关系。

第五章主要论述了新媒体时代传播学的身体转向。也就是说，新媒体时代的传播学应该重点关注身体在传播活动中的地位和作用，让身体重新回到传播学研究的原点，并在此基础上重新理解人与媒介之间的关系。本章共分为三节：第一节梳理了身体转向的由来，即西方哲学是如何发生身体转向的，这是传播学身体转向的理论背景；第二节分析了从大众传播时代到新媒体传播时代，传播学研究是怎样发生从身体传播到具身传播的身体转向的；第三节先是论述了新媒体时代的"人"的三种身体形态，然后根据这三种身体形态，重新理解人与媒介的关系。

第六章论述了新媒体时代传播学的空间转向，即重新思考"空间"在传播学中的地位和作用，重新阐释由于空间因素的加入而生成的传播学新理论话语。这种新的理论话语从媒介现象学的视角理解空间的社会化重构，并在此基础上重新解释了"媒介与空间"和"媒介与人"的关系。本章共分为三节，第一节梳理了空间转向的由来，即西方哲学是如何发生空间转向的，这是传播学空间转向的理论背景。第二节论述了空间转向是如何在新媒体时代的传播学中体现的。这一切源于新媒体时代"人"的角色的转变，这种转变带来的不是对空间的消解，而是对空间的社会化重构。第三节以最能代表第三空间的城市为例，分析了空间的社会化重构是如何在城市的建构过程中发生的，这包含了从场景传播到城市传播的过程。这个过程也是媒介建构世界，建构人与世界关系的过程。

最后在结语部分，本书提出了新媒体时代的传播学应该走向"媒介本体论"。无论是媒介理论研究的兴起，还是传播学的身体转向和空间转向，都在将传播学带向一个共同的方向：媒介本体论。媒介本体论不是在主客体二元对立的视域下审视媒介，而是从存在论的视角去探讨媒介与人、媒介与世界的关系。

　　作为一本探讨传播学基础理论的著作，本书最大的创新点在于从更深层次的哲学源头来探讨传播学的前世、今生和未来，即先从传统认识论的角度来考察传播学的逻辑起点和学科危机，然后从媒介现象学的视角来寻找传播学的创新路径。在研究方法上，本书没有采用量化或质化的研究方法，也没有给出一个具体的操作性建议或数据结果，而是采用纯粹思辨的方式给出了传播学在新媒体时代的应然发展方向。

序一：传播学的超越与回归

本书是张骋的第二本学术专著，他的第一本学术专著《传媒本体论：新媒体时代的理论转向》出版于 2016 年。十年过去了，他仍然在坚持从事传播学的基础理论研究，一直坚持致力于"媒介本体论"的建构，这是一项难度极大且对传播学意义重大的工程。这十年来，我也见证了他的成长，见证了他取得的每一点进步，从讲师到副教授，再到教授，作为他的博士导师，由衷为他感到高兴。

本书旨在探讨新媒体时代的传播学创新问题，虽然该问题在传播学界已经有很多学者在讨论，但是从"媒介现象学"的视角出发，是一个新颖的切入点，本书重新思考了一些问题：传统媒体时代的传播学存在哪些问题？新媒体的本质究竟是什么？新媒体时代的传播学应该如何创新？创新之后的传播学会发生什么变化？这些问题都是传播学研究必须面对和解答的"重要问题"，一个青年学者敢于去直面这些"重要问题"的勇气和精神值得赞扬。

本书认为，主流传播学是建立在"主客体二元对立"的哲学思维之上的，这样的传播学既不适应新媒体的本质，也不适应新媒体时代人与媒介之间关系的转变。究其原因，是新媒体的"新"不是指技术和特征上的新，而是指在新技术和新特征基础上的新逻辑，这种新逻辑使得新媒体是一种位于媒介之上的元媒介，是一个建构人与人、人与世界之间关系的本体。人与媒介的关系也不再是传播主体与传播工具之间二元对立的关系，而是存在论视域下的共生共在关系。由此可见，新媒体时代的传播学创新需要超越主客体二元对立的研究范式，摆脱工具论媒介观。现象学就旨在超越主客体二元对立的研究范式，而媒介现象学就是以现象学的视角来重新审视人与媒介的关系，旨在超越工具论媒介观。

因此，本书选择媒介现象学的路径来实现传播学在新媒体时代的创新发展。这种创新发展使得"重思媒介与人、媒介与世界关系"的媒介理论研究成为新媒体时代传播学的主要研究范式，也会给新媒体时代的传播学研究带来两个重要的转向：身体转向和空间转向。最后，本书得出结论：新媒体时代的传播学最终应该走向"媒介本体论"，这既是一种超越，又是一种回归，回归到传播学的应然出发点，即探讨媒介与人类存在的关系。

张骋在这本著作中提出了不少新的思想和观点，这些新思想可能有片面之处，新观点可能也有值得商榷的地方。但是，正所谓"有深度的东西一定都是片面的"，这种"片面的深刻"恰是做学问应该追求的。张骋还是一名青年学者，未来的学术之路还很长，期待他以后能产生更多优秀的学术成果。

蒋晓丽

2024 年 11 月

序二:从“现象”到“本体”的媒介与传播创新研究

新闻传播学诞生至今,许多理论资源是来自其他学科,而《新媒体时代的传播学创新——基于“媒介现象学”的路径》从新闻传播学科的内在逻辑——媒介本体出发,展开论述传播研究领域创新路径这样一个宏大的话题,关乎传播是否有学这一学科之问,足见著者的学术旨趣所在。在这方面,我与张骋颇有共同的志趣。之前读到他的《传媒本体论:新媒体时代的理论转向》时,便发现了他与我早年寻觅学术门径时一样对“媒介本体论”有关注。而后,尽管我们各有学术路径,我因更关注符号之于媒介的关系而投身“传播符号学”工作,张骋更偏向于在“媒介现象学”这一领域开疆拓土,但我们均一如既往地秉持“媒介之为本体”的观念。从当前媒介发展的态势来看,媒介的本体性问题更为凸显了。

“符号学”或“现象学”都并非为传播而生,但它们所形成的理论资源对于传播都有极其重要的理论价值,也是当今深化传播研究不可绕过的重要方面。以媒介环境学派为代表的理论资源也是我们共同的关注点,盖因我们都认为应以媒介为视角来理解人类文明和社会文化。在我的理解中,本体论,并非一种排他的理论自限,而是试图为新闻传播学科找到其独有的理论视点而做出的尝试。正如经济学以“理性”为本、历史学以“客观”为基、文学以“语言”为媒、艺术以“美”为旨归,新闻传播学因其应用性而导致对本体的关注阙如。随着学科发展成熟,新闻传播学也从关注诸种广泛适用性转向逐渐自觉思考自身的本体问题。这意味着,新闻传播学开始从对无限多现象的关注分析中抽象出具有普适性的理论,而这种理论普适性的需求甚至源于“人类不能不传播”以及“生命作为信息交换体”的基本事实。这种从具体门类抽离出来,开始关注一般问题的现象正是一门学科逐渐走向成熟的重要标志。

张骋此书,正是在前人的基础上,在时代的需求中展开关于媒介本体论的探索。此书有如下几个鲜明的特征。一是在传播学中具有浓厚的哲学思辨色彩，本书从胡塞尔到唐·伊德如数家珍地将现象学与媒介理论做了很好的融汇，对媒介研究提供了很好的启示。尤其值得一提的是，本书并非就技术论技术，而是就"人–技术–世界"这个意向结构展开系统性思考。二是本书沿着媒介现象学视角，围绕"人"在新媒体时代的境遇，展开了关于"身体转向"与"空间转向"卓有成效的思考。正如书中所言，新媒体时代下新的理论话语需要从媒介现象学的视角来理解空间的社会化重构，并在此基础上重新理解"媒介与空间"和"媒介与人"的关系。三是一直贯穿于本书的"媒介本体论"，既是作者的结论，也是作者试图为传播学"立心"的一个学术追求。正如作者所言，"传播学想要真正摆脱'无学'的骂名，想要真正提升自己的学科地位，也应该从哲学中去寻找理论资源……重新理解媒介，重新理解媒介与人、媒介与世界的关系，让传播学不再仅仅关注'大众传播'的相关问题，而是回到自己应然的出发点，即探讨媒介与人类存在的关系"。

　　尽管传播学发展的道路尚待明晰，具体的技术方法也尚需验证，但在当前的学术氛围下，张骋这样知难而进、开展宏阔之思的青年学者，难能可贵。他身上展现了学术的纯粹面。有这样的青年学者同行，是我等学术同仁之幸，也是传播学之幸！

胡易容

2025 年 1 月

目 录

第一章　基于主客体二元对立的传播学

传播学作为一门学科大体形成于 20 世纪 40 年代，以"传播学之父"施拉姆在美国爱荷华大学新闻学院开设第一门大众传播学博士课程为标志。作为一门新兴学科，传播学诞生在传统媒体时代，以报纸、广播、电视为代表的大众传媒在当时对人类社会产生了深刻的影响，因此，大众传播是当时传播学的主要关注对象。由此可见，诞生初期的传播学，严格来说，是大众传播学，以拉斯韦尔的"5W"模式，即 Who（谁）、Says What（说了什么）、in Which Channel（通过什么渠道）、to Whom（向谁说）、with What Effect（有什么效果），为其主要研究框架。作为一门新兴学科，传播学的诞生受到社会学、心理学、社会心理学、政治学等学科的影响。传播学的四大奠基人拉斯韦尔、卢因、拉扎斯菲尔德、霍夫兰是社会学家、心理学家和政治学家，他们为传播学带来了不少研究理论和研究方法。不过，从更深层面上讲，这些对传播学诞生有深刻影响的学科在当时都有一个最本质的哲学基础：主客二元论。这就是说，传播学是在主客二元论的哲学框架下形成的，持有主客体二元对立的研究范式。

基于此，本章共分为三节：第一节介绍基于主客体二元对立的主体哲学的认识论和方法论；第二节和第三节在主客体二元对立的视域下探讨传播学的两种不同倾向，即自然主义和人文主义。这两种倾向虽然有较大的差异，但是都遵循主客体二元对立的研究范式，也就是把传播者和受众的关系视为主客体二元对立的关系，媒介被视为在主客体之间进行信息传递的工具和载体。也就是说，传播学的这两种倾向都将传播视为作为主体的传播者通过媒介这个传播工具或载体将信息传递给作为客体的受众，进而达成传播者想要实现的传播效果的方式。

第一节　基于主客体二元对立的主体哲学

对于主体性问题的梳理并不是件容易的事情，因为主体性问题几乎贯穿整个西方哲学史。"你是谁?""你从哪里来?""你要到哪里去?"这是被哲学家们谈及最多的三个问题。事实上,这三个问题都是在反思人的主体性。本节无意梳理哲学史上的主体性问题,只介绍主体哲学中的一种研究范式:主客体二元对立。

一　基于主客体二元对立的认识论

主客体二元对立只是哲学史上讨论主体性问题的一个流派,该流派是以主客体二元对立为基础的认识论哲学。认识论之前的哲学被称为本体论(Ontology),即探讨世界的本源问题。比如,古希腊哲学家泰勒斯说"万物源于水",毕达哥拉斯认为世界的本源是"数",柏拉图提出世界的本质是"理念",亚里士多德认为世界由质料和形式构成。虽然本体论哲学偶尔会探讨主体性问题,也有主客二分的思想,比如苏格拉底就提倡以与自我心灵对话的方式来思考问题,柏拉图提倡"理念世界"与"现象世界"的二分,但是认识主体的主体性还没有完全确立,主客体二元对立的认识论也还没有建立起来。

主客体二元对立的认识论的正式开启者是法国著名哲学家笛卡尔。他那句著名的"我思故我在"确立了"我"在认识过程中的主体地位。在笛卡尔之前,哲学家们总是在"我"之外去寻找那个最根本的存在和前提,而笛卡尔将这个最根本的存在和前提界定为"我"。笛卡尔认为我的本质是"我思",也就是说,"我的本质就在于我是一个在思维的东西,或者说在于我是一个实体,这个实体的全部本质或本性就是思维"。①

事实上,笛卡尔对"我思"的强调表明了其试图通过怀疑一切事物的态度和方法来找到那个唯一不可怀疑的起点:我在怀疑。有了这个确实可靠的起点,主体意识开始觉醒,主体逐渐与客体相分离;同时,理性也就不会再被感性遮蔽,因为我在怀疑的时候,理性就回归了。在笛卡尔看来,我们的感觉经验是靠不住的,会将我们引入错误的方向,只有理性才能认识到事物的本质,也才能辨明真理。正如他所言:"我必须承认我甚至连用想象都不能领会这块蜡是什么,只有我的理智才能够领

---

① 〔法〕笛卡尔:《第一哲学沉思集》,庞景仁译,商务印书馆,1986,第82页。

会它。"① 至此，主客体二元对立的主体哲学已经开启，这种哲学是一种认识论，而非本体论，强调主体运用自己的理性去认识客体的本质。

此后，唯理论和经验论哲学家都在不同程度上推进了主客体二元对立的主体哲学。虽然唯理论和经验论在知识来源上的观点存在差异（唯理论强调理性演绎法，经验论强调经验归纳法），但都是在主客体二元对立的框架下讨论问题，都强调理性在主体认识客体过程中的决定性作用。

如果说笛卡尔开启了主客体二元对立的主体哲学，那么康德就发扬了主客体二元对立的主体哲学。康德哲学是对唯理论和经验论的综合，克服了两者的片面性。唯理论强调知识来源于先天的理性，经验论强调知识来源于后天的经验，而康德哲学则将先天与后天结合起来。正如陈嘉明教授所言："一方面，他在范畴来源问题上是唯理论的，将它们看作来自我们的理性，因此范畴在性质上是先验的；另一方面，他又将经验作为检验范畴的有效性的标准，因此范畴又是经验论的。"②

康德原先一直都认为唯理论哲学家们的观点只看到了理性在认识过程中的决定性作用，没有看到理性的边界和范围。休谟对因果必然性的怀疑让康德看到了唯理论的问题，也看到了理性的边界。同时，康德也意识到了从独断论走向怀疑论会严重损害哲学的根基。因此，康德认为应该建立一种新的哲学。这种哲学能够解决独断论和怀疑论的纷争。独断论认为理性能够解决一切问题，怀疑论则对理性处处表示怀疑。而康德就是要对理性能力进行批判，进而找到理性的边界。他认为，人的理性只能认识到客体的现象（现象世界），而认识不到客体背后的本体（物自体）。到此，康德在笛卡尔的基础上划清了主体和客体各自的势力范围，也奠定了主体与客体二元对立的理论体系。

在康德哲学的影响下，其后继者虽然对康德哲学的思想进行了修正，但是都被限定在康德主体哲学的框架之内。比如，费希特虽然放弃了"物自体"这个概念，但是仍然极力强调"自我意识"的终极地位；谢林也继承了唯我论的主体主义精神。至此，笔者对主体哲学的梳理就截至康德。这是因为康德是西方最后一个在主客体二元对立的框架下讨论

---

① 〔法〕笛卡尔：《第一哲学沉思集》，庞景仁译，商务印书馆，1986，第30页。
② 陈嘉明：《现代西方哲学方法论讲演录》，广西师范大学出版社，2009，第11页。

主体哲学的哲学家，即探讨主体如何运用理性去认识客体。此后的很多哲学家虽然也在探讨主体性的问题，也没有完全离开主体主义的藩篱，但他们的哲学思想都在试图摆脱主客体二元对立的研究范式，比如，黑格尔就提出"实体即主体"以寻求主体与客体的统一；叔本华、尼采用主体的生存意志和强力意志来取代理性主体；胡塞尔用意识的意向性活动寻求主体与客体的合一。

二　基于主客体二元对立的方法论

笔者在前文中对基于主客体二元对立的认识论进行了简单的梳理。这种认识论框架带来了方法论上的进步，具体表现为理性主义和科学主义的异军突起。

（一）基于主客体二元对立的理性主义

在西方哲学史上，没有一个对于理性的明确定义，其核心思想通常被归纳为"逻各斯"，意味着逻辑、合理、有序。学界普遍认为，对于理性的研究可以追溯到古希腊哲学家柏拉图。众所周知，柏拉图将世界分为理念世界和现象世界，认为理念世界才是最本质、真实的世界，现象世界仅仅是对理念世界的模仿。这就从根本上确立了以理念世界的理性来指导和反思现象世界的原则。这就需要"哲学家、思想家们能够以坚定不移的理性信念去设计、塑造现存社会的政治结构、经济结构和精神结构的理性范式"。[①] 这也就是柏拉图笔下的理想国的理想范式。然而，古希腊先哲们都是从本体论层面来理解理性，这种理性与"人"没有直接关联，主要是探讨世界的本质是什么，理性在其中扮演的角色也不是至关重要的。

而理性在主客二元论中扮演的角色是举足轻重的，是维护主客体二元对立的重要堡垒。笛卡尔将理性比喻为"自然之光"，将理性视为作为主体的我认识真理的主要方法。他把开启真理的钥匙从上帝的手中夺走，重新归还到"人"的手中。在他看来，理性乃是人的本性，是人与生俱来的天赋能力。这种能力可以成为一切真伪和是非的评判标准。正

---

① 吴志远：《超越主体主义：反思 20 世纪传播学的哲学源流》，江苏人民出版社，2020，第 43 页。

如他所言："那种正确判断、辨别真假的能力，也就是我们称为良知或理性的那种东西，本来就是人人均等的。"① 这就是说，一切东西都应该放到理性的尺度之中来加以检验和矫正。

笛卡尔之后，虽然认识论被分为唯理论和经验论，但是两者之间同宗不同脉。唯理论哲学家认为知识来源于人的天赋观念，人们通过理性推演就能形成普遍有效的知识；经验论哲学家认为知识来源于感觉经验，普遍有效的知识是通过人的理性归纳而得来的。由此可见，唯理论和经验论都强调了理性在认识过程中的决定性作用，区别仅仅在于唯理论是理性推演，而经验论是理性归纳。因此，唯理论和经验论在方法论上都是理性主义的。

康德更是将自己的哲学思想围绕着理性建立起来。康德将理性视为与本能相对的东西，是只有人才具有的东西。康德在《什么是启蒙?》一文中直接将启蒙描述为人类运用自己的理性让自己走出不成熟的状态。康德所提倡的自由也是"公开运用自己理性的自由"。众所周知，康德在其"三大批判"（《纯粹理性批判》《实践理性批判》《判断力批判》）中对理性进行了全面的反思和批判。这种反思和批判使得理性在哲学史上得到全面的审视，也使理性从学理上得到充分的论证和高扬。在康德看来，理性可以为认识立法，也可以为道德立法，还可以成为宗教的基础。因此，理性被视为人具有主体性的鲜明标志，也是人运用和发挥自身主体性的主要方法。

（二）基于主客体二元对立的科学主义

主客体二元对立的认识论在使用理性来认识世界的过程中，也孕育出"科学主义"的方法论。理性主义在将哲学从本体论引向认识论之后，推翻了古典哲学强调的先验主义、信仰主义，让科学的思想和方法逐渐从宗教和信仰中独立出来，成为近代哲学的根基。科学作为一种认识论和方法论，基于对自然界和人类社会的普遍观察和实验，改变了人类对于自我、自然、社会的认识和看法，其最终目的是推动人的全面发展和人类社会的全面进步。

科学主义在19世纪70年代就已经被提出，韦氏百科英语词典将科

---

① 〔法〕笛卡尔：《谈谈方法》，王太庆译，商务印书馆，2000，第3页。

学主义界定为："科学主义指一种信念，认为物理科学与生物科学的假设、研究方法等对于包括人文与社会科学在内的所有其他学科同样适用并且必不可少。"① 根据这个定义，我们可以看出，科学主义传达了这样一种方法论思想：自然科学是最权威和最重要的科学和知识，也是最有效的研究方法，这种自然科学的知识和方法可以用来解释人类生活的一切现象，也可以应用到人文社会科学的研究之中。

科学主义这种思想和方法最早可以追溯到"古希腊的自然科学传统，从米利都三杰朴素但具有科学精神的自然世界观，到作为数学家、物理学家的阿基米德的古代科学实验精神"。② "科学主义"这个词最早被社会科学家弗里德里希·哈耶克和技术哲学家卡尔·波普尔等人使用，用来描述科学家们所共同持有的一种理念和态度，即自然科学的研究方法是一种至高无上的方法，可以用来解释和分析一切自然现象和社会问题。

从历史的维度考察，科学主义诞生于科学革命之际。正如斯塔夫里阿诺斯所言："科学革命是西方文明的独特产物。原因似乎在于，只是在西方，科学才成为一般社会的组成部分。或者换句话说，只有在西方，哲学家-科学家与匠人才实现联合，互相促进。因此，正是这种科学与社会的联合、科学家与匠人的联合，大大促进了科学在西方世界的空前繁荣。"③ 事实上，科学家与社会和匠人的联合是资本主义精神的产物。资本主义在追求标准化和秩序化的生产和生活方式的过程中，要求科学家必须要用科学理性的方法来认识世界、掌握真理。于是，近代西方诞生了一大批优秀的科学家，如牛顿、伽利略、哥白尼等。他们通过一系列科学实验让人们从宗教神学中走出来，进而相信科学的力量。

英国思想家丹皮尔将 19 世纪称为"科学的世纪"，因为从 19 世纪开始"人们对于自然的宇宙的整个观念改变了，因为我们认识到人类与其周围的世界，一样服从相同的物理定律与过程，不能与世界分开来考虑，而观察、归纳、演绎与实验的科学方法，不但可应用于纯科学原来的题

① Rh Value Publishing, *Webster's Encyclopedic Unbridged Dictionary of the English Language: New Revised Edition* (New York: Gramercy, 1994), p.1279.

② 吴志远:《超越主体主义：反思 20 世纪传播学的哲学源流》，江苏人民出版社，2020，第 57 页。

③ 〔美〕L. S. 斯塔夫里阿诺斯:《全球通史：从史前史到 21 世纪》（第 7 版修订版下册），吴象婴等译，北京大学出版社，2006，第 480 页。

材，而且在人类思想与行动的各种不同领域里差不多都可应用"。① 在这样的时代背景下，科学主义精神在西方迅速发展壮大，逐渐走向更为极端的唯科学主义。

与科学主义不同，唯科学主义不仅是一种认识论和方法论，而且已经上升为一种意识形态，甚至是一种信仰形式。正如郭颖颐所言："一般地说，唯科学主义是一种从传统与遗产中兴起的信仰形式，科学本身的有限原则，在传统与遗产中得到普遍应用，并成为文化设定及该文化的公理。更严格地说，唯科学主义……可定义为是那种把所有的实在都置于自然秩序之内，并相信仅有科学方法才能认识这种秩序的所有方面（即生物的、社会的、物理的或心理的方面）的观点。"② 由此可见，唯科学主义已经将科学视为一种新的宗教，视为全知全能的人类救世主。R. G. 欧文将唯科学主义称为"科学崇拜"，即将科学视为解决人类一切问题的上帝。

在理性主义和科学主义影响下，传播学出现了两个研究倾向：自然主义和人文主义。这两个看似背道而驰的研究倾向其实只是在不同阶段受到主客体二元对立的主体哲学的不同影响而已。

第二节　主客体二元对立视域下传播学的自然主义倾向

自然主义倾向是指"相信科学不但可以观测自然世界，而且可以观测人化世界，甚至主观的人类思想意识与行为也可以通过研究肾上腺素安多芬等来实现观测试验"。③ 这就是说，自然主义倾向认为，自然界、人类社会，甚至是个体的行为意识都可以按照数理逻辑进行归纳和演绎，它们的规律都可以被自然科学所揭示。传播学的自然主义倾向显然是受到了理性主义和科学主义的影响。

---

① 〔英〕W. C. 丹皮尔：《科学史及其与哲学和宗教的关系》，李珩译，商务印书馆，1975，第283页。

② 〔美〕郭颖颐：《中国现代思想中的唯科学主义（1900—1950）》，雷颐译，江苏人民出版社，2010，第17页。

③ 吴志远：《超越主体主义：反思20世纪传播学的哲学源流》，江苏人民出版社，2020，第74页。

一　理性主义与科学主义奠定传播学的实证主义范式

理性主义对传播学的影响可以追溯到理性主义对资本主义社会的影响。马克斯·韦伯在《新教伦理与资本主义精神》一书中指出："资本主义精神的发展完全可以理解为理性主义整体发展的一部分，而且可以从理性主义对于生活基本问题的根本立场中演绎出来。"① 可见，韦伯认为资本主义精神的核心就是理性主义，资本主义的经济、政治、文化都已经被理性化，具体表现在以下三个方面："1. 经济行为的理性化，其典型的表现是资本主义生产的簿记方式；2. 政治行为的理性化，表现为行政管理上的科层化、制度化；3. 文化行为的理性化，表现为世界的'祛魅'过程，即世俗化过程。"②

基于此，当理性主义渗透进资本主义生活的方方面面的时候，该思想也就贯穿在美国各个主流学科的研究之中。传播学作为一门新兴学科，自诞生以来就奠基于理性主义之上，这点从其研究内容和研究方法上都能体现出来。传播学的主流研究范式——经验学派所倡导的实证主义，就是在理性主义指导下出现的。实证主义的思想诞生于 17 世纪，与近代机械论的出现密切相关。近代机械论提倡科学的任务不是去增加自然和社会现象，而是去描述和测量自然和社会现象。这就必然需要将客体对象化，并在理性的指导下去描述和测量客体。这与理性主义提倡的主客体二元对立的认识论相一致，其在方法论上采用单向度的实证来与经验世界建立联系。实证主义就是在这样的思想背景下诞生的，它拒斥形而上的思辨，追求合理化的经验证据。

实证主义的代表人物孔德做了如下五点解释："1. 真实而不是虚幻的；2. 有用的而不是无用的；3. 可靠的而不是可疑的；4. 精确的而不是模糊的；5. 肯定的而不是否定的。"③ 这五点解释说明实证主义始终贯穿理性主义的宗旨，去追求合理、有效、准确的结论。因此，传播学的实证主义范式也要接受理性主义的指导，将人类的传播视为可描述、

---

① 〔德〕马克斯·韦伯：《新教伦理与资本主义精神》，于晓等译，生活·读书·新知三联书店，1987，第 56 页。
② 陈嘉明：《现代性与后现代性十五讲》，北京大学出版社，2006，第 97 页。
③ 〔法〕奥古斯特·孔德：《论实证精神》，黄建华译，商务印书馆，1996，第 29~30 页。

可测量、可计算的过程，并通过这种描述、测量和计算来研究传播的效果。

与此同时，传播学实证主义范式也蕴含科学主义的基因。近代科学主义在方法论上主要表现为以下四种原则："首先，是对观察、假设、实验、再观察的需要，即经验原则。其次，为取得精确的测量必须用数量方法，即数量原则。再次，科学方法处理因果关系常用抽象化的手法来表示这种关系，为此，必须确定反复出现的行为的意义，然后将其总结成描述并解释这种行为的普遍规律或方程式，即科学的机械性原则或因果原则。最后，是近代科学家的总的精神态度，通过科学而进步，即进步原则。"① 这四种原则不仅为自然科学的研究奠定了基础，也影响到了人文社会科学的研究。

传播学的实证主义范式遵循的就是这四种原则。它拒斥形而上的思辨研究，认为人类传播现象与自然现象一样，是可以通过实证的方法来检验的，也就是将传播现象客体化和对象化，用自然科学的方法来证实或证伪传播过程中的经验事实。这种实证主义的研究方法为传播学这门新兴学科带来了不少研究成果，也为传播学研究范式的形成奠定了基础，同时，也使得传播学与美国社会紧密联系在一起，其任务就是为美国社会所认可的一切做辩护。

传播学的四大奠基人拉斯韦尔、霍夫兰、卢因、拉扎斯菲尔德都不同程度地受到了科学主义方法论的影响。拉斯韦尔在研究第二次世界大战中的宣传技巧的时候发明并完善了内容分析法，并将其"发展成为一种量化的研究方法，通过划定编码范畴和对关键词频度进行统计测量，来分析媒体宣传的文本内容"。② 霍夫兰是美国耶鲁大学心理学教授。他的导师是著名的行为主义人类学家 C. L. 赫尔，这就为霍夫兰的传播学奠定了行为主义和学习理论的基调。霍夫兰对于传播学的最大贡献在于提出了有限效果论和开创了实验室实验的研究方法。他在其最著名的陆军实验中提出了有限效果论。在这次实验中，他将原本适用于实验心理学的研究方法运用到了传播学领域，让被试者置身于与自然环境和社会环

① 朱红文：《近代唯科学主义的形成及其实质》，《上海社会科学院学术季刊》1995 年第 3 期。

② 胡翼青主编《西方传播学术史手册》，北京大学出版社，2023，第 186 页。

境不同的实验室环境之中，进而"通过对自变量和因变量的控制让传播效果的因果关系凸显，从而揭示传播手段与效果之间的规律"。① 卢因在理论上对于传播学的最大贡献就是提出了把关人理论，在方法上对于传播学的最大贡献就在于对霍夫兰采用的实验室实验研究方法进行了改造，开创了实地实验的研究方法。实验室实验的研究方法是将被试者放到隔离的实验室环境中，整个实验都远离真实的自然环境和社会环境。因此，这种实验方法并不能真正测试出被试者的心理活动。而实地实验的研究方法就是要开展各种实地实验，努力营造与真实的自然环境和社会环境相一致的实验环境。拉扎斯菲尔德在维也纳大学获得应用数学博士学位，这个学历背景让他拥有扎实的数学功底，他"提倡将定量方法和定性方法紧密结合起来进行具体研究。借助他所设计的定量研究方法，在大范围内科学地获取和分析数据以进行实证研究成为可能，大众传播领域的效果研究因此得以大步向前迈进"。②

综合来看，拉斯韦尔采用的内容分析法、霍夫兰运用的实验室实验的研究方法、卢因开创的实地实验的研究方法、拉扎斯菲尔德设计的定量研究方法，无不受到科学主义的影响。除此之外，传播学实证主义范式的经典理论，如魔弹论、控制论、信息论也都是理性主义和科学主义影响下的产物。

二　传播学的自然主义倾向

传播学的自然主义倾向就是用自然科学的研究方法来研究传播现象，揭示传播规律。具体而言，这种自然主义倾向主要体现在三种传播学研究取向之中：基于行为主义的传播学研究，基于结构功能主义的传播学研究，基于系统论、信息论、控制论的传播学研究。这三种传播学研究取向虽然不尽相同，但都在用观察和实验的方法来研究受众的反应和行为。只要传播学将受众作为研究对象，就一定离不开传播者与受众二元对立的研究范式。

（一）基于行为主义的传播学研究

行为主义是美国现代心理学的重要流派之一，诞生于 20 世纪初，由

---

① 胡翼青主编《西方传播学术史手册》，北京大学出版社，2023，第 70 页。
② 胡翼青主编《西方传播学术史手册》，北京大学出版社，2023，第 327 页。

美国著名心理学家华生在巴甫洛夫条件反射学说的基础上创立，其主要观点认为心理学应该主要研究的不是意识，而是行为。

在20世纪初，巴甫洛夫开始对动物的条件反射的行为机制进行研究，做了一个非常著名的条件反射的实验。他利用狗看到食物就会流口水的规律，在每次给狗喂食物之前都会摇铃铛；在连续进行了几次之后，他试了一次只摇铃铛不给狗喂食，但他发现狗听到铃声之后仍然会流口水。可见，狗在经历了几次训练之后，会将铃声视为进食的信号，进而出现流口水的行为。巴甫洛夫将这种现象称为条件反射，也就是一种"刺激-反应"（S-R）模式，即动物行为的发生是因为受到周围环境的刺激，这个刺激的信号传到大脑神经之后导致其做出相应的反应。

与此同时，反射学创始人别赫捷列夫也证明"反射不仅是由少数自足的刺激引起的，而且是由许多同这些刺激有联系的刺激引起的，复杂的高级行为可以被解释为低级运动反射的复合，思维过程也具有同样的性质"。[①] 这也说明可以用自然科学的方法来研究心理现象。此后，华生在1913年发表的《行为主义者心目中的心理学》一文标志着行为主义心理学的正式提出。总之，行为主义心理学将心理学视为一门自然科学，致力于研究人类的活动和行为。它与其他自然科学的区别在于分工上的差异。为了确保科学性、准确性，心理学有两点要求需要满足：首先，心理学应该与其他自然科学一样，将观察、实验和量化作为研究方法；其次，心理学需要摒弃那些无法用科学普遍术语明确描述的概念，例如意识、意志等等。

从1930年起，行为主义发展到了新行为主义学派，该学派的代表人物有托尔曼、赫尔、斯金纳。新行为主义学派认为，有机体的行为不是简单的"刺激-反应"（S-R）模式，而是在这个模式中加入了一个中介因素（O），即个体的认知，进而形成了"S-O-R"模式。不过，该模式仍然强调心理学应该坚持客观的实验观察法，对内省心理学提出了批判。

行为主义对传播学的影响，主要体现在以下两方面。

一方面，传播学研究者用客观实证的方法来观察和分析传播现象，

---

① 吴志远：《超越主体主义：反思20世纪传播学的哲学源流》，江苏人民出版社，2020，第76页。

通过研究受众行为或态度的变化来了解其反应和接受程度。

另一方面，在传播学研究的早期，行为主义倾向于认为通过调整外界信息的刺激安排，可以实现预期的传播效果。行为主义对内省方法论的排斥，导致了研究者们在解释传播现象时未考虑受众的任何主动性作用。这种态度忽视了受众能够通过解释和交流信息参与传播过程的可能性。

从这两方面可以看出，在早期传播研究中，受行为主义方法论的影响，"传播研究把传播效果定义为可观察的态度和行为改变，采用实验法进行研究，因此只能以即时的短期效果作为研究对象。当未能发现态度或行为的改变时，只能解释为效果是强化而不是改变，或者是没有效果"。[①] 这种研究模式使得传播学无法深入探究受众的心理和文化差异，也无法从更广泛的角度研究信息传播对社会和文化的影响。

虽然短期效果在传播学研究中已经不再是主流，但行为主义对传播研究的影响与其在心理学中的影响类似，仍然主要作为一种理论或研究方法而存在，其所强调的客观实证研究方法对传播学产生了深远的影响，甚至可以说是传播学的主要研究方法之一。这种研究方法强调以可观察和可测量的行为或态度变化为基础，旨在理解和解释传播现象。尽管其他研究方法也得到了广泛应用，但行为主义的观点和方法依然在传播学领域占据重要地位，为我们深入探索传播过程和效果提供了有益的指导。

具体而言，行为主义在研究受众行为方面提供了一种基于"刺激-反应"（S-R）模式的解释方式。该解释方式将媒介信息的刺激视为自变量，将受众的反应视为因变量。其重点在于研究传播的实际效果，即关注特定媒介信息的刺激对受众行为的影响。基于"刺激-反应"（S-R）模式的最典型的传播学理论就是魔弹论，也称皮下注射论。该理论流行于 20 世纪初至 20 世纪 30 年代，其核心观点为：传播媒介拥有不可抗拒的强大力量，它们所传递的信息在受传者身上就像子弹击中躯体、药剂注入皮肤一样，可以引起直接速效的反应；它们能够左右人们的态度和意见，甚至直接支配人们的行动。[②] 从这个定义可以看出，魔弹论是建

---

① 刘晓红：《行为主义和传播研究》，《新闻与传播研究》1998 年第 3 期。
② 郭庆光：《传播学教程》，中国人民大学出版社，2011，第 176 页。

立在行为主义的"刺激-反应"（S-R）模式之上的。正如德弗勒和鲍尔-洛基奇在谈到魔弹论时所提到的，它是比较直截了当的"S-R"理论……随着有关个人性质和社会性质的新概念的出现，它们被用于修正大众传播的基本理论，在"S-R"方程式的刺激一方和反应一方之间引入不同系列的干预变量。[①] 麦奎尔和温德尔在《大众传播模式论》一书中也谈道："所谓的'S-R原则'成为一个十分重要的原则。按照这个简单的学习模式，效果是对特定刺激的特定反应……皮下注射器的概念，曾被用来说明一个早期但十分有影响的大众媒介的效果过程。当时，媒介内容被看作是注入受众静脉的针剂，受众则被假定为会以可预见的方式作出反应。"[②] 基于以上两个解释，魔弹论或皮下注射论就是将媒介信息视为刺激，将对受众产生的传播效果视为反应。

（二）基于结构功能主义的传播学研究

结构功能主义是一种社会学理论，强调社会结构和社会制度的功能和目的。它关注的是社会中各个组织和机构的功能，以及它们如何相互作用以实现整体社会的稳定和共存。

结构功能主义的起源可以追溯到19世纪末的社会学家埃米尔·涂尔干。他认为："社会是由一些特别而又不同的职能通过相互间的确定关系结合而成的系统。"[③] 他将社会比作一个有机体，不同的组成部分相互合作，共同维系社会的正常运行。这种思想构成了结构功能主义的基础。此后，结构功能主义的代表人物帕森斯也指出："社会系统存在于一定情境中的单个行动者相互作用的复数形式。"[④] 帕森斯的学生默顿也是结构功能主义的代表人物，他"将社会构想为一个由相互依赖的部分组成的系统，注重社会整合与平衡并依据文化的、社会的结构对整合的优劣来分析社会"。[⑤]

① 〔美〕梅尔文·德弗勒、桑德拉·鲍尔-洛基奇：《大众传播学诸论》，杜力平译，新华出版社，1990，第182页。
② 〔英〕丹尼斯·麦奎尔、〔瑞典〕斯文·温德尔：《大众传播模式论》，祝建华、武伟译，上海译文出版社，1987，第97页。
③ 〔法〕埃米尔·涂尔干：《社会分工论》，渠东译，生活·读书·新知三联书店，2000，第90页。
④ Talcott Parsons, *The Social System* (London: Routledge, 1991), p.3.
⑤ 李苓编著《传播学：理论与实务》，四川人民出版社，2002，第105页。

　　由此可见，结构功能主义的核心观点就是，社会是一个由各种社会机构和组织构成的系统，每个组成部分都有其特定的功能。这些功能相互交织在一起，共同维持社会的稳定性和运作。例如，政府的职能是维护社会秩序和公共利益，教育系统的功能是传授知识和价值观念，经济系统的功能是生产和分配资源，家庭的功能是社会化和照顾成员。通过这些不同的功能，社会能够协调和满足各方面的需求。

　　结构功能主义关注社会系统的维持和稳定，并强调社会结构对个体行为的影响。它认为，个体的行为是为了满足社会对其所扮演角色的期待而进行的，以确保社会的正常运行。社会规范、价值观和角色期待被视为社会结构和组织的一部分，社会通过社会化过程使个体内化这些规范，从而维持秩序。结构功能主义还认为，社会的不平等和差异的存在是实现社会功能的需要。不同的社会角色和组织结构是为了满足社会的各个方面需求和发展而产生的分工和专业化。例如，结构功能主义认为不同的职业和职位在经济生产中发挥不同的功能，每个人根据其技能和背景为社会做出独特的贡献。

　　然而，结构功能主义也受到了一些批评。批评者认为，它过于强调社会的稳定和一致性，忽视了社会冲突和不平等的存在。它没有考虑社会变革和转型的因素，也没有全面考虑社会结构的负面影响。尽管如此，结构功能主义仍然是社会学研究的重要理论之一，对于理解社会结构和社会运作具有一定的指导作用。它提供了分析社会系统和机构的框架，帮助我们理解了社会稳定性和秩序的来源，并对社会变迁和发展起到了一定的解释作用。

　　传播学之所以引入结构功能主义理论，主要有以下两个原因。一是施拉姆在刚创立传播学的时候，想为传播学构建一个稳固而扎实的根基。而结构功能主义在20世纪40年代的美国社会非常流行，也得到了普遍认可，更重要的是结构功能主义倡导一种系统而保守的社会改良思想。基于此，传播学引入结构功能主义也就顺理成章。二是受到社会经济因素的直接影响。传播学诞生之初受到一些基金的赞助和支持，其中最重要的是洛克菲勒基金会。该基金会帮助建立了一些传播学研究中心，资助了传播学的发展。传播学也就难免要符合洛克菲勒基金会的要求。洛克菲勒传播研讨班在1939年提出结构功能主义的传播研究框架，用以维持美国资本主义社会的稳定。至此，结构功能主义也就被引入了传播学。

当结构功能主义被引入传播学之后，大众传播的社会功能自然就成为传播学研究的重点。其中最著名的当数拉斯韦尔和赖特提出的大众传播的四种主要社会功能（环境监测功能、社会整合功能、文化传递功能、娱乐功能）以及拉扎斯菲尔德和默顿提出的大众传播的另外三种社会功能（授予地位的功能、促进社会规范的实行功能、麻醉精神的功能）。他们所总结出的大众传播的社会功能是从结构功能主义出发的，将传播纳入了社会结构的生成与发展之中。

（三）基于系统论、信息论、控制论的传播学研究

系统论是一种跨学科的理论和方法，旨在研究和理解各种复杂系统的结构、功能和相互作用。系统论的起源可以追溯到 20 世纪上半叶，最早由奥地利生物学家贝塔朗菲提出。过去的生物学研究是将生物的各个部分和过程割裂开来进行的，他认为，这种研究方式并不能准确、完整地描述生命现象。生物应该是各个部分相互关联、相互制约、相互依存的有机体。后来，系统论逐渐扩展到自然科学、社会科学、工程学和管理学等多个领域，并提供了一种综合性的框架，用于分析和解释系统的行为和特征。

系统论的核心概念是系统，该理论认为系统是可以由一组相互关联的元素、组件或者子系统所构成的整体。系统论认为，系统不仅仅是各个组成部分的简单叠加，更是由这些部分之间的相互作用和关系所决定的。因此，系统论关注的是整体性、相互依赖和相互反馈的特征。

信息论是一种研究信息编码、传输、存储、处理和解码等问题的理论。它是由美国数学家克劳德·香农在 1948 年提出的，并逐渐在通信、计算机科学、生物学等多个领域得到了广泛应用。信息论的核心概念是信息。在信息论中信息被定义为用来传达知识或思想的事物。具体来说，在信息论中，信息是由一系列符号组成的，这些符号可能来自文本、声音、图像、视频等，或者是其他的数字或字符。信息的数量可以被表达为比特，每个比特可以取 0 或 1 两个值。比特表示信息在二进制机器中的状态，符号可以通过编码方式转换为比特。除了信息之外，信息论的另一个核心概念是熵。熵是描述信息传输的不确定性的一种方式。具体来说，它是信息源中的不确定性，即对信息中每个符号出现的可能性的

度量。熵越大，意味着信息越不确定，需要使用更多的比特来表示。

总的来说，信息论提供了对信息量化、编码和解码的方法，可应用于各种领域，为我们处理信息、保护信息以及优化信息传输提供了技术支持。

控制论是一门研究如何在系统中实现自动控制的学科。它最初由美国数学家诺伯特·维纳在 20 世纪 40 年代提出。控制论的目标是研究如何构建控制系统，并通过监测和调节系统的输出，使其在期望的状态下运行。在控制论中，系统包括被控制的物理或抽象对象，以及用于对其行为进行调节的控制器。控制器通过对系统的输出进行调整，使系统输出接近或达到预定的目标。控制器通常包括传感器、执行器和反馈环路等基本组件，将其用于实时监测系统状态，并通过反馈信号来调节自身的行为。控制器的设计和优化是控制论的核心任务之一。

反馈是控制论的重要思想之一。通过对系统输出的实时反馈，控制器可以根据系统的状态进行调节和修正，以确保系统在变化和干扰下仍能稳定运行。反馈控制可以提高系统的适应能力。总之，控制论是研究自动控制系统的学科，关注如何通过控制器来调节系统输出，以满足设计要求。它涵盖了系统建模、控制器设计、反馈控制和系统分析等方法，为实现稳定性、性能优化提供了理论基础和技术支持。控制论在工程学等科学和技术领域有着广泛而重要的应用。

系统论、信息论和控制论在理论和方法层面都对传播学有一定的影响。

首先，系统论对传播学的影响主要体现在以下两个方面。一方面，系统论强调整个系统的整体性和相互关系，将传播过程看作是由各种相互作用和反馈的部分组成的复杂系统。这种系统观念有助于理解传播的动态性和复杂性，同时也有助于研究者从整体的角度来考察传播现象。另一方面，系统论提供了建立数学模型来描述和分析传播过程的方法，通过对传播系统的各个元素和相互关系进行建模，可以帮助研究者深入理解传播的机制和效果，并预测和优化传播行为。

其次，信息论对传播学的影响主要体现在以下两个方面。一方面，信息论提出了比特和熵的概念，用于衡量信息的数量和不确定性。在传播学中，研究者可以通过信息论的方法来分析和量化信息的传递、保存和消耗等特点，帮助其优化传播效果和资源利用。另一方面，信息论中的压缩算法和编码方法对传播学也有一定的影响。在数字传播时代，信息的压缩和编码是非常重要的技术，可以有效地提高传输效率和资源利用率。研究者可以借鉴信息论的思想和方法，开发更高效的数据压缩和编码技术。

最后，控制论对传播学的影响主要体现在以下两个方面。一方面，控制论提供了对系统行为进行控制和调节的方法。在传播学中，研究者可以运用控制论的思想和模型，设计和优化传播控制系统，以实现对传播过程的自动控制和调节。另一方面，控制论强调通过实时反馈来对系统进行调节，以保持性能的稳定性。在传播学中，研究者可以运用反馈控制的原理，通过监测传播效果和反馈信息，及时调整传播策略和资源分配，实现更好的传播效果。

总之，系统论、信息论和控制论对传播学的影响主要体现为提供了理论框架、研究方法和思考路径。它们可以帮助研究者更好地理解和解释传播现象，提供分析和优化传播行为的工具和思路。

第三节　主客体二元对立视域下传播学的人文主义倾向

人文主义是西方传统思想中的核心观念，起源于古希腊的哲学思想。从古希腊哲学家普罗泰戈拉提出"人是万物的尺度"这一命题开始，人文主义思潮就贯穿于西方古典、近代、现代三个时期。古典人文主义产生的初衷是解决古希腊的城邦危机，但在解决危机的过程中哲学家们确立了人之为人的普遍性原则，肯定了人的重要地位。例如，"人是万物的尺度"中的"尺度"就是标准的意思，因此，人也就成了万事万物的标准。此后，古希腊哲学家们提出了一系列与"人"相关的命题，主要涉及人的本性、人的伦理道德等问题。例如，苏格拉底认为，人应该认识自己的德性，即"知识即德性，无知即罪恶"。① 柏拉图也认为，"善的理念"是人类一切行为的终极目的；亚里士多德同样认为，人的行为只有符合

———————
① 苗力田、李毓章主编《西方哲学史新编》，人民出版社，1990，第54页。

德性才能获得幸福，正如他所言："如若幸福在于合于德性的现实生活中，那么，就很有理由说它是合乎最好的德性，也就是人们最高贵部分的德性的。"① 人文主义思潮在中世纪遭遇黑暗时期之后，在文艺复兴时期达到了高潮。近代人文主义哲学家高度肯定了人的价值，弘扬了人的主体性，他们普遍认为人的理性实现了人对万事万物的主宰，提高了人的主体地位。例如，康德指出："个个有理性者的意志都是颁布普遍规律的意志。"② 在康德看来，每个人都应该根据理性所设定的道德律来行动。黑格尔也认为，事物的本质是通过理性的逻辑推理得到的，正如他所言："凡是合乎理性的东西都是现实的，凡是现实的东西都是合乎理性的。"③

由此可见，人文主义肯定了人的价值和意义，肯定了人在与世间万物打交道过程中的主体地位。社会学的芝加哥学派（传播学的思想源头之一）、传播学的批判学派和经验学派都带有人文主义倾向，因为它们都肯定了人的主体性，无论它们的研究对象是大众传播还是人际传播，都将传播者与媒介的关系视为主体与工具的关系，也就是说，都在主客体二元对立的框架下探讨传播问题。下面，我们将逐一分析这三大学派呈现出的人文主义。

一　社会学芝加哥学派与人文主义

传播学的人文主义倾向还要从源头之一——芝加哥学派谈起。美国芝加哥学派的传播思想普遍带有人文主义倾向。芝加哥学派的奠基人杜威的传播观就带有人文主义倾向。在杜威看来，传播不仅具有传递的功能，还具有交流与共享的功能。通过这种交流与共享，人与人之间能够形成和谐融洽的关系，能够形成一个有机整体，并且，杜威还指出传播是实现民主的必要条件。正如他所提到的，民主的核心和最终保证是邻居们聚集在街头巷尾反复讨论所读到的未受检查的当日新闻，以及朋友们聚集在起居室与公寓中自由地相互反驳。④ 也就是说，民主源于人与

---

① 〔古希腊〕亚里士多德：《尼各马科伦理学》，苗力田译，中国社会科学出版社，1990，第 224 页。

② 〔德〕康德：《道德形而上学原理》，苗力田译，上海人民出版社，2012，第 45 页。

③ 〔德〕黑格尔：《法哲学原理》，范扬、张企泰译，商务印书馆，2011，前言第 4 页。

④ 〔美〕罗伯特·B. 塔利斯：《杜威》，彭国华译，中华书局，2002，第 87 页。

人之间交流与共享。真正的民主也应该体现在社会成员的信息共享之中，体现在社会成员对公共事务的广泛参与之中。

芝加哥学派的其他学者在谈到传播问题的时候也普遍带有人文主义倾向，比如库利的"镜中我"这个概念就认为人的身份认同就像是一面镜子，反射了自我形象在他人以及社会中的反映，而这些又会影响个体的自我认识。由此可见，在库利看来，"自我"这个概念的形成源于自我与他人之间的互动与交流。正如他所言："人的社会生命起源于与他人的交流。首先通过他对触摸、音调、手势和脸部表情的感受，而后又通过他逐渐掌握的语言来达到交流。"①

米德也认为，自我是社会互动的产物。个体通过观察和参与社会互动，学习到他人对自己的评价和反应，进而形成自我意识和认知。通过扮演他人的角色，个体能够预见他人对自己的评价，并根据这些评价来形成自我认知。这就是说，自我的形成是符号交流与互动的产物，正如他所言："如果姿态的会话能够成为指导和控制经验的行动的一部分，一个自我便可能产生。在一个社会动作中影响他人，然后采取他人被该刺激唤起的态度，然后又对这一反应作出反应，这样一个社会过程构成了一个自我。"②

帕克关于传播的论述也透露出他将传播的过程视为人与人之间的交流互动。他认为，传播是"一个社会心理的过程，凭借这个过程，在某种意义和程度上，个人能够假设其他人的态度和观点；凭借这个过程，人们之间合理的和道德的秩序能够代替单纯心理的和本能的秩序"。③ 可见，帕克认为传播不仅仅是信息的传递，更是社会行动的一部分。传播是人们互动、沟通和共享意义的过程。传播在这个过程中能起到维持秩序、确立权威和规范行为的作用。

当然，我们也不能说芝加哥学派是完全倾向于人文主义的，但是这些学者将传播视为人与人之间交流互动的观点确实站在人文主义的立场之上，因为他们都高度肯定了在人与人之间的交流互动过程中人的主体地位。

---

① 〔美〕查尔斯·霍顿·库利：《人类本性与社会秩序》，包凡一、王湲译，华夏出版社，2015，第 3 页。

② 〔美〕乔治·H. 米德：《心灵、自我与社会》，赵月瑟译，上海译文出版社，1992，第 152 页。

③ 〔美〕E. M. 罗杰斯：《传播学史：一种传记式的方法》，殷晓蓉译，上海译文出版社，2005，第 164 页。

二　传播学批判学派与人文主义

传播学批判学派也带有人文主义倾向。传播学批判学派通常包括德国法兰克福学派和英国伯明翰学派,虽然这两个学派的观点差异很大,但是都站在人文主义的立场之上。法兰克福学派代表人物霍克海默和阿多诺站在人文主义立场之上批判了受资本主义统治阶级控制的大众传媒,正如他们所言:"在这些传媒里,启蒙主要表现为对制作和传播的效果和技术的算计;而就其具体内涵而言,意识形态集中体现为对存在者和控制技术的权力的偶像化。"① 可见,在他们看来,大众传媒是意识形态控制的工具,往往被用来塑造和维持特定的意识形态,以便满足统治阶级的利益。这种受操控的大众传媒可能导致个体主体性的丧失,使个体的思想受到束缚和限制。

马尔库塞又进一步发展了这种批判思想,他在《单向度的人》一书中指出,技术的发展进步没有给人类带来自由和解放,反而成为一种可以操控人的思想意识的异化力量,这种异化力量可以使人丧失理性批判能力。大众传媒是塑造"单向度的人"的重要工具之一。大众传媒通过操控信息、灌输娱乐、制造虚假需求等手段,剥夺了人们对多样性、深度思考和真实自我认知的追求。"单向度的人"根据媒体灌输的观念和意识形态进行消费和行动,缺乏独立思考和批判能力,容易受到社会结构和权力的控制。

针对人与人在现代社会交往过程中的异化问题,哈贝马斯提出用交往理性取代工具理性,以此重建人与人之间的主体间性。交往理性是一种理想化的沟通方式,其中参与者自由、平等地进行开放性的对话和互动,努力寻求合理性和真理。通过对话和辩论,人们有机会公开表达自己的观点、倾听他人的观点,并寻求共识和最佳解决方案。

不同于法兰克福学派对大众传媒的批判,伯明翰学派肯定了大众传媒的价值,但是该学派的肯定仍然是站在人文主义立场之上的。这一点在伯明翰学派的研究方法中体现得最为明显。不同于法兰克福学派的纯理性思

---

① 〔德〕马克斯·霍克海默、西奥多·阿道尔诺:《启蒙辩证法——哲学断片》,渠敬东、曹卫东译,上海人民出版社,2006,前言第5页。

辨，伯明翰学派通常采用文本分析的方法进行研究。这种方法尤其重视因不同文化背景的人对同一媒介文本的不同解读而形成的不同文化之间的分歧，因此，该学派的受众观是积极的，认为问题的关键是要让受众积极参与媒介文本的解读。这点在霍尔的编码/解码理论中体现得最为明显。编码/解码理论认为，媒体所进行的信息传递是一个经过了编码和解码的过程，受到了受众自身意识形态和文化背景的影响。根据受众个人的文化、历史和社会背景的不同，他提出了三种解码方式：倾向式解码、反抗式解码、协商式解码。这三种解码方式将传播学关注的重点转向了多元的受众。总之，霍尔的编码/解码理论超越了一般的信息传递观，用人文的视角和方法来看待信息传递的过程，强调了社会文化背景对媒体信息解读的重要性，提醒了人们关注媒体信息的多义性和受众诠释的能动性。

除了伯明翰学派之外，文化研究的另外一位重要人物詹姆斯·W.凯瑞的传播仪式观也超越了一般的信息传递观，其用人文主义的视角去看待人与人之间的交流与互动。他认为，传播仪式观把传播看作是文化共享过程，它并非直接指信息在空间上的扩散，它主要是指传播在时间上对一个社会的维系。[1] 这就是说，传播不仅仅是简单地传递信息，更是一种社会仪式，参与者在其中共同建构和分享意义。换言之，凯瑞将传播视为一种符号互动的仪式活动，认为传播通过仪式性的交互来表达和共享文化价值观与社会意义。

三　传播学经验学派与人文主义

传播学的经验学派起初没有人文主义的倾向，只有自然主义的倾向。但是，当该学派的学者们意识到自身的理论缺陷之后，发生了人文主义的转向。其中，经验学派的人文主义转向主要体现为对受众主动性的逐渐重视。众所周知，早期经验学派的传播学家将受众视为被动的"乌合之众"。例如，魔弹论就认为，受众面对传播内容的时候就像毫无抵抗能力的靶子。到了20世纪40年代之后，拉扎斯菲尔德和霍夫兰等学者不再认同早期的强效果论，逐渐将研究目光投向受众，并提出了"二级传

---

① 〔美〕詹姆斯·W.凯瑞：《作为文化的传播："媒介与社会"论文集》，丁未译，华夏出版社，2005，第7页。

播理论"和"有限效果论"。正如他们所言："关于大众说服过程的传统观念应该给'人'留个位置，将它作为在传播媒介的刺激与意见、决定和行动的合成品之间的介入因素。"①

20世纪60年代，"使用与满足"理论的提出最能体现经验学派的人文主义转向，因为它把受众的需求放在了最重要的位置，该理论认为传播效果的好坏完全取决于是否满足了受众的需求。"使用与满足"理论旨在解释为什么人们使用媒体以及人们通过使用媒体来满足哪些需求和欲望。该理论强调受众的媒体使用是主动的，并且个体选择媒体和内容是出于特定的个人需求。因为"使用与满足"理论强调了受众在媒体使用中的主动性和个体差异，所以带有人文主义倾向。

此后，"知识沟"理论和"上限效果"假说也开始关注受众的态度、情绪、意志等对传播效果的影响。"知识沟"理论是由美国学者蒂奇诺等人在一系列实证研究的基础上提出的，具体指"由于社会经济地位高者通常能比社会经济地位低者更快地获得信息，因此，大众媒介传达的信息越多，这两者之间的知识鸿沟也就越有扩大的趋势"。②"知识沟"理论着重研究社会中不同知识水平个体之间的差距，并将其归因于社会经济地位、教育水平、私人网络和媒体使用习惯等的差异。"上限效果"假说由美国学者艾蒂玛和克莱因提出，其观点与"知识沟"理论恰好相反。该假说认为，个人对特定知识的追求并不是无止境的，达到某一"上限"饱和点后，知识量的增加就会减速乃至停止。社会经济地位高者获得知识的速度快，其"上限"到来得也就早；那些经济地位低者虽然知识增加的速度慢，但随着时间推移最终能够在"上限"上赶上前者。③由此可见，虽然"知识沟"理论和"上限效果"假说在学术观点上有差异，但是它们都在强调不同个体或社群在获取和使用信息方面的差异，因此，它们也在肯定受众的主动性和个体差异，也就必然带有人文主义倾向。

①　殷晓蓉：《战后美国传播学的理论发展：经验主义和批判学派的视域及其比较》，复旦大学出版社，2000，第163页。
②　郭庆光：《传播学教程》，中国人民大学出版社，2011，第215页。
③　郭庆光：《传播学教程》，中国人民大学出版社，2011，第216页。

第二章　新媒体时代的传播学危机

如何理解新媒体？如何理解新媒体时代人的角色的转变？如何基于人与媒介之间关系的转变理解传播学的危机？这三个问题是本章所要解决的，也是新媒体时代传播学创新的出发点。正如笔者在第一章中所言，主流传播学的研究范式始终持有的是基于主客体二元对立的主体哲学立场。现在这种研究范式显然已经与新媒体的本质不太吻合了，因为相较于传统媒体而言，新媒体已经发生了革命性的转变，这种革命性的转变主要体现为新媒体带来了一种新逻辑。这种新逻辑需要我们重新理解新媒体及其带来的人与媒介关系的转变，也需要在此基础上看到基于主客体二元对立的传播学面临的危机。

具体而言，本章共分为五节。第一节分析新媒体带来的新逻辑，这种新逻辑使得我们可以将新媒体视为一种作为基础设施的元媒介。接下来，笔者从第二节到第四节探讨作为元媒介的新媒体如何形塑和改造"人"以及如何重构人与媒介的关系。根据新媒体技术的发展变化，笔者将新媒体时代分成三个小的时代：移动互联时代，大数据时代，智能媒体时代。与传统媒体时代的"人"相比，这三个小时代塑造出来的"人"的角色发生了很大的转变，人与媒介的关系也发生了相应的变化。第五节基于人与媒介之间关系的转变探讨主客二元论传播学在新媒体时代面临的危机。这些危机也是新媒体时代传播学需要创新的原因。

第一节　新媒体是一种元媒介

什么是新媒体？新媒体到底"新"在哪里？这两个问题长期以来都是新媒体研究者探讨和关心的重点。部分学者认为，新媒体比传统媒体更新的地方在于新媒体拥有新的技术，这种新技术包含了移动互联网技术、物联网技术、数字技术、VR 技术、AR 技术等。比如，中国传媒大学的宫承波教授在《新媒体概论》一书中指出："'新媒体'是一个技术性概念。当下的新媒体指的是依托于数字技术、互联网技术、移动通信技术等新兴科技而产生的向受众提供信息服务的一系列新的工具或手段。"① 笔者认为，这种看待新媒体的方式虽然也没有错，但并没有看到新媒体与传统媒体的根本区别，因为如果仅仅从技术演进的视角来看待新媒体的话，广播相对于报纸也是一种新媒体、电视相对于广播也是一种新媒体、互联网相对于电视也是一种新媒体。那为什么我们要将互联网称为新媒体，而将报纸、广播、电视称为传统媒体？

　　还有部分学者认为，新媒体比传统媒体更新的地方在于新媒体具有新的传播特征。其中，数字化和交互性是被学者提到最多的两个新媒体的新特征。比如，中国人民大学匡文波教授在《新媒体概论》一书中指出："从技术上看，新媒体是数字化的；从传播特征上看，新媒体具有高度的互动性。"② 马诺维奇在《新媒体的语言》一书中也特别强调新媒体的数字化和交互性："新媒体是被转化成数字化呈现的模拟媒体……新媒体具有交互性。旧媒体有固定的呈现顺序，用户无法与其进行交互。但现在的用户可以与媒体对象进行交互。在交互过程中，用户可以选择显示哪些元素或者用怎样的路径读取文件，从而生成一个独一无二的作品。"③ 罗伯特·洛根在《理解新媒介——延伸麦克卢汉》一书中也将新媒体视为"互动式数字媒介"。④ 但是，传统媒体并没有因为新媒体的出现而消亡，而是逐渐被整合到了新媒体平台之中，也具有了一定程度的数字化和交互性。比如，报纸和电视都可以通过数字化转换而呈现在新媒体屏幕之上，进而通过评论、转发等方式实现与用户之间的互动。那么，这样的报纸和电视到底是新媒体还是传统媒体？如果是新媒体，那么是否意味着传统媒体已经彻底消亡？如果是传统媒体，那么数字化和交互性就不是新媒体区别于传统媒体的传播特征。

　　由此可见，无论从技术演进上还是从传播特征上来理解新媒体，都没能看到新媒体的革命性意义，也就不能很好地解答"什么是新媒体？"

---

① 宫承波主编《新媒体概论》，中国广播影视出版社，2017，第3页。
② 匡文波：《新媒体概论》，中国人民大学出版社，2019，第4页。
③ 〔俄〕列夫·马诺维奇：《新媒体的语言》，车琳译，贵州人民出版社，2020，第48~49页。
④ 〔加〕罗伯特·洛根：《理解新媒介——延伸麦克卢汉》，何道宽译，复旦大学出版社，2012，第4页。

"新媒体到底'新'在哪里？"这两个问题。笔者认为，新媒体比传统媒体更"新"的地方在于新媒体具有一种新逻辑，这种新逻辑使得新媒体与传统媒体彻底分道扬镳，按照自身的逻辑演进。这种新逻辑也使得我们可以将新媒体视为一种元媒介。

什么是元媒介？要回答这个问题，必须首先理解什么是"元"。"元"这个前缀在英语世界中被称为"meta-"。"meta-"在英文中是"位于……之上"的意思。那么，元媒介就是指位于媒介之上的媒介。与"元语言是解释语言符号的规则"一样，元媒介就是解释媒介符号的规则，也就是"关于媒介的媒介"。如果说媒介的承载内容是符号文本的话，那么元媒介的承载内容就是这个承载符号文本的媒介。比如，如果我们把报纸视为一种媒介的话，那么当报纸被整合到新媒体平台（电脑、手机）的时候，这个新媒体平台就是元媒介。它不仅承载报纸的内容，还按照自身的逻辑对报纸的内容和形式进行改造。由此可见，元媒介的最大特征在于：其作为上一级的媒介，能将所有下一级的媒介都整合到自身的平台之上，并接受自身的改造。也就是说，元媒介能够整合现存所有的媒介形态和传播方式。正如赵星植所言："第一，从媒介再现的方式来看，元媒介不仅重新整合了文本、图像和声音，而且还吸纳了大众传播和人际传播中的所有体裁，如叙述、辩论、游戏。第二，从传播模式来看，元媒介整合了一对一、一对多以及多对多的传播形态，除了在元媒介中本有的博客、微博以及社交网络，元媒介还被广泛地运用于个人交流以及大众传播。"① 事实上，当元媒介能够整合现存所有的媒介形态和传播方式的时候，元媒介也就创造了一种新的媒介形态和传播方式，进而重构了人与媒介、人与人、人与社会之间的关系。因此，元媒介的主要功能就不再是通常意义上的作为传播与交流的工具，而是一种基础设施。这种基础设施是一种结构性力量，能够为媒介领域乃至人类社会其他领域提供解释规则，也能重构人与媒介、人与人、人与社会之间的关系。

那么，新媒体为什么能成为一种元媒介，新媒体区别于传统媒体的新逻辑又是什么？笔者认为，新媒体的新逻辑主要体现在以下三点，这

---

① 赵星植：《皮尔斯与传播符号学》，四川大学出版社，2017，第221页。

三点共同决定了我们可以将新媒体视为一种作为基础设施的元媒介。

　　首先，新媒体激活了个人。"点对面"的传播方式使得传统媒体是以机构为基本元素加以运行的，比如报社、广播电台、电视台等。这种运行方式使得传统媒体很容易被少数人或团体掌控，很难被普通大众所用，这也使得传统媒体很难真正深入人们的日常生活。然而，以互联网为代表的"点对点"的传播方式使得新媒体是以个人为基本元素加以运行的。这种运行方式使得新媒体可以被每个人所用，每个个体都能自由地运用微博、微信、抖音等新媒体平台进行表达、交流和创造。当新媒体激活了个人的时候，不仅蕴含于每个人身上的种种资源、价值和能力在互联网的连接之下被检索、被发现、被激活、被利用和整合，而且每个人日常生活中的衣食住行也越来越需要借助新媒体平台来完成。① 这就是说，新媒体已经完全融入了人们的日常生活，这也是新媒体能成为一种作为基础设施的元媒介的前提条件，因为日常生活的媒介化使得媒介"就像一台计算机的操作系统一样，规定着你的运作方式、决定着你的价值评估、划定着你的运营空间"。②

　　其次，新媒体消解了物理空间与虚拟空间的二元对立。物理空间是人们生存的第一空间，是以原子为基本单位而构造起来的空间，具有实体性和客观性。这个空间是先于人的存在而存在的，不以人的意志为转移的，也就是说，人类自诞生之日起就生存于物理空间之中。虚拟空间是人们生存的第二空间，是人类通过媒介文本建构起来的空间，具有抽象性和虚拟性。比如，人类通过文学文本而建构起来的想象空间，通过艺术文本而建构起来的情感空间，通过哲学文本而建构起来的思辨空间，当然也包括报纸、广播、电视等传播媒介建构起来的媒介空间。这种虚拟空间是一种与物理空间相对的空间，不再是以原子为基本单位，而是人类自己建构起来的空间。长期以来，人类的各种活动在物理空间与虚拟空间之间徘徊。但是，新媒体的出现与发展为人类创造了生存的第三空间，即智慧空间。这个空间消解了物理空间与虚拟空间的二元对立，

① 喻国明：《媒介革命：互联网逻辑下传媒业发展的关键与进路》，人民日报出版社，2015，前言第3页。
② 喻国明：《媒介革命：互联网逻辑下传媒业发展的关键与进路》，人民日报出版社，2015，第52页。

成为人类生存的唯一空间。智慧空间的出现之所以能够消解物理空间与虚拟空间的二元对立，是因为移动互联网、物联网、大数据等新媒体技术将人与人、人与物、物与物全面相连，进而推动整个人类社会的智能化和媒介化。未来万物皆媒介，人类将完全生活在一个由新媒体技术所构筑的智慧空间之中。"家庭、办公楼、商场、电梯等，到处充斥着屏幕，各种智能移动终端、监控录像占据我们生活空间和各个角落，与我们如影相随、日夜相伴。"① 在这个空间中，人自身也成为一种媒介，人的身体和意识都被媒介化，也将接受媒介逻辑的改造。

最后，新媒体形成了媒介融合和资源整合的新平台。报纸、广播、电视等传统媒体的媒介形态相对单一，虽然彼此之间也有一定程度的融合，但总体上还是呈现各自发展的局面，因为各种媒介的特性差异较大。比如，报纸的主要传播媒介为文字，广播的主要传播媒介为声音，电视的主要传播媒介为影像。文字、声音、影像是很难在传统媒体平台（报纸、广播、电视）上融为一体的。不过，新媒体的出现打破了这种各自发展的局面，因为新媒体为不同媒介形态之间的融合提供了一个新平台。这个新平台向所有的媒介机构、所有的个体用户、所有的资源开放，无论是大的媒介机构还是小的个体用户，都可以在这个平台上彼此融合、共享资源、创造价值。那么，为什么新媒体能够成为一个资源整合的平台？因为新媒体依托于数字技术的驱动，可以将图、文、声、像等各种媒介的信息都转变成二进制的数字 0 或 1 的排列组合，从而打破了不同媒介间的界限，使得报纸、广播、电视等不同媒介的内容都能展示在一个平台之上。而且，这个新平台不仅是一个纯粹的自媒体平台，还是一个"把关人"，会为各种资源如何彼此共享、如何创造价值制定规则和标准，使得这个平台上的一切资源必须按照它的逻辑和规则来生存和发展。同时，从媒体演进的规律来看，以互联网为代表的新媒体是一切媒介的媒介。媒介环境学派的两个代表人物麦克卢汉和莱文森都对媒介发展的规律提出了自己的看法。其中，麦克卢汉率先提出了"媒介杂交"理论，这一理论认为一种新媒介的内容是另一种旧媒介，例如，文字的内容是言语、印刷的内容是文字、电影的内容是小说、电视的内容是电

影。后来，在麦克卢汉的基础上，莱文森认为媒介的这种演进趋势并不是无止境的，互联网就是演进的终点。他认为互联网把一切过去的媒介解放出来，当作自己的手段，把一切媒介变成内容……互联网是一切媒介的媒介。① 由此可见，以互联网为代表的新媒体是一种整合各种媒介和资源的平台型媒介。

综上所述，新媒体的三点新逻辑使其成为一种基础设施，成为一种能够重构人与媒介、人与人、人与世界之间关系的元媒介。万事万物要依照新媒体逻辑才能生存和发展。正如喻国明教授指出："互联网是另一个上帝，它将深刻地改变传统社会的一切。世间万物、各行各业只有适应它，被它改造后才能生存、才能发展。"② 然而，传统媒体是不太可能完成这个任务的，因为传统媒体不能整合各种媒介和资源，也不能激活个人，让媒介深入日常生活，更不能创造一个融合物理空间和虚拟空间的智慧空间。因此，新媒体的"新"不是指技术和特征上的新，而是指在新技术和新特征基础上的新逻辑，这种新逻辑使得新媒体成为一种元媒介。

事实上，作为元媒介的新媒体不仅仅是对传统媒体的超越，更是一种回归，即回归到媒介的本来面目。以报纸、广播、电视等大众传媒为代表的传统媒体只是媒介发展过程中的一个例外，偏离了媒介发展的正常轨道。关于这一点，彼得斯在《奇云：媒介即存有》一书中有过详细阐述。正如他所言："今天所谓的'新媒体'带我们进入的并不是人类此前从未到达过的新领域，只是复活了最基础的旧问题——在复杂社会里人类如何在相互绑定中共同生存——并凸显了我们曾遭遇过的最古老的麻烦。"③ 这里的"最基础的旧问题"不是信息传播的问题，而是媒介与人类生存之间的关系问题。因此，在彼得斯看来，任何可以规定和调整时间、空间、关系、权力的东西都可以被称为媒介。或者说，"任何复杂的社会，只要它需要凭借某种物质来管理时间、空间和权力，我们就

---

① 〔美〕保罗·莱文森：《数字麦克卢汉》，何道宽译，社会科学文献出版社，2001，第27页。

② 喻国明：《媒介革命：互联网逻辑下传媒业发展的关键与进路》，人民日报出版社，2015，第52页。

③ 〔美〕约翰·杜海姆·彼得斯：《奇云：媒介即存有》，邓建国译，复旦大学出版社，2020，第5页。

可以说这个社会拥有了媒介"。① 海洋、天空、火、云、船、鲸鱼、坟墓等自然事物都被他视为媒介，并被他称为元素型媒介，他将媒介视为构成世界的一个重要元素。也就是说，彼得斯认为，任何处于居中状态并使两者发生关系的因素都可以被视为媒介。比如，当一艘船驶入海洋的时候，船就成了人与海洋之间的媒介，因为它能构建人与海洋的关系；海洋也就成了人与船之间的媒介，因为它能构建人与船的关系；人也成了海洋与船之间的媒介，因为它能构建海洋与船的关系。

在此基础上，彼得斯提出"环境即媒介"，这就是说，"我们可以将'媒介'视为一种友好的环境，它能为各种生命形式提供栖居之地，也能催生各种其他的媒介"。② 由此可见，彼得斯也将媒介视为一种基础设施，认为媒介塑造着我们的时空，塑造着人与人、人与世界之间的关系。而在媒介史上，大众传媒恰好不能被视为基础设施，因为大众传媒的主要功能是信息传播，这一功能对人类生存的秩序没有产生过根本性的改变。而新媒体的主要功能不是信息传播，而是回归了媒介本身的功能，即导航、索引、定位、记录、连接等与人类生存密切相关的功能。正如彼得斯所言："我们可以将互联网视为一种存在方式，它在塑造环境的基本能力上，在某些方面已经类似于水、空气、土地、火或以太。"③ 由此可见，虽然彼得斯在《奇云：媒介即存有》一书中天马行空地讨论着各种媒介，但似乎他最终的落脚点还是新媒体，还是想证明新媒体是一种元媒介。大众传媒的出现只是媒介发展史上的一个例外，新媒体的出现让媒介发展重新回到了正常轨道。正如彼得斯所言："20 世纪，我们将媒介视为一种娱乐机器，用指头一点它，新闻和娱乐节目就如自来水一样持续稳定地哗哗流出……这在人类历史上其实是一个例外，而不是常态。今天我们有了数字媒介，它将我们带回到历史上的常态时期。"④

---

① 〔美〕约翰·杜海姆·彼得斯：《奇云：媒介即存有》，邓建国译，复旦大学出版社，2020，第 23 页。

② 〔美〕约翰·杜海姆·彼得斯：《奇云：媒介即存有》，邓建国译，复旦大学出版社，2020，第 3 页。

③ 〔美〕约翰·杜海姆·彼得斯：《奇云：媒介即存有》，邓建国译，复旦大学出版社，2020，第 57 页。

④ 〔美〕约翰·杜海姆·彼得斯：《奇云：媒介即存有》，邓建国译，复旦大学出版社，2020，第 22 页。

综上所述，既然在新媒体时代，万事万物都需要接受作为元媒介的新媒体逻辑的改造才能生存和发展，那么"人"也不例外。也就是说，在新媒体时代，我们也应该按照新媒体的逻辑来重新理解"人"。在本章接下来三节中，笔者将分别从移动互联时代、大数据时代、智能媒体时代来探讨"人"的角色转变。

第二节　节点人：移动互联时代的"人"

随着新媒体技术的发展与应用，作为新媒体使用者的"人"的角色也在发生相应变化，这种变化的表现之一就是人正在被节点化，成为网络节点中的人，即"节点人"。节点人的出现会改变人的社会关系和生存方式。下面，本节将先探讨节点人是如何出现的；然后在此基础上分析节点人是如何改变社会的组织方式以及人们的生存方式的。

一　节点人的出现

节点人的出现源于新媒体技术发展到 Web 2.0 时代，即移动互联时代。在 Web 1.0 时代，新媒体仍然延续了传统媒体的传播方式，只是传播的速度比传统媒体更快，传播的信息量比传统媒体更大，但是传播主体仍然是专业化、职业化的媒体机构，传播过程仍然是"点对面"的单向线性传播。到了移动互联时代，新媒体的传播方式发生了革命性的改变，这种改变主要体现在 Web 2.0 技术"激活了比机构更为基本的社会基本要素——个人，使每个个人都成为这个传播系统当中的一个元素、一个基本单位"。[①] 这种对"个人"的激活使得传播主体不再是专业化的媒体机构，而是业余的个体，换言之，每个人都是移动互联时代的传播主体，每个人都有一个麦克风，每个人都可以利用手中的麦克风自由地进行表达、交流和创造。同时，传播过程也不再是"点对面"的单向线性传播，而是"点对点"的双向互动传播。

进而言之，移动互联时代的传播过程不再有"传播者"与"受众"

---

① 喻国明：《媒介革命：互联网逻辑下传媒业发展的关键与进路》，人民日报出版社，2015，前言第 3 页。

的区分，只有一个个的"节点"。这些节点同时具有生产者、传播者、消费者的三重功能，并且，每个节点的权利与义务都是对等的，可以进行平等的交流与互动。马克·波斯特将这种"以媒介的制作者、销售者和消费者为一体的双向型、去中心化的交流模式为主导"① 的时代称为第二媒介时代。"互动与自由"是第二媒介时代最主要的两个基本特征，微博、微信等社会化媒体是第二媒介时代最典型的代表，其具有的点赞、转发、评论、关注、聊天等传播方式就很好地体现了"互动与自由"的传播特征。因此，我们可以把处在每个节点上的人称为"节点人"。具体而言，"节点人"的传播模式具有以下两个特征。

第一，以每个节点人为中心。

由于节点人同时扮演着生产者、传播者、消费者的三重角色，所以网络中的每个节点都是一个传播中心。我们可以将这种以每个节点为传播中心的传播模式称为"泛众传播"，即"以每个个人为中心、面对所有人提供的个性化传播，既'有众'又'无众'，既是所有人对所有人的传播，也是一对一的传播"。② 这里的泛众与大众传播中的大众不同，因为大众传播通常是指一对多的传播，而泛众传播是指一对多、一对一、多对多、多对一同时存在的传播。在泛众传播中，传播网络中的每个节点既是传播中心，又是被传播的中心；每个节点都可以影响到网络中的其他节点，同时也受到网络中其他节点的影响。

网络直播就是解释这种以每个节点人为中心的泛众传播的最好例证。在网络直播中，每个人都可以成为直播者，每个直播者既是一个节点人，又是一个传播中心。围绕着这个传播中心，作为节点人的直播者既可以对外传播，又可以对内接收。也就是说，这个传播中心既指传播信息的中心，又指接收信息的中心。比如，每个网络主播既可以针对所有观看者进行"一对多"的传播，又可以针对某一个特定观看者进行"一对一"的传播与互动。同时，所有观看者也可以针对这个主播进行"多对一"的赞美、攻击等。而且，观看者之间也可以进行"多对多"的交流与互动，在这个交流与互动的过程中，每个节点人又可以成为一个新的网络主播。

① 〔美〕马克·波斯特：《第二媒介时代》，范静晔译，南京大学出版社，2000，第22页。
② 李沁：《媒介化生存：沉浸传播的理论与实践》，中国人民大学出版社，2019，第120页。

第二，以社交关系为渠道。

在"节点人"的传播模式中，信息是以人与人之间的社交关系为渠道进行流动的。社交关系的数量和质量决定了信息流动的广度和深度。随着微信、微博、豆瓣、抖音等社会化媒体的普及和应用，节点人与节点人之间可以以各种方式结成关系纽带，这些关系纽带又可以组成一个关系网络。每个节点人都可以依靠这个关系网络建构自己的社交空间。与传统封闭的社交空间不同，节点人的社交空间是动态的、开放的。节点人可以依靠关系网络任意地扩大或者缩小自己的社交空间，节点人的主动性和存在感得到增强。这种增强主要体现在：作为关系节点的个体可以通过一个个的节点，直接或者间接地影响到其他节点的个体。同时，作为关系节点的个体，受到与其他节点人形成的社会关系的影响和制约也更深。例如，我们通过微博、微信等社交网络发布的内容不断地经过其他节点人的转发和分享，会形成裂变式传播，进而影响越来越多的用户。这也就是为什么在人人都有一个麦克风的社交网络时代每个节点人都有机会成为网红和明星。同时，经由不同的节点人组成的社交网络可以承担内容的筛选和过滤功能，进而实现用户信息消费的个性化和精准化，这也就是为什么在信息爆炸的社交网络时代反而容易形成"信息茧房"。

二　网络化社会的崛起

节点人与节点人的连接与互动可以形成一个网络化社会。网络化社会是指社会组织模式从自上而下的官僚制向水平的、去中心化的网络化的转变。其实，网络化社会并不是有了互联网之后才出现的，而是自古就有，正如曼纽尔·卡斯特指出："如果我们从全球化概念转到古代的地理学，那么在古代就有了某种程度的全球化，因为社会为其生计、资源，以及能源致力于形成连接人类主要活动的网络以打破地理位置的限制。"[①] 虽然网络化社会自古就有，但是古代的社会形态仍然以官僚制为主导，网络化的组织模式成为主导是需要一定的社会条件的。这个社会条件就是网络技术在社会中的普遍应用。卡斯特认为网络技术在社会中

---

① 〔美〕曼纽尔·卡斯特主编《网络社会：跨文化的视角》，周凯译，社会科学文献出版社，2009，第5页。

的普遍应用遵循一种双重逻辑:"网络以双重逻辑为基础进行工作:包容/排除。在网络内部,节点之间的距离趋近于零,因为网络遵循微观世界逻辑:通过共用通信协议,网络能与自身以及任何节点接入的其他通信网络连接。除非网络的程序被改变,否则由于没有访问权限,网络中的节点与这个网络外部的节点之间的距离是无限的。这样,网络具有自身重新配置的能力、复杂的通信结构,而这些条件使得网络凭借适应操作环境的能力,可以实现目的的一致性和执行的灵活性。"① 从这个双重逻辑可以看出,在网络化社会中,节点人与节点人之间的距离不再以物理距离来衡量,而是以网络内与网络外来衡量。只要在一个网络内,节点人与节点人之间将不再有距离,并且,每个节点人在网络中的地位都是平等的。如果我们把全球看成一个网络化社会,那么就有希望真正实现政治、经济、文化的全球化。

同时,在卡斯特看来,流动空间的形成是网络化社会崛起的重要体现。流动空间的思想最早源于德国哲学家莱布尼茨,他认为,"空间标志着同时存在的事物的一种秩序,只要这些事物一起存在,而不必涉及它们特殊的存在方式;当我们看到几件事物在一起时,我们就觉察到事物彼此之间的这种秩序"。② 由此可见,在莱布尼茨看来,空间是由不同事物在同一时间内聚拢在一起之后构成的东西。这种聚拢有两种方式:一种是邻近性的聚拢;另一种是功能性的聚拢。传统空间就是依靠邻近性聚拢的方式建构起来的。这种邻近性聚拢主要是依靠事物与事物之间物理距离上的邻近。这种物理距离上的邻近可以形成物理性的边界,这个边界可以将不同事物之间的互动限制在一定的地域之内。也就是说,只有在同一地域内的不同事物之间才能进行互动,不同地域之间的事物很难进行互动。

流动的空间是依靠功能性聚拢的方式建构起来的。这种功能性聚拢可以突破地域限制,实现空间的流动。这里的"流动"是指:"在社会的经济、政治与象征结构中,社会行动者所占有的物理上分离的位

---

① 〔美〕曼纽尔·卡斯特主编《网络社会:跨文化的视角》,周凯译,社会科学文献出版社,2009,第4页。
② 〔德〕莱布尼茨、〔英〕克拉克:《莱布尼茨与克拉克论战书信集》,陈修斋译,商务印书馆,1996,第18页。

置之间那些有所企图的、重复的、可程式化的交换与互动序列。"① 这里的"交换与互动序列"就是指网络社会中的流动状态。这种流动状态意味着流动支配了我们的政治、经济、文化等社会各个方面，具体包括资本的流动、信息的流动、技术的流动、符号的流动等。这些流动打破了传统空间中的时空障碍，实现了空间关系的重组与再造。也就是说，空间不是固定的，而是流动变化的，其流动变化的根源在于社会结构和社会关系的变化。换言之，社会关系的变化决定了空间关系的变化。

就流动空间而言，决定其形成的社会关系变化主要体现为：在网络化社会中，节点人与节点人之间不再有物理距离，可以建立即时性关联。当然，这里的"即时性关联"不仅指人与人之间的关联，还包括处在同一网络中不同节点上的企业与企业、城市与城市、地区与地区、国家与国家之间的关联。因为网络技术可以使不相邻，甚至是遥远的两个事物产生即时性关联，所以两个事物之间只需要功能性相关就可以聚拢在一起。这在一定程度上促进了资本、信息、权力、文化的全球流动，也促进了全球性城市的形成。这就是说，网络化社会可以超越地域的限制，将不同地区、不同国家的城市连接起来，使得人类生产生活的各个要素可以在全球范围内进行交换，进而形成全球性的城市网络。

在新媒体时代，社会化媒体就是诠释这种流动空间的最佳平台。究其原因，一方面，流动在社会化媒体上的微博、微信、微视频、微电影、微访谈等形态通过转发、评论、点赞、关注等方式可以渗透进人们日常生活的各个角落，进而实现空间关系的流动和重构。例如，在社会化媒体平台上，两个陌生的空间可以通过各种互动方式偶然地、随意地、短暂地发生关系；两个熟悉的空间也可以通过屏蔽、拉黑、取消关注、删除好友等方式解除关系。另一方面，社会化媒体的实时定位功能可以将每个节点人所处的空间位置和关系清晰地标注在全面覆盖的网络结构之中。这样，人们可以随时动态地识别、调整、激活自己和他人的位置和状态，进而带动空间关系的重构。

---

① 〔美〕曼纽尔·卡斯特：《网络社会的崛起》，夏铸九等译，社会科学文献出版社，2001，第505~506页。

三 节点人的群体化生存

无论是网络化社会的出现，还是流动空间的形成，最终必然导致节点人的群体化生存。节点人的群体化生存基于互联网，尤其是社会化媒体的出现与发展带来了节点人与节点人之间的连接与互动，这种连接与互动能使个体聚集为群体，形成以网络中的人群聚集为基础的群体传播。群体传播，是指"群体进行的非制度化的、非中心化、缺乏管理主体的传播行为。传播的自发性、平等性、交互性，尤其是信源不确定性及由此引发的集合行为等是群体传播的主要特征"。① 其实，群体传播在互联网出现之前就存在，只是传统的群体传播都是在广场、街头等物理空间中进行。由于人们的聚集受到物理空间客观条件的限制和约束，群体传播在物理空间中不经常发生，只有具有公共价值的突发事件发生之后，才会出现群体性聚集，而且这样的聚集规模较小、频率较低、影响力也不大。因此，群体传播在过去没有引起研究者的重视。

不过，在移动互联时代，当人们的聚集从物理空间转移到网络空间之后，节点人与节点人之间的无距离使得群体性聚集的规模、频率和影响力都得到显著增长。节点人的群体化生存也就成为常态，而当节点人的群体化生存成为常态之后，会带来两种截然不同的结果。

（一）群体性智慧的形成

一种结果是群体性智慧的形成。凯文·凯利在《失控》一书中曾用"群氓的智慧"来解释这种群体性智慧。他认为："网络是群体的象征。由此产生的群组织——分布式系统——将自我撒布在整个网络，以至于没有一部分能说，'我就是我'。无数的个体思维聚在一起，形成了无可逆转的社会性……网络不断孕育着小的故障，以此来避免大故障的频繁发生。正是其容纳错误而非杜绝错误的能力，使分布式存在成为学习、适应和进化的沃土。"② 凯文·凯利的这段话虽然说得不是特别明确，但是已经蕴含网络中的群体性聚集具有容纳错误的智慧的意思。此后，尼古

---

① 隋岩、曹飞：《论群体传播时代的莅临》，《北京大学学报》（哲学社会科学版）2012年第5期。

② 〔美〕凯文·凯利：《失控》，东西网编译，新星出版社，2011，第39页。

拉斯·克里斯塔基斯、詹姆斯·富勒在《大连接：社会网络是如何形成的以及对人类现实行为的影响》一书中就明确指出，社会网络可以表现出一种智慧，它可以让个体更有智慧，或者成为对个体智慧的补充。蚁群是"有智慧的"，尽管蚂蚁个体并不具有这样的智慧；鸟群是综合考虑所有鸟的意愿之后才决定飞向哪里的。社会网络可以捕捉和容纳人人相传的、不同时间的信息（信任规范、互惠传统、口述历史或者在线维基等），还可以通过计算将成千上万的决策汇总（例如为产品设定一个市场价，或者在选举中选出最好的候选人）。不管个体成员的智慧如何，网络都可以产生这样的效果。① 由此可见，他们与凯文·凯利一样，都从动物的群体性聚集中找到智慧产生的依据，然后将这种群体性智慧的产生归结于社会网络的出现。虽然他们提到的社会网络不一定是指今天的互联网，但是今天的互联网确实是社会网络的最佳代表。

　　具体而言，节点人的群体化生存带来群体性智慧主要基于以下三点原因。首先，节点人与节点人之间即时的、无障碍的普遍连接既能为群体的协同行动提供基础，又能为信息的自由流动提供保障。其次，节点人的群体化生存能够尽可能地遏制人们的自私行为，激发人们的利他行为。因为在一个充分互动的环境中，人们可以将自己的利己与利他更好地结合起来，在利他的过程中实现自我满足感。正如克莱·舍基所言："在一个反馈循环中个人动机和社会动机可以互相放大。"② 最后，不同节点人之间可以形成互补，进而形成群体性智慧。桑斯坦在《信息乌托邦：众人如何生产知识》一书中提到群体协商能够产生智慧的三种机制："群体等于其最好成员的表现、聚合（协商可以聚合信息和观念，使群体作为一个整体比其最好的成员知晓更多，做得更好）、协同与学习（群体讨论中的贡献与索取将筛选信息和观点，使得群体达成解决问题的良好方案）自信与统一。"③

---

① 〔美〕尼古拉斯·克里斯塔基斯、詹姆斯·富勒：《大连接：社会网络是如何形成的以及对人类现实行为的影响》，简学译，中国人民大学出版社，2013，第315页。

② 〔美〕克莱·舍基：《认知盈余》，胡泳、哈丽丝译，中国人民大学出版社，2012，第127页。

③ 彭兰：《新媒体用户研究：节点化、媒介化、赛博格化的人》，中国人民大学出版社，2020，第98页。

（二）群体性迷失的出现

此外，群体化生存还可能造成另一种结果是群体性迷失的出现。群体性迷失，就是指在群体心理的作用下，个体丧失理性，出现群体性的疯狂、盲从、愚笨等现象。这种群体性迷失导致的后果主要有两个：一个是群体极化；另一个是信任异化。

1. 群体极化

所谓群体极化，是指："团队成员一开始即有某种偏向，在商议之后，人们朝着偏向的方向继续移动，最后形成极端的观点。"[1] 也就是说，当观点相一致的人聚集在一起的时候，就会强化已有的观点，过滤掉不同的观点，最后导致群体意见的极端化。这种极端化的群体意见完全无视事件的真相，只依靠自己的情感和立场形成极端的观点。例如，在 2016 年 3 月引起大家广泛关注的山东聊城的"辱母杀人案"中，部分网民不了解事情的真相，并且也不愿意去了解真相，急于将自己归类为与"受害者"相似的"弱势群体"，认为事件"受害者"所受到的伤害就是"强权势力"对自己的伤害，所以部分网民几乎不假思索地站在"弱势群体"一方来表达自己对于事件的看法。这样的舆论所表达的不是对真相的追求，而是对自身焦虑和不满情绪的宣泄，而这种不问真相的舆论表达对受害者和加害者都会造成严重的伤害，甚至会影响司法机关的独立判案。

同时，节点人的群体化生存是造成群体极化的助推器。节点人与节点人之间的互通互联使人们更倾向于接受与自己已有观点相一致的信息，过滤掉与自己观点不一致的信息。正如美国哈佛大学教授凯斯·桑斯坦所言："我们也不需要去预测，大部分的人是否只和志同道合的人讲话。当然，许多人会寻找不同的见解。但是，当科技能轻易让人自绝于他人的意见时，对个人和社会都是极度危险的。"[2] 互联网就是这样一种具有排他性的科学技术，尤其是微信这种具有强关系的媒介的存在，使得人们很容易围绕某一话题或事件聚集在一起，形成一个具有高凝聚力的小圈子。这个小圈子内部的沟通与协商通常都是

---

[1] 〔美〕凯斯·桑斯坦：《网络共和国》，黄维明译，上海人民出版社，2003，第47页。
[2] 〔美〕凯斯·桑斯坦：《网络共和国》，黄维明译，上海人民出版社，2003，第61页。

对已有观点的强化，在这个沟通与协商的过程中，少数持有不同意见的人常常由于群体的压力主动或被动放弃自己的观点，这就导致在这个圈子内部缺少思想和观点的交流和碰撞，最终被轻易采纳的始终是多数人的观点。

2. 信任异化

所谓信任异化，是指信任不应该信任的，不信任应该信任的。前者表现为大量的谣言和假新闻由于迎合了人们的某种情绪和立场，让人们不问真相地对其选择了信任；后者表现为人们对传统媒体和公共权力机构所发布的真相的不信任，这将导致公权力被污名化。

这种信任异化将导致两个不信任真相的后果。一个后果是舆情反转后的谣言认同。舆情反转是指"随着事件的细节、过程逐步明朗，舆论焦点开始转移，网民质疑、批驳或同情的对象不断发生变化甚至反转"。① 这种舆情反转的过程不是以事件的真相为基础，而是以人们固有的情绪和认知为基础，舆情反转的最后结果是舆论不再信任事件的真相，转而信任各种表现性话语。比如，2016 年底，舆论对"罗尔事件"的关注就呈现典型的舆情反转的现象。

另一个后果是走向网络民粹主义。民粹主义是政治学中的一个概念，它极端强调平民群众的价值和理想，将平民群众的利益视为所有政治运动和制度设计合法性的唯一评判标准。这种民粹主义思潮在刚出现的时候由于受到传播方式和传播手段的限制，影响力十分有限，但是节点人的群体化生存使得这种思潮的影响力大大提升。互联网自由、开放的特征让每个人都有了一个麦克风，每个人都可以成为记者，因此，只要有一个"涉富涉官"的社会热点事件出现，部分网民就会运用自己手中的自媒体，完全不问事实真相地支持"弱势群体"，甚至刻意散布谣言来制造官员与平民、富人与穷人之间的对立，加深社会矛盾。其导致的严重后果就是使公权力和传统媒体陷入"塔西佗陷阱"之中，即当公共权力机构和传统媒体在辟谣的时候，不管传播的是不是事件的真相，都会被认为是在说假话。

---

① 李良荣：《传播革命下"新解释框架"建构》，《人民论坛》2015 年第 14 期。

第三节　数据人：大数据时代的"人"

到了大数据时代，人随时随地都在被数据化，都在被数据和算法所"计算"。这种人的数据化的过程就是要将人的动作、行为、状态、思维等一切活动全部变成抽象的数据，然后根据算法对人进行重新认识和描绘。这种新的认识和描绘可能使人面临前所未有的困境，当然也可能带来全新的机遇。下面，本节将首先探讨人的数据化生存是如何实现的；其次分析我们可以如何对人进行数据化描绘；最后探讨人的数据化给我们带来的困境。

一　人的数据化生存

数据化生存不仅是要让数据可以记录个体的动作、行为和思想，还要让数据成为个体的化身与映射，让人们通过数据对自己和他人能有更加深入、全面的认识和理解。进而言之，想要实现数据化生存，首先需要数据能够自由地传播和获取；其次需要能够随时随地处理这些数据的智能设备；最后需要这些设备不仅能够处理和分析数据，还能够自我学习和自我升级，从而代替人来独立地应对这个世界，并反过来影响人类的思考和行动。

在大数据时代，无处不在的传感器，以及随身携带的可穿戴设备，使得几乎世间万物都可以被量化，都可以被转换成数据。这些数据被搜集、整理、运算之后，可以将生活转换成各种指标。这些指标可以指导我们的生活，成为我们生活的基础。例如，运动手环可以记录我们每天消耗了多少卡路里，这些卡路里相当于多少食物的热量，这些数据可以提示我们每天需要摄入多少热量、消耗多少卡路里，才能保持健康的身体状态；睡眠手环可以记录我们每天的睡眠时间，可以反映我们每天晚上有几个小时的优质睡眠，这些数据可以提示我们每天需要晚上几点入睡、早上几点起床，才能保证优质的睡眠质量。

除此之外，我们生活中的衣食住行都可以被转换成数据，都可以被量化。这样，一个"数据人"将被建构出来。这个"数据人"包括我们的身高、体重、三围等外在数据，也包括我们的爱好、心情、观念等内在数据。外在数据与内在数据结合而成的"数据人"将成为一个比我更真实的"我"，我们也可以通过这个"数据人"对自己有更加准确、全面的认识。同时，人工智能的算法也可以将各行各业都打通，将各行各业都变成数据行业，这样能促进不同行业之间的沟通与合作。

至此，人与数据之间的关系将发生根本性的改变，即从人依赖数据生存，到人成为数据系统的一部分。这种转变将使人丧失处理数据的能力，只能将分析和处理数据的任务交给人工智能来完成，正如赫拉利所言："数据的流动量已经大到非人所能处理，人类无法再将数据转化为信息，更不用说转化成知识或智能。于是，处理数据的工作应该交给能力远超人类大脑的电子算法。"[①]

此外，数据化生存中的数据主要包括以下三种类型。

一是用户被动产生的数据。例如，用户想要进入一个网络平台必须通过注册才能完成，注册的过程就是要向平台提供自己的个人信息，这些信息才可以被转换成数据。这些信息显然不是用户主动想要提供的，而是被动提供的。

二是用户主动产生的数据。例如，用户在微博、微信朋友圈、QQ空间中主动发表的内容，以及用户在这些社交平台上主动产生的聊天记录，都可以被转换成数据。这些就是用户主动产生的数据。

三是介于主动与被动之间的数据。例如，可穿戴设备记录下的用户数据，就是介于主动与被动之间，因为用户使用可穿戴设备是主动的，但是可穿戴设备记录用户数据的过程是用户难以控制的。

这三种类型的数据共同完成了对于个体的记录和描绘，共同形成了对于"数据人"的建构。至此，这些数据就可以被网络服务的提供者所用，由它们推测出用户的现实属性，进而向用户提供精准化的服务。下面，我们就具体来分析网络服务的提供者是如何对人进行数据化描绘的。

二　对人的数据化描绘

在传统媒体时代，网络服务商也要对人进行数据化描绘，但是由于

---

① 〔以〕尤瓦尔·赫拉利：《未来简史：从智人到神人》，林俊宏译，中信出版社，2017，第335～336页。

获得数据较为困难，再加上技术不够先进，对人的数据化描绘只能是模糊的"群像"。而在大数据时代，网络服务商可以从个体和群体两个方面对人进行数据化描绘。

（一）对个体的数据化描绘

网络服务商对个体进行数据化描绘，其目的是揭示个体的自然属性、社会属性、政治倾向、经济状况、兴趣爱好、行为习惯等，进而针对个体进行信息和产品的个性化推送。具体而言，对个体的数据化描绘主要依赖以下三种个体数据：一是个体在各种网络平台中主动提供的个人信息；二是个体在各种社交平台上公开发布和分享的内容；三是个体在各种公共平台中的浏览记录和购买行为。这三种个体数据基本可以协助网络服务商完成对于个体角色、地位、特征的描绘。

此外，正如每台计算机都有一个 IP 地址一样，每个个体也有属于自己的"位置"。对于个体位置的测量可以使网络服务商对个体的描绘更加准确、全面。具体而言，对于个体位置的测量主要包括测量个体的物理位置和社会位置。物理位置是指个体主要的活动空间，包括个体的住所、工作地点、经常去的场所、经常路过的街道等等。对于个体物理位置的测量可以了解个体的空间特征，然后网络服务商可以根据这些空间特征为个体提供精准化的服务。例如，微信"摇一摇"可以为你摇到空间上邻近的朋友；滴滴打车可以为你寻找到就近的车辆；各种 App 为你推送的内容都是与你在空间上邻近的。除了测量个体此时此地的位置之外，网络服务商还可以预测个体未来可能的活动空间和行动方向，并为个体提供有针对性的服务。

同时，个体的社会位置是指个体在其社会关系中所处的位置，包括该个体的社交圈子、社会资本等。与物理位置相比，虽然对于个体社会位置的测量还没有被普遍应用，但是当前已经有一些网络服务商将个体的社会位置作为重要的参照标准加以考量。例如，2015 年，Facebook 就申请了一项专利，该专利可以评估一个用户朋友圈的信用等级。如果一个用户申请贷款，放贷方就可以对该用户朋友圈的信用等级进行评估，如果该用户朋友圈的信用等级达到了最低信用标准，放贷方就可以同意该用户的申请；如果该用户朋友圈的信用等级未达标，放贷方就可以不同意。这样就大大降低了放贷方的风险，也可以促使用户在未来更加遵守信用。同样，阿里巴巴旗下的蚂蚁金融也是根据用户的人脉关系来对该用户进行信用评价，进而打出该用户的芝麻信用分。

（二）对群体的数据化描绘

网络服务商对群体进行数据化描绘，揭示一个群体共同的心理特征、政治倾向、经济状况、兴趣爱好、行为习惯等，其目的，一是为了针对这个群体进行信息和产品的分众化推送；二是为了研究不同群体的意见和观点的分布与走向；三是为了研究不同群体的文化属性。与个体一样，群体也有不同的类型。网络服务商在对这些不同类型的群体进行数据化描绘的时候也会有不同的侧重点。概言之，网络服务商根据群体聚集模式的不同，可以把网络群体分为以下三种类型。

一是封闭的网络群体。这类群体是在一个相对封闭的社区空间中形成的，不同群体之间的边界非常清晰，例如，以一个小区、一个班级、一个利益团体、一个公司、一个单位为基础建立的群体。在这类群体中，成员之间的连接通常基于共同的利益、共同的工作和生活环境。而且，这类群体中通常存在一个处于话语权中心的意见领袖，其他成员都是这个意见领袖的追随者。因此，对于封闭网络群体的数据化描绘，一方面需要对意见领袖进行数据化描绘，另一方面需要针对意见领袖进行个性化推送。因为针对封闭的网络群体的内容和产品的推广，意见领袖是首先需要被说服和动员的。

二是开放的网络群体。这类群体不是在一个相对封闭的空间中形成的。群体成员通常分散在不同的网络社区之中，他们之间的连接完全基于共同的兴趣爱好、文化属性、行为特征，例如，登山爱好者群、足球爱好者群、电影爱好者群、明星粉丝群等等。对这些群体进行数据化描绘就是要发现其文化或行为共性，然后据此来划分不同群体之间的边界，进而通过比较来发现不同群体的不同需求，这样可以针对不同群体进行分众化的内容和产品推送。

三是整体的网络群体。整体的网络群体是指某个内容或产品的用户整体。虽然目前数据化描绘的对象越来越面向个体和小群体，但是网络服务商仍然需要对用户整体进行分析和判断。具体而言，对用户整体的数据化描绘主要包含以下几个方面。

首先是用户的构成结构。虽然很多内容和产品都有不同类型的用户，但是这些不同类型的用户一定有其共性。对于用户构成结构的数据化描绘有助于把握这些共性，进而有助于网络服务商对用户进行整体的把握。其次是用户的整体消费习惯。虽然不同用户有不同的消费习惯，但是他们对内容或产品的消费一定会有共同的习惯，对这些共同习惯的数据化描绘可以帮助网络服务商更深入全面地理解整个网络群体的需求与动向。最后是用户的共同场景。用户对内容和产品的消费是在一定的场景下完成的。虽然不同用户有不同的消费场景，但是用户群体一定具有共同的消费场景。对于共同场景的数据化描绘有助于网络服务商知道如何才能更好地满足用户的需求。

三　数据化的困境

笔者在分析"对人的数据化描绘"的时候主要论述了数据化描绘带给我们的好处和便利，但是，人的数据化带给我们的不仅有积极的东西，也会有消极的东西。因此，笔者在这部分就主要论述人的数据化带给我们的困境。

（一）信息茧房的强化

正如笔者前文所言，对人进行数据化描绘的目的就是要实现信息和产品的精准推送。但是当这种精准推送越来越频繁和深入的时候，就可能会带来信息茧房的问题。

信息茧房这个概念最早是由美国哈佛大学凯斯·桑斯坦教授在《信息乌托邦：众人如何生产知识》一书中提出的。他用"个人日报"来比喻人们在信息接触过程中按照个人喜好来选择信息，排斥掉个人不感兴趣的信息。人们就像蚕一样不断地吐丝，这样就会将自己约束在一个由丝包裹起来的茧房之内，信息茧房由此形成。桑斯坦进一步指出，这种信息茧房只会让人们接触到自己感兴趣的信息以及与自己相似的观点，形成回音室效应。这种回音室效应会使人们对自身圈子以外的世界缺乏全面的了解，不同圈子之间的沟通与交流会变得越来越难。正如胡泳教授所言："个性化推荐会减少用户自我意识，使其认为与自己的信念相抵触的事实都不存在。"[1]

---

[1]　胡泳：《新词探讨：回声室效应》，《新闻与传播研究》2015 年第 6 期。

其实，信息茧房并不是在有了个性化推荐这种传播方式之后才出现的，传统媒体时代仍然存在信息茧房，因为人的选择性心理一直都存在。美国社会学家拉扎斯菲尔德等人针对1940年美国大选的研究就已经提出"选择性心理"这个概念。他们发现受众的政治倾向会影响他们的媒介接触行为，也就是说，受众更倾向于接触与他们的观点、立场相似的内容。由此可见，人的这种选择性心理通常只会强化自身原有的态度，很难做出改变，自然而然就会形成信息茧房。因此，基于数据分析的算法推荐并不是导致信息茧房问题的直接原因，而是加剧信息茧房问题的导火线。正如笔者前文所言，对人的数据化描绘就是要找到目标用户的兴趣、爱好、观点、立场，然后针对该用户进行信息和产品的精准推送。这里的推送就相当于算法扮演了传统媒体时代把关人的角色。只不过，这里的把关人不是为了把关信息内容与公共空间的关系，而是为了把关信息内容是否符合目标用户的喜好。长此以往，这种传播方式必将使受众的视野受到极大的限制，信息茧房问题必将越来越严重。

进而言之，笔者认为信息茧房可能导致三个严重的后果：一是用户的认知局限；二是群体极化现象的出现；三是知识鸿沟的加深。具体而言，首先，信息茧房会给用户营造一个相对封闭的空间。在这个空间内，用户只会接触到基于算法推送的自己感兴趣的内容，很难接触到多元的内容。长此以往，用户对于外在世界的认知将会受到极大的限制，会将自己的"私域"误认为是"公域"。因此，信息茧房必将会造成用户的认知局限，用户的思想观念也将受到极大的束缚。其次，信息茧房会造成群体极化现象的出现。正如桑斯坦所言："人们会把自己归于他们设计的回音室，即相似观点的人组成的一个协商体，放大和不断重复相同的观点或信息，达到排外或者激化偏激言论的结果，从而产生群体极化。"[①] 在信息茧房中，由于用户接触到的信息都是自己感兴趣的，接触到的人也是与自己三观相似的，因此，不同用户之间很容易形成一致的观点，经过多次协商讨论之后，这些观点还会被强化，进而产生偏激的言论和行为。最后，信息茧房会造成人与人之间知识鸿沟的加深。"知识

---

① 〔美〕凯斯·R. 桑斯坦：《信息乌托邦：众人如何生产知识》，毕竞悦译，法律出版社，2008，第151页。

沟"理论最早是由美国传播学家蒂奇诺提出的，他认为："假如输入社会体系的大众媒介信息增加，该社会体系中较高社会经济地位的人可能获得信息的速率比地位较低的人更快；两个不同地位的团体之间的差距可能会越来越大，而非缩小。"[①] 随着新媒体技术的飞速发展和日益普及，虽然人们接触信息平台的机会基本相同，但是人与人之间的知识鸿沟反而会加深，因为人与人之间的媒介素养存在差距。媒介素养不高的人往往会将自己局限在信息茧房之中，使自己的认知和视野受到极大的限制；而媒介素养较高的人受信息茧房的影响较小，仍然有可能跳出信息茧房去接触更加多元的信息和观点，进而扩大自己的认知和视野。

（二）对数据人隐私权的挑战

将人的各个方面都转换成数据虽然能够使我们对人的认识更加准确和全面，但是也会让人的隐私权受到前所未有的挑战，因为人的数据化会将人置于一个圆形监狱之中。

圆形监狱这个概念最早是由功利主义哲学家边沁提出来的，意指建造一所符合圆的几何特征的监狱。在这所监狱里，监视者位于圆心，能够监视到监狱里的所有犯人。而犯人分布在圆心四周，不知道自己正在被监视。此后，法国哲学家福柯在《规训与惩罚》一书中也认为，这种圆形监狱就是一种权力实施的机构，可以对人进行完美的规训。在大数据时代，人的数据化生存就是要将人置身于由大数据、算法等新兴技术构筑的数字化圆形监狱之中，"当我们使用数字设备的时候，行为信息被转化为数字碎片，经由算法，这些碎片将还原出与现实相对应的数据化个体，由此每个人都在数字空间被'凝视'着"。[②] 这些在数字化圆形监狱中被凝视的个体将始终处在被监视、被跟踪的状态，个人隐私必将被泄露。具体而言，这种泄露主要体现在以下三个方面。

一是泄露个人身份信息。个人身份信息包括一个人的姓名、年龄、籍贯、性别、收入水平、健康状况、家庭成员、受教育程度、工作单位、毕业院校等等。这些个人身份信息一旦被转换成数据，就很容易在当事

---

① 单纯：《"知识沟"理论的演变及其社会意义》，《社会科学》1993年第8期。
② 吴飞、傅正科：《大数据与"被遗忘权"》，《浙江大学学报》（人文社会科学版）2015年第2期。

人不知情和未授权的情况下被他人利用。当个人失去了对自己身份信息的控制权的时候，就必然会造成个人身份信息的泄露，个人隐私也就必将遭到侵犯。

二是泄露个人行为信息。个人行为信息包括一个人的网上浏览记录、聊天记录、购买记录，以及一个人的行为举止、地理位置、电话通信等等。这些个人行为信息一旦被转换成数据，就会使我们每个人随时随地都处在监控之下。这种无处不在的监控必然会造成个人行为信息的泄露，个人隐私也就必将遭到侵犯。

三是泄露个人喜好信息。相关机构可以通过对个人身份信息和个人行为信息的数据分析来预测未来，进而得出个人喜好信息。比如，商家可以通过数据分析预测出消费者的消费习惯；银行可以通过数据分析预测出客户的信用等级和偿还能力；警察可以通过数据分析预测出嫌疑人的犯罪可能。这些预测虽然有积极的意义，但是也会造成个人喜好信息的泄露，个人隐私也就必将遭到侵犯。

同时，隐私权里面的一项重要的权利——"被遗忘权"，在人的数据化过程中也受到了挑战。"被遗忘权"这个概念最早在 2012 年由欧洲议会和理事会公布的《关于涉及个人数据处理的个人保护以及此类数据自由流动的第 2012/72、73 号草案》中提出，该文件将"被遗忘权"界定为："数据主体有权要求数据控制者永久删除有关数据主体的个人数据，有权被互联网所遗忘，除非数据的保留有合法的理由。"[1] 吴飞和傅正科指出，"被遗忘权"是一项法定权利，权利主体有权要求数据存储方删除自己或他人放置在互联网上的、令其尴尬的照片或者其他数据信息，除非数据的保存和使用是法律规定的维持公共利益正常运作所必需的。[2] 由此可见，"被遗忘权"是作为一种全新的隐私权被正式提出的。

过去，遗忘一直都被视为人类的弱点，人类也一直在尝试用语言、文字、图像、影像等方式来对抗遗忘。现在，随着大数据、云计算、人工智能等新兴技术的飞速发展，数字化记忆成为一种新的记忆方式。这

---

[1]　吴飞、傅正科：《大数据与"被遗忘权"》，《浙江大学学报》（人文社会科学版）2015 年第 2 期。

[2]　吴飞、傅正科：《大数据与"被遗忘权"》，《浙江大学学报》（人文社会科学版）2015 年第 2 期。

种数字化记忆在有效对抗遗忘的同时，还将遗忘变成一件非常困难的事情。这种困难主要体现在以下三点。一是数字化记忆可以永久保存。数据一旦在网上发布出来，只要没有人为地删除它，就会一直存在。二是数字化记忆非常容易提取。搜索引擎等强大的检索工具可以瞬间提取到记忆海洋中的记忆碎片。三是数字化记忆非常容易分享。在这个万物互联的时代，想要跟他人分享自己的所有信息会变得非常容易，因此，我们的记忆会非常容易被他人知晓。

正是因为数字化记忆的这三个特点使得"被遗忘权"正式成为一种权利宣言，也正式列入法律保护的范畴。2014年，"谷歌诉冈萨雷斯案"就是首个保护"被遗忘权"的司法案例。案件的起因是：2011年，一位名叫冈萨雷斯的西班牙公民在谷歌上搜索自己名字的时候，发现了一篇关于他在1998年因债务危机拍卖自己房产的新闻。于是，他将谷歌告上法庭，要求谷歌删除这条新闻的搜索链接，因为他认为："我名下的房子已经拍卖用来偿还社保债务，谷歌就不应该再将我的名字与这个房子联系起来，我只是希望对关于我个人名誉、财产产生负面影响的相关信息不再显示。"① 最后，欧盟法院作出最终裁决，以用户应该享有"被遗忘权"为由要求谷歌删除此条链接。现在，很多国家都有针对保护"被遗忘权"的法律和法规。"被遗忘权"的确立标志着作为被监视者的数据人对监视者发出的权利宣言，旨在保护和重建大数据时代的隐私权。

第四节 赛博人：智能媒体时代的"人"

人的数据化是对人的重新认识和描绘，这是以技术和媒介对人的生存状态有所改造为前提的。虽然这种改造从有了媒介之后就一直存在，但是媒介过去一直都被视为外在于人的工具，并没有与人真正融合在一起。随着智能媒体的诞生和发展，媒介不再只是一种外在于人的工具，而是可以嵌入人的身体、参与主体构造的东西。这种转变在数据人那里体现得还不是很明显，因为数据人还没有真正实现人与媒介之间的融合。

---

① 李立娟：《英媒谴责谷歌滥用"被遗忘权"》，网易新闻网，2014年7月8日，https://www.163.com/news/article/A0K4CGR200014AED.html。

不过，当赛博人出现的时候，人与机器之间不再是主客体的关系，而是人机融合的关系。下面，我们就来具体分析赛博人这种"人机融合"是如何实现的，并且，这种实现对人的生存方式会造成哪些改变。

一　赛博人：人与媒介的融合

在智能媒体时代，"人只是物的海洋中的一个节点，是一个对象化的存在，也是被对象化的存在……按照技术现在的发展逻辑，人的生命、精神、意志、思想越来越成为技术的对象，因此必将成为技术客体"。① 这种技术与人的关系将造就一个新型主体——赛博人。

赛博人是人与机器高度融合之后产生的新型主体。这个新型主体来源于后人类思想中的赛博格（Cyborg）。赛博格这个术语最早是由美国两位科学家在 20 世纪五六十年代所进行的太空飞行试验中提出的。在试验中，他们将一个渗透泵安装在了一只小白鼠的身上，这个渗透泵能够自动将化学物质注射进小白鼠的体内，以控制它的生化反应。这两位科学家将这只被植入了渗透泵的小白鼠称为"赛博格"。1985 年，美国思想家唐娜·哈拉维正式将赛博格定义为有机生物与无机机器的结合体。本书之所以将其命名为"赛博人"，主要是强调在智能传播时代，传播主体已经不再是使用各种媒介技术的自然人，而是与媒介技术融为一体的被媒介技术所重构的智能主体。

这种与媒介技术深度融合的赛博人不仅仅是媒介的使用者，更是媒介本身。也就是说，人成为一种终极媒介，一种集大成的超媒介。当人成为一种超媒介之后，人与媒介的关系将发生一次逆转，即不仅媒介是人的延伸，人也成了媒介的延伸。因为"在媒介（机器）学习人类的思维的同时，人也在与机器的对话中开始变得像机器一样思考，机器本身开始影响人和人类社会的发展，人变为机器（媒介）的延伸，机器与人深度学习，互相沉浸"。② 当媒介是人的延伸的时候，媒介通常是对人的身体感觉器官的分割，这种分割是将人的一个感觉器官从身体的整体性中剥离出来并加以延伸，比如，报纸是视觉的延伸，广播是听觉的延伸，

① 王治东：《"物联网技术"的哲学释义》，《自然辩证法研究》2010 年第 12 期。
② 李沁：《媒介化生存：沉浸传播的理论与实践》，中国人民大学出版社，2019，第 70 页。

而赛博人的出现就是要将被媒介分割的感觉器官重新整合起来。这种被整合起来的赛博人不再是单纯的有机体，而是与机器（媒介）融为一体的混合体。

由此可见，在智能媒体时代，媒介不再是一种外在于人的传播工具，而是一种能够与人交互共生的智能主体。在过去，无论在传播方式上有怎样的差异，媒介几乎都被视为信息传递和交流的工具。此外，在智能媒体时代，人也不再是一种独立的主体，而是一种与媒介交互共生的主体（赛博人），同时，这种与媒介交互共生的主体（赛博人）也可以被视为一种媒介。在过去，人与媒介的区分非常清楚。人是独立于媒介而存在的主体，而媒介最多只能作为人的器官或中枢神经系统的延伸而存在（媒介即人的延伸）。而现在，当与媒介交互共生的主体（赛博人）成为一种媒介之后，人也就成了媒介的延伸（人即媒介的延伸）。

二　赛博人：物理与虚拟相结合的身体在场

在过去，传播通常被视为人与人之间精神的交流与互动，与身体关系不大。正如皮尔斯所言，人与人之间的交流是"两个心灵间的相互沟通"。另一位美国传播学家彼得斯也指出："'交流'这一新观念容许肉体不在场而实现接触，这种接触对交流者（动物、人、机器）的身体形式并不关注，甚至对交流者'是否存在着有机体'都无所谓。"[1] 这种传播观延续了西方传统形而上学意识与身体二元对立的传统，并且，前者相对于后者而言是主导的、占优势的。也就是说，传统形而上学一直都将意识-主体视为认识的起点，身体被视为认识的客体。

法国哲学家梅洛-庞蒂针对传统形而上学的意识-主体，提出了身体-主体，赋予了身体无比突出的地位。他指出："身体是使不可见之物隐喻式地显现为在场之物的重要媒介，同时身体体验也使神秘的不在场之物得以曲折隐晦地显现。身体作为从可见物到不可见物的桥梁性功能主要表现在，用身体及其感觉来同化这个世界，就能把陌生的、异质的、不可见的事物转化成可感觉的、可见的、可理解的事物，从而在人与世

---

[1]　〔美〕约翰·杜翰姆·彼得斯：《对空言说：传播的观念史》，邓建国译，上海译文出版社，2017，第351页。

界之间架起一座沟通的桥梁，创造出一种关系和意义。"① 也就是说，在梅洛-庞蒂看来，既然身体是连接可见物与不可见物之间的桥梁，那这就意味着意识与身体之间的二元对立被消解了。过去，大众传媒时代的传播主体一定是意识-主体，而现在智能媒体时代的赛博人就部分实现了梅洛-庞蒂强调的身体-主体。当然，赛博人也不完全等同于梅洛-庞蒂的身体-主体，因为赛博人的身体是嵌入了机器的身体，或者是机器仿真的身体。由此可见，身体在智能传播时代被重新激活了，身体有了主体性和能动性。

相对于意识-主体脱离肉身的远程在场，身体-主体突出了身体直接在场的重要性。正如彼得斯所言："如果我们认为交流是真实思想的结合，那就低估了身体的神圣。虽然这个时代技术已经可以充分地模拟人体，但身体是否真正在场仍然具有重要意义。"② 身体直接在场的重要性主要体现为意会而非言传在人与人之间交流过程中的重要意义，以及意会与言传之间的不可分割性。而在过去，传播主要关注言传而非意会，也就是说，过去的传播观认为人与人之间沟通交流主要依赖语言符号，忽略了表情、手势、动作等意会符号在交流中的重要性，忽略了人与人之间的交流是一种复杂的符号互动。

彼得斯对身体-主体与意识-主体的探讨到此为止，他没有意识到的是智能传播时代创造了一种全新的身体在场的方式。这种身体在场不是物理的身体在场，而是物理与虚拟相结合的身体在场。赛博人的在场就是一种物理与虚拟相结合的身体在场。美国思想家凯瑟琳·海勒将虚拟身体称为"再现的身体"，物理身体称为"表现的身体"。她认为，赛博人的这种物理与虚拟相结合的身体在场可以表现为："表现的身体以血肉之躯出现在电脑屏幕的一侧，再现的身体则通过语言和符号学的标记在电子环境中产生……再现的身体与表现的身体通过不断灵活变化的机器界面结合起来。"③ 也就是说，虚拟的身体与物理的身体以赛博人为界

① 欧阳灿灿：《当代欧美身体研究批评》，中国社会科学出版社，2015，第115页。
② 〔美〕约翰·杜翰姆·彼得斯：《对空言说：传播的观念史》，邓建国译，上海译文出版社，2017，第351页。
③ 〔美〕凯瑟琳·海勒：《我们何以成为后人类：文学、信息科学和控制论中的虚拟身体》，刘宇清译，北京大学出版社，2017，第6~7页。

面而结合在一起。由此可见，这种物理与虚拟身体相结合的赛博人使得传播可以克服物理身体的时空局限，实现远程的身体在场。

三　赛博人新的数字化生存

自从有了互联网，人们的数字化生存就已经出现了。只不过在互联网诞生初期，数字化生存往往与人的物理属性无关，只是一种纯粹的虚拟存在。但是，当人与机器实现深度融合，当赛博人可以实现物理与虚拟相结合的身体在场的时候，数字化生存将不再只是一种纯粹的虚拟存在，而是一种与人的物理属性相结合的现实存在。

相比于过去以虚拟符号实现的数字化生存，赛博人的数字化生存可以通过现实世界中的身体和行为状态体现出来，进而实现虚拟现实与物理现实的充分融合。也就是说，如果我们想要改变虚拟现实中数字化生存的状态，就必须改变自己在物理现实中的行为和身体状态。例如，人们为了在微信中获得更多的步数统计数据，就必须在现实中真正增加自己的行走距离。

这种新的数字化生存在实现人机融合的同时，也在对作为主体的人进行数字化的改造。在这个改造过程中，每个人都不再是一个不可分割的整体，而是被分割为很多不同的数字化元件。这些元件可以从一个个体身上被抽离出来，与其他个体的元件重新组合，进而实现数字化的优化和重组。当一个人的某些元件可以以数字化方式脱离人体，被转移到其他人或电脑上的时候，人的大脑内存储的东西就可以与人体相分离。2019 年，埃隆·马斯克创立的 Neuralink 公司发明了一个脑机接口系统。这个系统的发布标志着将人类大脑内的信息储存在电脑中，已经是可以想象的未来了。也就是说，在未来，当某个人去世之后，智能技术可以根据他的数字化痕迹对他进行复原，甚至可以将这些数字化痕迹移入一个新的躯壳中，让这个人以数字化的方式实现"永生"。

此外，这种新的数字化生存不仅可以改变人的生存方式，还可以重构人机关系，让人机交互朝着更为人性化的方向发展，让人可以以更为人性化的方式与机器进行交流与互动。具体而言，智能传播时代的人机交互技术主要包含以下五种：第一，语音交互技术，即人直接通过语音与智能终端进行互动；第二，体感交互技术，即人通过肢体动作与智能终端进行互动；第三，生物识别技术，即人通过面部、指纹、掌纹等生物特征与智能终端进行互动；第四，视线交互技术，即人通过眼球运动与智能终端进行互动；第五，脑机互联技术，即脑电信息直接被转化为智能终端的处理对象。

这五种人机交互技术将使得机器成为一种新的传播主体，在这个前提之下，智能媒体时代将会出现一种新的传播形态——人机传播。人机传播，顾名思义，就是人与机器之间的交流与互动。在人机传播中，"人"不再是欧洲启蒙理性所设定的独立主体，而是与机器交互共生的主体；"机器"不再是一种外在于人的传播工具，而是一种能够与人进行意义互动的智能主体；"人机关系"也不再是"主体-客体"的二元对立关系，而是交互共生的"主体-主体"关系。

从赛博人这个概念提出的初衷来看，人机交互是为了增强人的能力，为了让机器更好地为人服务，但是，当智能机器具有主体性的时候，人与机器谁主谁从将成为智能传播时代人类必须思考和面对的问题。也就是说，当机器人成为一个有自我意识的新的自我时，人机高度融合。那时，由现代理性哲学确定的"人"的命题，可能会遭遇强劲的挑战：人类会不会反而成为机器的工具？① 由此可见，赛博人新的数字化生存带给人类最大的挑战就是让人在获得更多的自由和主动权的同时，不要成为机器的奴役。

第五节　从人与媒介关系的转变看传播学的危机

笔者从第二节到第四节将新媒体时代的"人"分为三种：节点人、数据人、赛博人。从节点人到赛博人，代表了新媒体时代"人"的角色的转变。这种转变是人的主体性逐步被消解的过程，也是人与媒介之间共生共在关系逐步建立的过程。其中，节点人虽然还是肯定了人的主体性，但是这种主体性更应该被视为主体间性，而不是传统认识论所强调的主客体二元对立中的主体性。节点人在这种主体间性关系中相互影响、相互作用。数据人主要表现在对人的数据化描绘，这个描绘的过程会对

---

① 任剑涛：《人工智能与公共拟制》，《当代美国评论》2019 年第 1 期。

人的主体性造成一定程度的挑战，因为这可能导致人的认知局限，也可能侵犯人的隐私。同时，对人进行数据化描绘的过程也就是人与机器设备之间逐渐融合、相互形塑的过程。赛博人主要表现为人机融合，人机融合的过程将会对人的主体性造成前所未有的挑战，因为人与机器的高度融合之后的赛博人是被数字化改造之后的人，这种新型人机关系可能会使人彻底丧失主体性，成为机器的附庸，也可能在人与机器的融合过程中实现彼此交互共生。

笔者认为，人与媒介之间关系的转变是造成新媒体时代传播学危机的主要缘由。究其原因，正如笔者在第一章所言，传播学的传统研究范式是站在主客体二元对立立场上的，人与媒介的关系是主体与工具之间的关系。这样的传播学所强调的关系显然与新媒体时代人与媒介的关系不相符合，自然也就不能解释新媒体的传播实践。在本节，我们就来具体分析新媒体时代的传播学危机，其实也就是主客二元论传播学在新媒体时代遭遇的危机。

一　主客二元论的危机

主客二元论传播学在新媒体时代遭遇的危机要从主客二元论的危机谈起，因为哲学层面的危机是导致主客二元论传播学危机的根源。主客二元论通过主客体二元对立的框架确立了人的主体性，也带来了自我意识的觉醒。同时，主客体二元对立的主体哲学对理性的彰显使我们从宗教迷信中走了出来，对科学的信赖也使我们摆脱了愚昧的状态。但是，主客二元论也带来了新的危机。

关于这一点，胡塞尔在《欧洲科学的危机与超越论的现象学》一书中就专门谈到过。他强调："早在伽利略那里就已发生的一种最重要的事情，即以用数学方式奠定的理念东西的世界暗中代替唯一现实的世界，现实地由感性给予的世界，总是被体验到的和可以体验到的世界——我们的日常生活世界。"[①] 可见，胡塞尔已经意识到了作为科学的数学给我们的认识论和知识论带来了严重的危机。

---

① 〔德〕埃德蒙德·胡塞尔：《欧洲科学的危机与超越论的现象学》，王炳文译，商务印书馆，2001，第64页。

　　他进一步指出："'数学和数学的自然科学'这种理念的外衣，或不这样说，而说成符号的外衣，符号——数学理论的外衣，包含所有那些在科学家和受过教育的人看来是作为'客观的现实和真正的'自然而代表生活世界、装饰生活世界的东西。理念的外衣使我们将只不过是方法的东西认作是真正的存在——而这方法在这里是为了通过处于无限前进过程中的'科学上的'预见，修正在生活世界中现实体验到的东西和可能体验到的东西内部原初唯一可能的粗糙的预见的。也就是说，这种理念的装饰使方法、公式、理论的真正意义成为无法理解的，而且在方法是朴素地形成的情况下从未被理解过。"① 从这段话可以看出，胡塞尔认为，主客二元论带来的危机主要表现为：当"数学和数学的自然科学"成为整个人文社会科学的研究方法的时候，以我们对世界的直觉和感知为基础的生活世界将被遮蔽。也就是说，当我们的生活世界被遮蔽之后，我们将不再能感知和理解周围世界。

　　除了胡塞尔之外，还有不少哲学家也谈到过主客二元论的危机。尼采认为理性抑制了生命的基础，理性主义虚构出了一个形而上的世界，并以此为标准来贬低日常生活中的现象世界。也就是说，在尼采看来，理性主义将形而上的世界视为真实的，将现象世界视为虚幻的，这是一种本末倒置。因此，尼采认为，我们必须反对理性的僭越和霸权，因为生命本身是无法用理性和逻辑去理解的。他认为，生命的本质应该是权力意志。这是一种征服、控制、支配的原始冲动与欲望，是生命中一切行为的原动力。尼采借用"酒神精神"来表达对生命的解放和张扬，来摆脱理性和逻辑对生命的束缚。

　　与此同时，尼采对理性主义认识论也进行了批判。他否认主体可以通过理性来认识客观事实和真理。他所提倡的认识论事实上是一种基于特定认识视角的解释学（Hermeneutics）。尼采认为，不存在什么客观的事实和真理，所谓的事实和真理只不过是从某个特定的视角出发对事物所做的解释。因此，他反对实证主义所提倡的科学能够对现实进行准确的描绘，进而能给我们提供绝对客观的真理的理论。由此可见，尼采很

---

① 〔德〕埃德蒙德·胡塞尔：《欧洲科学的危机与超越论的现象学》，王炳文译，商务印书馆，2001，第 67 页。

早就对实证主义提出了批评，也为后现代解释学的出现奠定了基础。

海德格尔也谈到过主客二元论的危机，他用"此在"来推翻主体形而上学，以此来消解先验的主体。海德格尔认为，"主体""我思""心灵""意识""精神"等概念都只涉及存在者，都是对存在的遗忘。在他看来，"此在的'本质'在于它的去存在。如果硬要说这种存在者是什么的话，就必须从它的实存来领会。这种存在者的存在是实存，或者说此在的本质在于其实存，而这种实存与其他东西的现成存在是两码事"。[①] 可见，海德格尔特别强调了作为实存的"此在"对于先验主体的优先地位。"此在"是在世界之中的存在，这就推翻了人与世界之间形成的主客体二元对立的关系。这种关系表现为作为主体的人对作为客体的自然的征服和掠夺，即"人通过计算、计划以及在这种征服中所培育起来的暴力来施行他对自然世界的征服，并且在这种征服中进一步确认他的主体性，即作为一切存在者的尺度和准绳的地位"。[②] 同样，这种关系还表现为作为主体的人对作为客体的他人的征服和掠夺。这就明显破坏了人与自然、人与人之间的和谐关系。

在海德格尔的基础上，福柯、德里达等人进一步阐明了主客二元论的危机。福柯针对主客二元论的危机，直接提出了"人之死"来延续尼采通过提出"上帝之死"对主体哲学的批判。他指出："我相信不存在独立自主、无处不在的普遍形式的主体。我对那样一种主体持怀疑甚至敌对的态度。正相反，我认为主体是在被奴役和支配中建立起来的；或者，像古代那样的情形，通过解放和自由的实践，当然这是建立在一系列的特定文化氛围中的规则、样式和虚构的基础之上。"[③] 也就是说，作为主体的人不是独立自主的，而是被权力规训和控制的产物。不过权力也不是直接发挥规训作用的，而是通过与道德话语和知识话语的结合来发挥作用。总之，在福柯看来，"人并不是一座孤岛。在一个包括学校、医院、监狱在内的严密的社会规训系统里，处于无所不在的权力话语的掌控之下，先验设定意义上的人是不可能存在的，人只能是通过权力话

[①] 杨大春：《现代性与主体的命运》，中国人民大学出版社，2019，第266页。
[②] 陈嘉明：《现代性与后现代性十五讲》，北京大学出版社，2006，第124页。
[③] 包亚明主编《权力的眼睛——福柯访谈录》，严锋译，上海人民出版社，1997，第19页。

语所规训出的产物"。①

德里达也批判了主客二元论,他认为主客二元论是一种语音中心主义,即语音优先于文字,因为"言语是直接表象自我的体验或内在观念的,它们是一级(直接)能指,是活生生的、可靠的;而书写是言语的记录或摹写,它们是二级(间接)能指,是僵死的、不可靠的"。② 这就是说,主客二元论认为,语音比文字更接近主体的思想,语音中心主义是一种在场的形而上学。但是,德里达并不认可这样的二元对立,他用"延异"这个概念来推翻在场形而上学。在德里达看来,"延异"是一切事物的基础条件。有了这个基础条件,主客二元论强调的主体性、确定性、同一性都被解构了,在场与不在场、主体与客体、语音与文字的二元对立都被消解了,留下的只有无尽的能指游戏和意义的无穷"播撒"。

根据以上哲学家对于主客二元论的批判,我们可以将主客二元论的危机概括为以下几点。

首先,主客二元论是一种以人类为中心的哲学观点,强调人类在自然界中的优越地位和主导地位。这种人类中心主义忽视了自然界的整体生态系统和其他物种的价值和权益。这必将导致人类对自然资源的过度开发和破坏,从而对生物多样性和生态平衡造成严重威胁。

其次,主客二元论忽视了不同文化中的其他观点和价值观念。主客二元论以自我为中心,没有给予他者足够的尊重和理解。这必将导致文化帝国主义的蔓延,进而造成世界性的意识形态冷战和地缘政治的割据。

最后,随着科学技术的不断发展,主客二元论还会引发一些科技伦理问题。例如,大数据和 AI 算法会被人类滥用,这可能会导致隐私泄露的严重后果;随着人工智能技术的发展越来越快,机器人的出现也会对人类的生存问题构成新的威胁和挑战。

二 传播学的危机

在传播学史上,不少学者都反思过传播学面临的各种危机。早在 20世纪 50 年代,在传播学走向繁荣之时,美国传播学家贝雷尔森就指出,

---

① 陈嘉明:《现代性与后现代性十五讲》,北京大学出版社,2006,第 126 页。
② 杨大春:《现代性与主体的命运》,中国人民大学出版社,2019,第 352 页。

有限效果论的提出标志着传播学研究马上就要走到尽头了。贝雷尔森的担忧很快在学界引起了共鸣。此后，传播学的创始人施拉姆也指出，传播学仍旧没有发展出一个系统的中心理论，让传播学研究者可以绕着这个中心来思考、来组织、来建立起一门成熟完备的学问。①

施拉姆将传播学传到中国以后，国内也有不少学者谈到了传播学面临的危机。香港城市大学李金铨教授就认为当前的传播学研究都是"精致的平庸"，即"学者抱住一个小题目，在技术上愈求精细，眼光愈向内看，问题愈分愈细，仿佛躲进自筑的一道围墙，得到心理安全，拒绝与外界往来的压力，其结果是不但忘记更大的关怀，更阻碍思想的创新"。② 此外，杜骏飞和周玉黍认为："这一学科的危机来自效果研究范式化、经典理论教义化、学科界定狭隘化等多方面的束缚；不完善的学科传统，使得传播学失去了作为年轻学科的活力和动力。"③ 吴飞教授认为："中国的传播学研究一开始就走偏了。虽然中国的传播研究有不少成就，但存在严重的方向性错误。"④ 黄旦教授认为："当下的确是重新理解和认识新闻传播领域一个大好时机，但讨论不能离开特定语境，并需要有新的想象，新的思想资源，防止用旧知识解说新交往，从而陷在一个老调子中循环往复。"⑤ 孙玮教授认为："席卷全球的新技术革命、各种路径的传播思想奔涌而来、传播学核心概念分崩离析，致使传播研究主流范式遭遇危机。"⑥

纵观国内外学者对传播学危机的分析，基本上都是在探讨传播学发展过程中所遭遇到的学科内部的危机。现在，随着新媒体技术的飞速发展，传播学不仅有了内部危机，而且遭遇了新媒体技术带来的新挑战。这些新挑战将使传播学陷入内忧外患的局面。新媒体技术带来的新挑战主要是人与媒介关系的转变，这种转变给基于主客体二元对立的传播学

---

① 〔美〕宣伟伯、余也鲁：《传媒·教育·现代化——教育传播的理论与实践》，高等教育出版社，1988，前言第14~15页。

② 李金铨：《传播研究的典范与认同》，《书城》2014年第2期。

③ 杜骏飞、周玉黍：《传播学的解放》，《新闻记者》2014年第9期。

④ 吴飞：《何处是家园？——传播研究的逻辑追问》，《新闻记者》2014年第9期。

⑤ 黄旦：《对传播研究反思的反思——读吴飞、杜骏飞和张涛甫三位学友文章杂感》，《新闻记者》2014年第12期。

⑥ 孙玮：《为了重建的反思：传播研究的范式创新》，《新闻记者》2014年第12期。

带来了新的危机。事实上，不仅是传播学在诞生的时候持有主客体二元对立的立场，而且传播作为一个研究对象出现的时候就持有主客体二元对立的立场。

虽然传播学作为一门学科的历史不长，可以算是一门新兴学科，但是传播作为一个研究对象的存在却有着悠久的历史。严格意义上讲，有了人类就有了传播，人与人之间通过传播活动构成了各种各样的关系。哲学家罗素指出："当有人问一般的问题的时候，哲学就诞生了，对科学来说也是如此。"① 传播作为一种人类的基本活动，包含很多这样的"一般问题"，自然也就成为古代学者的研究对象。

在西方，最早的传播研究可以追溯到古希腊，哲学家柏拉图和亚里士多德的哲学思想里面都包含传播思想。柏拉图的"洞穴理论"认为没有受过哲学训练的人就像被关在洞穴里的囚犯一样只能看到他们背后的火光投射到洞里矮墙上的影像，并且他们认为这个影像就是外面的真实世界，传播学者李普曼所提出的著名的"拟态环境"理论就继承了柏拉图的"洞穴理论"。"拟态环境"相当于洞中的影像世界，大众传媒相当于火炬，真实环境相当于洞外的真实世界。施拉姆也认为柏拉图的"洞穴理论"是"对人类传播中发生的情况所作的极好比拟。一位参加者对于另外一个人的了解，绝不像那个人对他或是她对自己所了解的那样……有了传播和观察，影影绰绰的人物可能变得越来越鲜明和越来越清晰，但是，它仍然是从现实中抽象出来的。它仍然是一出影子戏"。②

亚里士多德的《修辞学》也在探讨传播的客观规律，试图探索出一种能够解决任何问题的说服方式。他以演讲为例，分别从演讲者的品德、听众的心理、演讲本身的安排三个部分来分析演讲的效果。这些关于演讲的研究内容后来被传播研究所继承，演讲者相当于传播者，听众相当于受众，演讲本身相当于传播渠道和传播内容，演讲的效果相当于传播的效果。由此可见，拉斯韦尔的"5W"模式在亚里士多德的"修辞学"理论中已经有所体现。

---

① 〔英〕伯特兰·罗素：《西方的智慧——西方哲学在它的社会和政治背景中的历史考察》，瞿铁鹏等译，上海人民出版社，1992，第4页。
② 〔美〕威尔伯·施拉姆、威廉·波特：《传播学概论》，陈亮等译，新华出版社，1984，第46页。

　　中国古代对于传播的研究可以追溯到先秦时期，儒家孔子的"仁"就包含丰富的传播思想。"仁"贯穿于礼仪传播的一切过程和形式，"仁"包括宗法传播的孝道和忠义，也包含知识传播的智慧和为人处世的六种表德。总之，"仁"就是"人"，就是传播的主体和客体在传播过程中的互感关系。① 孟子的思想里面也包含传播思想，仁义和仁政是贯穿孟子传播思想的主线。"善政不如善教之得民也"（《孟子·尽心章句上》）表现了孟子所提倡的"良好的传播是得民心的关键"的传播功能观；"民为贵，社稷次之，君为轻"（《孟子·尽心章句下》）表现了孟子"受众第一"的传播受众观；"天之生此民也，使先知觉后知，使先觉觉后觉也"（《孟子·万章章句上》）、"说大人，则藐之，勿视其巍巍然"（《孟子·尽心章句下》）表现了孟子对于传播者知识修养和道德修养的强调。道家老子的《道德经》里面也包含丰富的传播思想：其一，"道"是信息传播的根本动因；其二，"德"是信息传播的基本准则；其三，"无为而治"是信息传播的重要方法。

　　人文社会科学对于"传播"的系统研究始于19世纪中期由电报所开启的电子时代，在这个时代，传播被赋予了"整合工具"的内涵。"到19世纪末，传播概念中开始加入管理大众的含义。社会有机体的思想，即社会是一个整体，包含多种具有预设功能的器官这种思想，触发了最早的传播学概念。"② 电的出现使得传播技术对于人类生活的影响越来越大，传播作为一个研究对象越来越受到学术界的重视。

　　20世纪初，美国社会学的芝加哥学派开创了美国早期的传播学研究，该学派以符号互动论为基础，强调了传播对于个人和社会的建构作用，认为传播不仅对于社会的民主化与城市化具有积极的推动作用，而且对于现代性人格也具有积极的建构作用。到了第二次世界大战，为了服从战争宣传动员的目标，具有价值理性色彩的芝加哥学派逐渐衰落，以哥伦比亚学派、耶鲁学派为代表的经验学派成为传播学研究的主流。这些学派使用的研究范式是以量化的研究方法强调政治和商业传播的效

① 余志鸿：《中国传播思想史》（古代卷·上），上海交通大学出版社，2005，第153~154页。
② 〔法〕阿芒·马特拉、米歇尔·马特拉：《传播学简史》，孙五三译，中国人民大学出版社，2008，第1页。

果和功能研究，认为传播是实现政治宣传和企业经营的手段和工具。与此同时，传播学的另外一大学派——批判学派，也提出了自己的传播思想。该学派认为人类的传播受制于结构符号系统，而传播的结构符号系统又受到权力的支配。

综上可见，无论是人类古代的传播研究，还是近代以降传播学的各大学派，都将自己的传播思想建立在传播主体与传播客体二元对立的结构之上，都将媒介视为传播主体实现自身目的的工具。

古希腊哲学家柏拉图的"洞穴理论"就是在暗示传播客体应脱离传播主体通过大众传媒为其设立的"影像世界"，回归到"真实世界"中；亚里士多德的《修辞学》则是在探讨作为传播主体的演讲者如何运用各种演讲技巧来说服作为传播客体的听众。中国古代儒家孔子和孟子都将"仁"视为建立传播主体与传播客体之间关系的基础，道家老子将"德"规定为传播主体进行信息传播时应该遵守的准则。古代的传播研究虽然没有系统和成熟的传播理论，但都围绕着传播主体与传播客体而展开，而只要传播研究没有摆脱主客体二元对立的框架，那就始终停留在工具论媒介观的层面。

到了近代，虽然学术界有了较为系统和成熟的传播研究，但是也没有完全摆脱工具论媒介观的狭隘视角。美国芝加哥学派虽然站在人文主义立场来研究传播现象，但是仍然将媒介视为一种人与人之间进行交流与对话的工具，认为人类社会正是通过这种人与人之间的交流与对话而建构起来的。传播学经验学派长期以来都是工具论媒介观的坚定支持者，经验学派站在工具理性的立场上，认为大众传媒是为意识形态服务的工具。与经验学派不同，批判学派站在价值理性的立场上批判传播活动如何受到政治权力、经济权力、文化权力的支配，但是批判的前提仍然是将大众传媒视为信息传播的工具，认为权力阶层正是通过这个工具来实现其意识形态的控制和霸权。

由此可见，基于主客体二元对立的传播学研究始终没有摆脱狭隘的工具论媒介观，这严重制约了传播学的创新与发展，因为工具论媒介观极大地窄化了媒介这个概念，使得只有专门用于信息传递的东西才被视为媒介，这必然导致传播学忽略了自身理论的建构，而沦为其他学科的工具。最近几年，诸如媒介政治学、媒介经济学、媒介伦理学、媒介人类学、媒介社会学等研究领域的出现就是最好的例证。其实，这些新兴研究领域都不隶属于传播学，而隶属于各自的母学科。只是随着媒介在社会中的地位越来越重要，这些学科开始关注其中的信息传播问题，进而将媒介视为自身学科的研究对象。也就是说，工具论媒介观只是有助于其他人文社会科学的创新与发展，而无助于传播学的创新与发展。

更为严重的危机是，这种工具论媒介观使得传播学永远无法摆脱以传播者为主体、以受众为客体的二元对立的研究框架。因为，在工具论媒介观下的传播学始终将传播视为作为主体的传播者利用作为工具的媒介向作为客体的受众传递信息的过程。这种传播者与受众之间的二元对立与主客体二元对立的哲学是一脉相承的，既然基于主客体二元对立的哲学都出现了危机，那么建立在主客体二元对立哲学基础之上的传播学也必将遭遇危机，这种危机主要表现为：主客体二元对立的研究框架会将传播学的研究对象限制在以具有先验主体性的传播者为中心的大众传播，"将传播活动的流向控制在既定权力的范畴内，并以此形成与客体之间的权力位移，从而服务于上层规范与框架"。① 这显然不符合新媒体的本质，也不符合新媒体时代人与媒介之间关系的转变。正如笔者在前文所言，首先，新媒体是一种元媒介。这种元媒介不再是一种外在于人的传播工具，而是一种对人本身以及对人与人、人与世界之间的关系都具有形塑和改造作用的本体。其次，新媒体时代的"人"不再有传播者与受众之间主客体二元对立的区分，比如，节点人与节点人之间是主体间性的关系。最后，新媒体时代的"人"也不再是一个独立的主体，而是一个与媒介逐渐融合，并不断被媒介形塑和改造的"人"，比如，数据人和赛博人都是人与媒介融合的产物，都在不断被媒介形塑和改造。

---

① 徐轶瑛、那宇奇：《智能媒介视域下传播学研究的范式流变》，《现代传播（中国传媒大学学报）》2023 年第 8 期。

第三章　从现象学到媒介现象学

　　根据第二章的论述，主体哲学中的主客体二元对立使得传播学也形成了主客体二元对立的研究范式。这种研究范式所提倡的工具论媒介观既不符合新媒体时代人与媒介的关系，也严重制约了传播学的创新发展。因此，新媒体时代的传播学创新需要超越主客体二元对立的研究范式，摆脱工具论媒介观。现象学虽然也是一种主体哲学，但其旨在超越这种主客体二元对立的范式，而媒介现象学就是以现象学的视角来重新审视人与媒介的关系，旨在超越工具论媒介观。因此，笔者选择媒介现象学的路径来超越主客二元论传播学，进而实现传播学在新媒体时代的创新发展。本章共分为三节：第一节介绍现象学的兴起，也就是分析现象学如何超越主客体二元对立的研究范式；第二节介绍技术现象学，认为技术现象学在现象学与媒介现象学之间起到承上启下的作用；第三节介绍媒介现象学的起点，即麦克卢汉的媒介观。

第一节　现象学的兴起：胡塞尔的现象学思想

　　现象学的兴起是从胡塞尔开始的。胡塞尔于 1859 年 4 月 8 日出生在奥匈帝国的普罗斯尼茨（现属捷克），是一位重要的德国哲学家和逻辑学家，被认为是现象学的创始人。

　　胡塞尔出生于一个犹太家庭，他的父亲是一位商人。他接受了基础教育，并在高中时展现出对数学的特别天赋。1876 年，他进入莱比锡大学学习数学、物理学和哲学。在学习期间，他在弗朗茨·布伦塔诺的指导下开始研究数学逻辑，并于 1883 年获得了博士学位。之后，他开始对哲学问题产生兴趣，并在弗朗茨·布伦塔诺的影响下转向研究心理学和哲学。1891 年，胡塞尔成为哈勒大学（现属德国）的哲学教授，并在那里度过了大部分职业生涯。他在此期间致力于发展一种新的哲学方法，即纯粹现象学。

胡塞尔的重要著作包括《逻辑研究》《纯粹现象学通论》《现象学的观念》等。他在这些著作中开辟了一个新的哲学领域，通过对主体经验的研究来揭示现象世界的本质和结构。胡塞尔于 1916~1928 年担任弗赖堡大学的哲学教授，并在那里建立起了现象学学派，吸引了众多学生和学者。他的学生中包括后来重要的哲学家马丁·海德格尔。

然而，由于胡塞尔的犹太血统，纳粹党上台后，他被迫辞去教职工作，后于 1938 年逝世。尽管胡塞尔的生命并不长，但他对于现象学以及 20 世纪初以来的哲学和其他学科都产生了深远的影响。他被誉为现象学的奠基人，为 20 世纪初以来的哲学思考和方法论打下了坚实的基础。

一　胡塞尔创立现象学的动机

胡塞尔创立现象学的初衷是为了批判心理主义。《逻辑研究》是胡塞尔现象学的奠基之作。该著作分为两卷，第一卷是《纯粹逻辑学导引》，除了第十一章之外，都是在批判各种心理主义思潮。

心理主义是 19 世纪末盛行的一种哲学思潮，是科学实证主义的表现之一。它试图用实验心理学来解释各种形式科学。其中，心理主义将各种心理活动视为逻辑学的基础，即"根据心理学的理论内涵，那些赋予逻辑学以特征标记的定律包含在心理学的领域内"，逻辑学和心理学的关系"就像化学工艺学的某个分支与化学的关系一样"。① 也就是说，心理主义将逻辑规律视为心理活动的规律。正如胡塞尔在批判心理主义时所言，心理主义"始终讨论的是概念、判断、推理、演绎、归纳、定义、分类等等，而所有这些都属于心理学，只不过根据规范和实践的观点进行了选择和整理而已"。②

但是，胡塞尔认为，心理学和逻辑学是完全不同的两门学科。心理学是一门经验科学，其规律需要通过诸多个别经验的归纳总结而得到。因此，心理学不是一门具有精确规律的科学，它所总结出来的规律虽然有较高的价值，但具有很强的偶然性和模糊性。究其原因，心理学的规律不是先天可知的，也不是明确自证的，只是对个别经验的归纳总结。

---

① 〔德〕埃德蒙德·胡塞尔：《逻辑研究》，倪梁康译，商务印书馆，2018，第 2 页。
② 〔德〕埃德蒙德·胡塞尔：《逻辑研究》，倪梁康译，商务印书馆，2018，第 44 页。

这种归纳总结不能证明规律的普遍有效性，因为归纳总结的只是个别经验，这些个别经验本身就不具有普遍有效性。在胡塞尔看来，如果逻辑学是建立在心理学之上的话，那么逻辑规律也是不准确的、模糊的，逻辑学也不是纯粹的逻辑学。他认为："纯粹逻辑是理想规律和理论的系统科学，它纯粹以理想的含义范畴和意义为基础，即以基本概念为基础，它们是一切科学的共同财富……在此意义上纯粹逻辑是理想的'可能性之条件'的科学，是一般科学的科学，或概念理论理想构造的科学……充分阐明纯粹逻辑……要求非常深刻的现象学（即描述的而非发生学－心理学的）和知识论的研究。"① 这就是说，逻辑规律应该是先验有效的，具有自我明证性和普遍必然性，而不是后天归纳总结出来的。逻辑学不应该以心理学为基础，应该以先验必然性的东西为基础。如果我们将逻辑规律等同于自然规律（心理活动遵循的就是自然规律），就会陷入相对主义和怀疑主义的泥潭。

胡塞尔一直有追求确定性知识的愿望，他对心理主义的批判其实也是对相对主义知识观的批判。逻辑规律与自然规律是不同的，逻辑规律是必然的、确定的，而不是偶然的、不确定的心理过程。因此，他认为我们对逻辑规律的研究不应该是归纳和总结，而应该是描述和分析。这里的描述和分析是现象学的基本任务，不是指描述和分析心理过程，而是将描述和分析作为逻辑基础的先验的意识结构，进而为一切科学奠定基础，使现象学成为真正意义上的第一哲学。

《逻辑研究》第二卷中最重要的部分就是对意向性问题的论述。意向性理论也是胡塞尔现象学对于哲学做出的最大贡献。对于意向性问题的探讨最早可以追溯到亚里士多德。在他看来，"事物是怎样的，要看我们以什么方式去认知它。被认知的对象，也就是被意向的对象并不是实在本身，而是起了一种在心灵与实在之间的中介作用，或者说是一种透明的符号（亚里士多德把它称为'内在的词''形式的概念''被表达的种'），心灵通过它与实在发生关系"。② 这种对于意向性问题的看法在中世纪遭到了批判，经院哲学家普遍认为，意向对象就是事物本身。但

---

① 张汝伦：《现代西方哲学十五讲》，北京大学出版社，2003，第205页。
② 张汝伦：《现代西方哲学十五讲》，北京大学出版社，2003，第205~206页。

是，胡塞尔的导师弗朗茨·布伦塔诺重新开启了对意向性问题的讨论，将意向性视为意识的基本特征。在他看来，意识一定是针对某物的意识。这里的某物不一定实际存在，比如，当意识的意向对象是一个虚构人物的时候，这个虚构人物就不实际存在。这就表明，意识的意向对象是现象，与事物是否实际存在无关。因此，布伦塔诺指出，与自然科学的对象不同，心理学的对象是不能独立于意识而存在的，心理学也就不是自然科学，因为自然科学的研究对象是实际存在的。

与布伦塔诺不同，胡塞尔对意向性问题的讨论不是要证明心理学不是自然科学，而是要将意向性理论视为一切科学的基础。他认为，意识的意向对象并不是代替了实际事物，而是实际事物，也就是说，在意识的意向对象之外并不存在一个物自体，并不存在意向对象与物自体的二元区分。可见，胡塞尔意向性理论的基本立场就是，凡是被我们意识呈现出来的东西，作为意向对象，都是同样合理的，都是我们世界的一部分；至于事物是否客观存在，即独立于我们的意识而存在，那是意识走到第二步，即反思意识才会有的问题。① 总之，在胡塞尔看来，一切事物都必须呈现在意识之中，否则就是绝对的无。意识是一切科学的基础，离开了意识，一切都无从谈起。意识自然也就是胡塞尔的主要研究对象，意向性理论是一种意识理论，现象学也就是研究意识的意向性活动。"意识是关于某物的意识"，这是现象学的核心观点。

虽然意识作为哲学的研究对象在哲学史上早就不是新鲜的事情了，但是过往对于意识的研究都没有摆脱各种成见，没有回到先验的意识。也就是说，过往研究的都是经验的意识，都在实证经验的基础上来研究意识，心理主义就是最佳的例子。但是，胡塞尔并不将意识视为一种经验的心理活动，而是将其视为一种先天认知结构。他也不将意向性视为一种建立在感知经验基础上的认识活动，而是将其视为一种先验的意识活动。

在《逻辑研究》一书中，胡塞尔提出了三种对意识的理解："①意识是经验自我全部实质的现象学的持续存在，是交织在体验流的统一中的心理体验；②意识是对自己心理体验的内在觉察；③意识是一切'心

---

① 张汝伦：《现代西方哲学十五讲》，北京大学出版社，2003，第 206 页。

理活动'或'意向体验'的总称。"① 从胡塞尔第一种对意识的理解可以看出，意识与经验自我是密不可分的，但是我们可以切断它与经验自我的联系。这样，我们就把心理学上的意识转变为现象学上的意识，将主客体二元对立的关系转变为现象学意义上意识与意向对象的合一。这里的意识也不再是与客体相分离的主体，而是与意向对象处于意向性关系中的现象学的自我。

胡塞尔第一种对意识的理解源于第二种对意识的理解。第二种理解所强调的"对自己心理体验的内在觉察"不是通常意义上的反思意识，而是一种包含了意向活动与意向内容的意向体验。正如胡塞尔指出："一个对象在它们（指意向体验）中'被意指''被对准'……并非两件事情在体验中显现出来，并非我们体验到这个对象，同时也体验到对准这个对象的意向体验……而是显现出来的只有一件事，这就是意向体验，它的本质描述特征正是有关的意向。"②

除此之外，与传统意识哲学不同，传统意识哲学只研究人的认知意识，而胡塞尔将情感也纳入意向性的范畴，也包含了意向活动与意向内容。当他把一切意识都纳入意向性活动的时候，意识的意向性活动也就具有了普遍的意义。胡塞尔曾指出："我们的生活目标在总体上有两种，一种是为了时代，另一种是为了永恒；一种服务于我们本己的完善以及我们同时代人的完善；另一种服务于后人的完善乃至最遥远的后代人的完善。"③ 由此可见，胡塞尔创立现象学的目的不仅是批判心理主义，而且还希望将哲学建设成一门为其他科学奠定绝对可靠基础的严格的科学。他认为，哲学之所以一直没有实现这个目标是因为现象学之前的传统认识论都预设了一个先于意识而独立存在的外部世界，即主客体二元对立的世界。比如，我们在认识一棵树之前就已经预设了这个被称为"树"的东西就是树。现象学就是要通过批判这种传统认识论，建立一种新认识论。这种新认识论认为："直观地直接把握和获得思维就已经是一种认

---

① Edmund Husserl, *Logische Untersuchungen: Band II* (Tüebingen: Tüebingen Niemeyer Verlag, 1980), p. 346.

② Edmund Husserl, *Logische Untersuchungen: Band II* (Tübingen: Tüebingen Niemeyer Verlag, 1980), p. 207.

③ 〔德〕埃德蒙德·胡塞尔：《哲学作为严格的科学》，倪梁康译，商务印书馆，1999，第59页。

识，诸思维是最初的绝对被给予性。"① 比如，当我们看到远处有一棵树的时候，不管这棵树是否客观存在，只要我们看到了，哪怕是幻觉，也表明这棵树是真实存在的。这就表明，现象学的"看"并不是在认识和感知外在于我的自在之物，而是将"看"限制在自己的意识直观中，进而获得认识的明晰性。正如胡塞尔所言："如果建立一门认识论的打算是可能的，那么这个领域正是我们所需要的。事实上，关于认识的意义方面和本质方面的模糊性正需要一门关于认识的科学，这门关于认识的科学的意图就仅仅在于使认识获得本质的明晰性。"②

二　现象学的方法

胡塞尔的现象学在现代西方哲学向后现代西方哲学过渡的过程中扮演了重要的角色，这种重要角色主要体现在方法论上的贡献。正如他所言："'现象学'标志着一种在上世纪末、本世纪初在哲学中得以突破的新型描述方法以及这种方法产生的先天科学，这种方法和这门科学的职能在于，为一门严格的科学的哲学提供原则性的工具并且通过它们始终一贯的影响使所有科学有可能进行一次方法上的变革。"③ 胡塞尔提出的现象学方法就是现象学还原。这种还原就是悬置一切外在的超越之物，排斥一切经验的心理因素，回到纯粹的先验意识，进而使认识获得本质的明晰性，即回到事物本身。这里涉及两种还原的方法：一种是本质还原，即在意识的意向性过程中发现对象的本质；另一种是先验还原，即通过悬置一切认识之前的成见和知识，回到先验的自我。

（一）本质还原的方法

本质还原的方法又叫本质直观。通过胡塞尔对心理主义的批判可以看出，在他看来，逻辑规律既不是心理规律，也不是自然规律，既不能靠经验的归纳总结得出，也不能靠演绎推论得出，只能依靠直观而得来。也就是说，逻辑规律是可以被直观到的。这里的直观不是康德意义上的

① 〔德〕埃德蒙德·胡塞尔：《现象学的观念》，倪梁康译，上海译文出版社，1986，第8页。
② 〔德〕埃德蒙德·胡塞尔：《现象学的观念》，倪梁康译，上海译文出版社，1986，第31页。
③ 倪梁康选编《胡塞尔选集》，上海三联书店，1997，第341页。

只能直观到表象的感性直观，而是类似于笛卡尔意义上的理智直观。也就是说，我们不仅可以直观到个别经验，还可以直观到类似于逻辑规律这样本质的东西。现象学的口号"回到事物本身"就是要让意识直观到事物的本质。如胡塞尔所言："正如个体的或经验的直观的被给予之物是一个个体对象一样，本质直观的被给予之物是一个纯粹的本质。"①

本质还原就是要进行现象学的悬置，进而在直观的基础上回到事物本身。本质还原由于只涉及认识对象，不涉及认识主体，也不涉及认识主体与认识对象之间的关系，所以只进行了部分的悬置。也就是将认识对象的感觉材料都悬置起来，存而不论，让认识对象直接呈现在意识的意向性活动之中，进而让我们直观到事物的本质。这里，现象学特别强调"现象即本质"，消解了现象与本质的二元对立。也就是说，现象背后没有本质，也不存在透过现象看本质，事物呈现在意识中的现象就是事物的本质。

胡塞尔进一步指出："在对体验（即使是在自由想象中臆造的体验）的范例性个别直观的基础上进行的本质直观，以及在纯粹观念中对被直观到的本质的描述确定，并不是经验的（自然科学的）描述，毋宁说它排斥所有自然进行的经验的（自然主义的）统觉和设定。"② 这就是说，直观不是用眼睛看，因为用眼睛看到的只是一种经验的描述，并不能抵达事物的本质。直观应该是一种心灵的洞察，这种洞察能使我们在观念的世界中抵达事物的本质。正如胡塞尔所言："我们直观到了本质，直观到了柏拉图的理念，直观到了本质普遍之物：这样我们便完全直接地拥有了这个最终结果并且将它作为恒久的精神收获而保存下来，就像我们所认识到的任何一个其他对象性一样。"③

本质还原就是要将向外的理性认识还原为向内的直观认识。每一种原初给予的直观都是认识的合法源泉，在直观中原初地（所谓在其亲身的现实性中）给予我们的东西，只能按照它自身被给予的那样，而且也只能在它自身在此被给予的界限之内被理解。④ 由此可见，直观是认识

---

① 倪梁康选编《胡塞尔选集》，上海三联书店，1997，第 453 页。
② 转引自倪梁康《意识问题的现象学与心理学视角》，《河北师范大学学报》（哲学社会科学版）2020 年第 2 期，第 8 页。
③ 倪梁康选编《胡塞尔选集》，上海三联书店，1997，第 482~483 页。
④ 〔德〕埃德蒙德·胡塞尔：《纯粹现象学通论》，李幼蒸译，商务印书馆，1992，第 84 页。

的起点和源头。它不仅仅是涉及个别之物，更是对一般之物的直观，这就将现象学上升为一种本质科学。胡塞尔对笛卡尔的"我思"进行了改造，将它与意向性结合起来。这就使得意识具有了意指功能，换言之，我们的意识总是对某物的意识，也就是意识总是指向意向对象。这个意向对象并不是感觉材料，而是将感觉材料激活和升华之后得来的。比如，当我们意识到"风"这个意向对象的时候，通常是借由"树叶的晃动""湖面的波纹"等感觉材料体会出来的。

本质直观就是要将感觉材料升华为意向对象，正如胡塞尔所言："若无把一种直观的关注转化为'相应的'个别并构成某个样本的意识的自由可能性，任何本质直观都是不可能的——正如，相反地，若无产生出思维能力的自由可能性，并且在其中，把一种直观的关注指向相应的个别地看到的东西之样本的本质的自由可能性，对任何个别事物的直观都是不可能的。"[①] 基于此，胡塞尔提出了两种直观：经验直观和本质直观。经验直观是一种感性直观，只能直观到个别的经验对象；本质直观是一种理性直观，直观到的是对象的本质。虽然本质直观要以经验直观为前提，但是它一旦出现，就可以独立于经验直观而存在。我们还是以前面提到的"风"为例，当我们可以通过感觉材料直观到"风"这个意向对象的时候，"风"就具有了普遍有效性，可以不依赖于感觉材料而存在。本质还原就是要将感觉材料悬置起来，进而获得对象的普遍本质。

（二）先验还原的方法

先验还原不是只涉及认识对象，而是涉及认识主体以及认识主体与认识对象之间的关系。胡塞尔认为，世界并不是康德意义上的物自体，而是存在于意识之中，是意识的构造对象。因此，先验还原就是要还原到先验的自我，进而把以前被视为客观存在的世界还原为相对于先验自我而存在的世界。由此可见，先验还原与本质还原的方向是不同的，本质还原是通向事物的本质，先验还原是通向先验的自我。

通向先验的自我就需要首先对各种形式的自然主义进行彻底的批判。胡塞尔认为，自然主义中的自然是"指一个按照精确的自然规律而在空

---

① 〔美〕维克多·维拉德-梅欧：《胡塞尔》，杨富斌译，中华书局，2002，第59页。

间、时间中存在的统一之意义上的自然"。① 也就是说，自然主义者心目中的自然是独立于意识而存在的客观自然。这种客观自然只能借助经验和实证的方法来研究，通过归纳总结的方式将个别上升到一般，将特殊上升到普遍。胡塞尔认为，这种自然主义忽视了一个重要的问题，即我们的认识是如何可能的。因此，他指出，我们需要通过先验还原来摆脱自然主义，回到认识的起点，即先验的自我。

为了回到先验的自我，防止后天的成见和经验对认识的干扰，胡塞尔认为，我们需要进行一次彻底的悬置。正如他所言："被经验的'外在之物'不属于意向性的内在性，尽管经验本身作为关于外在之物的经验属于这一内在性。对于其他各种朝向世界之物的意识来说也是如此。所以，如果现象学家想获得作为纯粹现象的他的意识……他便需要有一种彻底的'悬搁'。"② 这就是通过先验还原的方式将客体悬置起来，也将主体认识客体的经验悬置起来，进而消解主客体二元对立，使得认识成为一种先验意识的意向性活动。这里的先验意识不与自在之物发生任何关联，也不受任何已有知识和经验的影响，是一种在悬置之后剩下的唯一确凿无疑的东西。

回到了先验意识，也就为意识的意向性活动奠定了基础。意向性活动表明意识总是对某物的意识，经验也总是意向性的经验。比如，当我们看到一张桌子的时候，只能看到桌子的一面，并不能看到桌子的全部。但我们仍然知道这是一张桌子，因为当我们意识到这张桌子的时候，就潜在地意识到了它的全部，当这张桌子呈现在意识中的时候就已经是意向性活动的结果了。总之，先验还原就是要悬置一切后天经验和成见，回到先验的自我，进而证明对象不是一种外在的客观存在，而是在意识的意向性活动中生成的。正如胡塞尔所言："对我们来说，根本性的东西在于明白，现象学的还原作为对自然观点或自然观点总命题的排除是可能的；并且，在还原之后，绝对的或先验纯粹的意识作为剩余留存下来。"③ 这就是说，现象学关注的问题都是在先验意识的领域之内的，认

---

① 〔德〕埃德蒙德·胡塞尔：《哲学作为严格的科学》，倪梁康译，商务印书馆，1999，第8页。
② 倪梁康选编《胡塞尔选集》，上海三联书店，1997，第345页。
③ 倪梁康选编《胡塞尔选集》，上海三联书店，1997，第431页。

识主体与认识对象的关系也被统一在了意识的意向性活动之中。这也是现象学对于主客体二元对立的批判与超越，使我们能够从一个全新的视角来理解我们是如何认识事物的。

现象学对于先验自我的强调，就是将自然主义和实证主义强调的独立于意识而存在的客观世界，转化为意识中的"我"的世界。为了避免陷入笛卡尔式的"唯我论"的困境，胡塞尔提出了"交互主体性"这个概念，也就是肯定了"他我"的存在。这里的"他我"并不是意向对象，而是与"自我"一样的意识主体。"自我"和"他我"是具有同等地位的两个主体：站在"自我"的立场上，"他我"是意向对象；站在"他我"的立场上，"自我"是意向对象。在"自我"与"他我"的交互过程中，世界逐渐呈现为一个能动的、多维的共识世界。

三　生活世界

生活世界理论是胡塞尔晚期最后一个重要的哲学思想，也为现象学重新奠定了基础。生活世界是一个前科学和前哲学的世界，为科学和哲学奠定了基础。它是一个非概念、非逻辑，可以在日常生活中直观到的世界。胡塞尔提出这个世界不仅仅是为了超越，更是为了回归，因为人们曾经就生活在生活世界之中，后来逐渐离开了，现在要重新返回。我们要返回生活世界，就需要先弄清楚离开生活世界的原因。在他看来，这个原因就是近代欧洲科学危机。

近代欧洲在自然科学领域取得了巨大的成就，这种成就使得人们逐渐习惯用自然科学的眼光来看待万事万物，相信世界是一个可以被转化为一系列数学方程式的统一体。"在这个统一体中，一切个别的细节都必须加以理性的规定。它的系统形式（它的普遍的本质结构）是可以被我们获得的，而且它的确预先就为我们准备好并被我们所知晓了，只要它至少具有一种纯粹数学的形式。"[①] 伽利略就是用数学的方法来观察和认识世界，正如胡塞尔所言："伽利略发现了自他以来一直被称为因果规律的东西，即'真正的'（理念化和数学化了的）世界的'先天的形式'，

---

① 张廷国：《重建经验世界——胡塞尔晚期思想研究》，华中科技大学出版社，2003，第119页。

'精确的规律性的规律'，按照它在'自然'（理念化了的自然）中所发生的一切事件必定服从精确的规律。所有这一切既是发现又是掩盖，以致我们现在把它们当作不言而喻的真理。"① 于是，生活世界被替换为科学世界。

事实上，伽利略用数学的方式认识和把握世界，这是西方自启蒙运动以来理性主义思潮的体现。在西方近代理性主义者看来，"世界本身必须是理性的世界，这种理性是在数学或数学的自然中所获得的新的意义上的理性；相应地，哲学，即关于世界的普遍的科学，也必须被建构成为一种'几何式的'统一的理性的理论"。② 比如，德国古典哲学家黑格尔的哲学体系就是依赖一套"几何式"的严密逻辑推演而得来的。其实，胡塞尔对欧洲近代科学和哲学危机的批判并不是要彻底反对科学和理性，而是要反对科学和理性的霸权，反对伽利略和黑格尔用科学和理性来解释世间万物。胡塞尔认为，科学和理性虽然成功颠覆了中世纪的神学霸权，但是又树立起了新的霸权，即科学和理性的霸权。这种新的霸权遮蔽了我们的生活世界，导致了欧洲近代科学和理性的危机。

胡塞尔认为，我们想要走出危机就需要回到被科学和理性霸权遮蔽的生活世界中去，在生活世界的基础上建立现象学。什么是生活世界？胡塞尔用"周围世界"和"日常世界"来描述生活世界："'日常世界'，或'周围世界'，都是一个仅在精神领域内才有其地位的概念。我们生活于我们各自的周围世界中，我们的全部忧虑和劳作都适用于这个世界，这里所表明的就是一种纯粹在精神领域中发生的事实。"③ 既然生活世界是在精神领域内发生的，那么生活世界就与人的日常生活经验紧密联系在一起。总体而言，生活世界主要包含以下几点特征。

第一，生活世界是一个先于一切课题的世界。胡塞尔认为，科学世界是一个围绕着如何有利于人类生存与发展这个课题而生成的世界。人们在这个科学世界中利用各种技术和手段开发和设计出一个有利于人类

① 谢劲松：《胡塞尔传》，长江文艺出版社，2002，第175页。
② 张廷国：《重建经验世界——胡塞尔晚期思想研究》，华中科技大学出版社，2003，第118页。
③ 张廷国：《重建经验世界——胡塞尔晚期思想研究》，华中科技大学出版社，2003，第127页。

生存和发展的世界。不过，在这个过程中，人们会将与课题无关的内容和现象都排除掉，因此，课题化的世界必定是片面的。而生活世界就不是一个课题化的世界，因为生活世界是一个预先被给予的世界，是一个有效的世界，即一个预先存在着的有效世界，但它并不是由于某个意图、某个课题，或因为某个普遍的目的而有效。相反，每一种目的都是以它为前提的，即使是那种在科学的真理中能认识到的普遍目的，也是以它为前提的，而且已经以它为前提了，并且，在科学工作的进展过程中，始终都要重新以它为前提，即以一个按照其自己的方式恰好存在着的世界为前提。① 换一种说法就是，生活世界中不是没有课题，而是没有唯一的课题。生活世界中的课题都是根据每个不同个体的具体需求而提出的，这些课题共存于生活世界之中，彼此之间是平等的，没有哪一个课题具有垄断的地位。由此可见，生活世界充分展现了日常生活的丰富性和多元化。

第二，生活世界不是一个客观的、绝对的世界。科学世界通常以实验数据的形式呈现出来，因此具有客观性和绝对性。而生活世界充分体现了人类的欲望、态度，是根据具体的人和具体的事而不断发展变化的，具有主观性和相对性。正如胡塞尔所言："在先被给予的生活世界的存在意义是主观的构造物，是经验着的、前科学的生活的成果……至于'客观真实的'世界，即科学的世界，则是较高阶段上的构造物，是以前科学的经验和思维活动为基础的，或者说，是以前科学的经验和思维活动的有效作用为基础的。"② 这就是说，胡塞尔认为，我们只有回溯到生活世界，才能真正理解世界的终极意义，否则对世界的理解就会在科学理性中丧失人性的维度。

第三，生活世界不是一个抽象的世界。科学世界有一套逻辑规则，这套逻辑规则只能靠理性才能理解和认识，不能被我们直接感知到。生活世界是一个在日常生活中可以被人们随时直接感知到的经验世界。因此，生活世界也可以被称为知觉世界和经验世界。但是，生活世界并不

---

① 张廷国：《重建经验世界——胡塞尔晚期思想研究》，华中科技大学出版社，2003，第128页。

② 张廷国：《重建经验世界——胡塞尔晚期思想研究》，华中科技大学出版社，2003，第129页。

是建立在个人经验之上，而是建立在人类的共同经验之上。这个共同经验说明生活世界是一个为全人类所共有的具有交互主体性的世界。也就是说，在生活世界中，每个人的经验都可以被他人共享。因此，这个可以被人们直观感知到的生活世界并不是一个故步自封的世界，而是一个在人与人之间的经验交流与共享过程中不断开放的世界。

总而言之，胡塞尔指出："只要我们不再沉湎于我们的科学思维，只要我们能够觉察到我们的科学家也是人，并且是生活世界的一个组成部分……那么整个科学就与我们一起进入到了这个——纯粹'主体相关的'——生活世界之中。简言之，关于客观科学世界的知识都'植根'于生活世界的明证性之中。"[1] 这就是说，生活世界既是科学世界的基础，也是哲学的基础。现象学归根到底是生活世界的现象学。

胡塞尔阐释生活世界的现象学是从批判康德哲学开始的。他认为："由于康德的问题提法，我们大家（包括我这个现在进行哲学思考的人）有意识地生活于其中的这个日常生活的周围世界，预先就被假定为存在着的；同样，作为这个世界中的文化事态的诸科学，以及它们的科学家和理论，也预先被假定为存在着的。"[2] 这就是说，康德哲学建立的前提和基础是经不起考察和深究的。生活世界才应该是哲学的前提和基础。生活世界的现象学与强调本质直观的现象学有所不同，本质直观归根到底是一种理性的直观，而生活世界的现象学强调的直观是一种主观的、相对的直观。这也体现了现象学的发展与进步。

第二节　技术现象学：从海德格尔到唐·伊德

胡塞尔的现象学消解了西方近代传统主体哲学所强调的主客体二元对立。在胡塞尔看来，我们与世界并不是二元对立的，因为我们的意识总是对某物的意识，意识的意向性结构应该被表述为"自我-意识-世界"，这个意向性结构是紧密相连、不可分离的。由此可见，既然现象学

---

① 张廷国：《重建经验世界——胡塞尔晚期思想研究》，华中科技大学出版社，2003，第130~131页。

② 〔德〕埃德蒙德·胡塞尔：《欧洲科学的危机与超越论的现象学》，王炳文译，商务印书馆，2001，第127页。

消解了人与世界之间的主客体关系，那么技术现象学，即以现象学的视角来重新审视技术与人之间的关系，也旨在消解作为主体的人与作为工具的技术之间的主客体关系。在人、技术、世界之间建立起一种新的意向性结构，即"人-技术-世界"。

本节共分为三个部分。第一部分介绍技术现象学是如何兴起的，它的兴起对于技术哲学的发展，还有对于重新理解人与技术之间的关系，具有怎样的意义。第二部分和第三部分分别介绍技术现象学的两位代表人物：海德格尔和唐·伊德。之所以选择这两位代表人物，是因为前者是第一个站在现象学视角审视技术与人之间关系的哲学家；后者是第一个站在后现象学视角审视技术与人之间关系的哲学家。他们的思想代表了技术现象学的兴起与发展。

一　技术现象学的兴起：两种技术哲学传统的统一

技术哲学作为一门相对独立的学科，是在第一次工业革命后出现的。第一次工业革命之后，机器大工业取代了农业和手工业成为整个社会的生产基础。技术也在这个过程中获得了飞速发展，渗透进了社会的方方面面，人类开始进入技术时代。技术哲学就是在技术时代孕育而生的。

关于技术哲学，美国技术学家米切姆指出："技术哲学是像一对孪生子那样孕育的，甚至在子宫中就表现出相当程度的兄弟竞争。"[1] 这是指技术哲学从诞生之初就在内部存在两种传统，这两种传统在认识论和方法论上都存在较大的差异。基于这种差异，技术哲学形成了两大学派：工程的技术哲学和人文的技术哲学。这两大学派在相互竞争的过程中推动了技术哲学的发展。技术现象学就是在这个过程中出现的，它为技术哲学两大学派的统一和融合提供了可能。下面，我们首先来看工程的技术哲学与人文的技术哲学在认识论和方法论上的差异。

在认识论上，工程的技术哲学与人文的技术哲学的差异主要体现为对技术的认识不同。工程的技术哲学具有工程学的传统，主要是从技术内部来认识技术，通过对技术活动本身的观察和实验，找到不同技术的

---

[1] 〔美〕卡尔·米切姆：《技术哲学概论》，殷登祥、曹南燕等译，天津科学技术出版社，1999，第1页。

不同性质和特点，进而找到技术产生和发展的规律。由此可见，在工程的技术哲学研究者看来，技术哲学产生于技术实践之中。这就要求研究者必须对技术有一定的了解，并能熟练地掌握和使用技术。也就是说，研究者必须首先是一名技术专家，然后才有资格成为一名技术哲学家。他们对于技术的研究是从技术专家的视角来分析技术本身的内在规律，并在此基础上来认识世界和改造世界。这也就是科学主义和实证主义在技术哲学领域的体现。工程的技术哲学家坚信自然科学的知识是确凿无疑的，世界上的所有问题都可以用自然科学的研究方法来解决。因此，他们从技术出发来理解整个世界，进而去寻找一个普遍有效的确定性答案。

　　人文的技术哲学的研究者从一开始就是以哲学家的身份出现的，其本人未必是技术专家。因此，人文的技术哲学具有人文主义的传统，主要是技术外部来认识技术，不太关心技术本身的产生和发展规律，而是从政治、经济、文化、历史、社会、宗教、伦理等外部视角来理解和审视技术与人之间的关系。由此可见，人文的技术哲学家距离技术实践较远，通常也不太了解技术生产和使用过程中的具体细节。而且，与工程的技术哲学家通常采用的"技术乐观主义"立场不同，人文的技术哲学家对于技术几乎都持有批判的态度。他们批判工程的技术哲学蕴含着技术还原主义和技术霸权主义的思想，以及科学主义和实证主义的方法。与工程的技术哲学关心技术的设计、制造阶段不同，人文的技术哲学更加关心技术的使用阶段，批判技术在使用过程中蕴含的工具理性，否认我们可以从技术出发来理解整个世界。其实，人文的技术哲学就是要否定科学知识的至高无上性，也否定我们可以利用科学知识来改变整个世界。

　　在方法论上，工程的技术哲学由于习惯于分析技术本身的性质和特点，因此，哲学家主要是用描述的方法来研究技术的具体运作过程，并在此基础上，用技术哲学的理论和方法来解释整个世界。然而，人文的技术哲学由于习惯于分析技术的外部环境，因此，哲学家主要是从技术的外部环境入手来考察技术的意义，探讨包含技术与文化、技术与伦理、技术与社会、技术与宗教等较为宏大的命题。他们在探讨这些话题的过程中始终强调技术的人文价值，比工程的技术哲学更具有哲学的批判精神，也更具有思想深度。

但是，人文的技术哲学家片面地强调了技术的应然性，忽视了技术的实然性，没有意识到我们对技术的认识应该来源于技术实践。同时，他们对技术的认识也只是停留在抽象层面，将技术视为一个没有个体差异的整体，没有关注到技术的多样性和差异性。而工程的技术哲学恰好就关注到了这一点。

因此，技术哲学的这两大学派经常相互批评。工程的技术哲学家批评人文的技术哲学根本不了解技术的具体生产和使用过程，也没有进行过经验实证的考察，只会玩弄形而上的思辨游戏，因此得出的结论和知识是不可靠的，是缺乏经验基础的。而人文的技术哲学家则认为，我们只是技术的使用者，没有必要去了解技术的具体细节。如果我们过于执着地去了解技术的具体细节，就会只见树木不见森林，没有办法认清技术的整体意义，也没有办法准确理解技术与人、技术与世界之间的关系。

事实上，这两大学派的观点都是正确的，但是都没有认识到技术的本质，因为"单纯正确的东西还不是真实的东西。唯有真实的东西才把我们带入一种自由的关系中，即与那种从其本质来看关涉于我们的关系中。照此来看，对于技术的正确的工具性规定还没有向我们显明技术的本质。为了获得技术之本质，或者至少是达到技术之本质的近处，我们必须通过正确的东西来寻找真实的东西"。① 这就是说，如果我们想要认识技术的本质，就必须取长补短，将这两种技术哲学传统融合起来。想要实现两者的融合，必须首先弄清楚造成两者对立的根本原因。正如笔者在前文所言，两大学派的分歧主要源于对技术认识的分歧，认识论上的分歧又造成了方法论上的分歧。因此，我们对于该问题的探讨必须回到传统认识论中去寻找答案。

古希腊哲学主要关注的是本体论问题，即世界的本源是什么。到了近代，哲学发生了认识论转向，转向关注"我们如何认识世界"的问题。笛卡尔提出的"我思故我在"赋予了人的主体地位，也确立了主客体二元对立的关系。知识到底是来源于理性，还是来源于经验，正是唯理论和经验论重点关注的话题。事实上，工程的技术哲学与人文的技术

---

① 孙周兴选编《海德格尔选集》，上海三联书店，1996，第 926 页。

哲学都建立在主客体二元对立的思想之上。

　　工程的技术哲学持有经验论的观点，从客体的视角出发去观察技术，关注技术的自然属性和具体细节。该学派的哲学家认为，基于经验描述的技术知识的真理地位远高于基于理性推理得出的关于技术的价值判断，技术知识也可以推断出其他的知识。工程的技术哲学在这里存在以偏概全的问题，技术知识并不具有普遍有效性，我们也不可能通过技术来认清整个世界。

　　人文的技术哲学持有唯理论的观点，从主体的视角出发去审视和批判技术，关注人的历史境遇和自由解放。该学派的哲学家对于技术的反思往往建立在一个预先假定的概念之上，然后基于这个概念用逻辑演绎的方式推导出合理的结论。不过，由于人文的技术哲学不关注技术的实际经验，哲学家的理论更像是空中楼阁，对于一些具体的技术问题的解释就显得无能为力。

　　由此可见，我们对于技术的研究，一方面，应该在经验描述中进行，因为技术不是一个固定不变的整体，具有很大的个体差异性和发展变化性，我们对它的思考必须基于一定的经验描述；另一方面，我们对于技术的研究也应该包含一定的规范性评价，也就是应该回答一个规范性问题，即一个好的技术社会应该是什么模样。

　　综上可知，技术哲学两大学派的对立是主客体二元对立的哲学传统造成的。只有消解了主客体二元对立，才能真正实现这两大学派的融合。

二　海德格尔的技术现象学

　　海德格尔是 20 世纪德国著名的存在主义哲学家、现象学大师，他的哲学思想是以人的存在（此在）为中心建立起来的。从 20 世纪 30 年代开始，海德格尔注意到了技术对人类存在状态的深刻影响，注意到了技术对人类命运的主宰力量。从此之后，他开始从哲学的高度来关注技术，率先用现象学的方法来研究技术。因此，海德格尔是第一个从现象学视角来分析技术的哲学家，也是技术现象学的开创者。

（一）现象学视野下的用具

　　早期的海德格尔虽然没有正面阐述过技术问题，但是在《存在与时间》一书中，海德格尔还是涉及了一些技术的问题，这主要体现在他对

"用具"的思考和分析上。可以说，海德格尔后期的技术哲学是建立在他早期对"用具"的分析之上的。

海德格尔早期的哲学思想是从批判传统形而上学开始的，他认为从古希腊开始，西方哲学一直存在的一个重大问题就是对存在的遗忘，西方哲学用存在者来代替存在，并试图用一个假象的存在者（如古希腊的逻各斯、中世纪的上帝、近代的理性等）来作为本体论的存在，把它看成其他一切存在者之所以为存在者的根源。海德格尔用现象学的方法重新使存在的问题得以显现，重新追问存在的意义。在海德格尔看来，要想追问存在的意义，必须找到一个在存在论上具有优先地位的存在者，此在（人的存在）就是这么一个存在者，也就是说，我们只有从此在的存在状态出发才能追问到存在的意义。

海德格尔认为，此在并不是一个既定的东西，而是一种可能性的存在。因此，人可以选择、计划、设计自己的存在方式，而这种存在方式并不是一种理论性的认识而是对工具的使用。也就是说，此在的存在状态就是与各种各样的外物打交道，把外物当作用具来使用，并在这种使用过程中建构出整个世界。海德格尔将人与外物打交道的过程称为"烦忙"，或"烦"，将人与人打交道的过程称为"烦神"。然而，海德格尔之所以能够得出此在的存在方式正是因为他运用了现象学的方法。

现象学方法由海德格尔的老师胡塞尔所创立，胡塞尔认为，现象学方法强调意识的意向性结构，这是一种"自我-意识-世界"的结构，也就是说，自我的意识总是对某物的意识，自我与某物是融为一体的。因此，现象学的方法推翻了西方哲学自笛卡尔以来所强调的主客体二元对立，主体与客体都不能独立存在，人与世界都只有在彼此的关系当中才能建构出自身的意义。在胡塞尔的基础上，海德格尔提出了一种新的意向性结构，即"人-存在于-世界"。他认为，人一生下来就被抛入世界之中，也就是说，我们在认识事物之前就已经存在于世界之中了，世界并不是一个外在于我们的客观对象。并且，海德格尔还指出，人存在于世界中的主要方式不是认识事物，而是对用具的使用。用具也只有在使用的过程中才能被把握，才能显示出自身的价值。正如海德格尔所说，"严格地说，从来没有一件用具这样的东西'存在'，属于用具的存在一向总是一个用具整体。只有在这个用具整体中那件用具才能够是它所是的东西。用具本质上是一种'为了作……的东西',有用、有益、合用、方便等都是'为了作……之用'的方式"。① 海德格尔以锤子为例,说明了人与用具之间的存在论关系。锤子的主要作用是用来锤击东西,锤子顺不顺手、好不好用才是它的核心价值。因此,锤子不是认识论意义上的客观对象,换言之,锤子的价值不能用我们可以观察到的大小、重量、颜色、材料、形状来衡量,它的价值只有在使用的过程当中才能体现出来。海德格尔将用具与人的这种最初的实践状态称为工具的"上手",而将用具作为外在于人的一个客观观察对象的状态称为工具的"在手",他指出,只有当用具损坏或不合用的时候,"在手状态"才会出现。

通过海德格尔对用具的现象学分析,我们可以看出人与用具之间的相互依存关系。任何技术都不是外在于人的中立性的工具,而是一种意向性的技术,是一种"持存物",技术的本质也只有在使用的过程当中才能被揭示出来。总而言之,海德格尔对用具的现象学分析成为他后期技术哲学的重要思想来源。

(二)座架:技术的本质

技术问题是海德格尔后期哲学关注的主题。海德格尔认为,对技术哲学的探讨首先必须弄清楚技术的本质是什么,而要弄清楚技术的本质就必须从我们过去对技术的"流行观念"开始,逐步深入技术的本质领域。海德格尔归纳出了人们过去两种对于技术的"流行观念"或"旧的学说"。他指出:"按照旧的学说,被看作某物的本质的东西是:某物是什么。如果我们问技术是什么,我们就问到了技术。每个人都知道有两个说法回答了我们的问题。第一个说道:技术是目的的手段。另一个说道:技术是人的行动。"② 海德格尔把这两种对于技术的"流行观念"分别称为工具性和人类学的规定,并认为这两种规定都是正确的,对古代技术和现代技术都适用,并且,这两种关于技术的定义也是密不可分的,因为设置目的和使用手段都是人的行动。

不过,海德格尔认为,以上两种对于技术的"流行观念"虽然正

---

① 〔德〕马丁·海德格尔:《存在与时间》,陈嘉映、王庆节译,生活·读书·新知三联书店,2006,第80页。

② 〔德〕冈特·绍伊博尔德:《海德格尔分析新时代的技术》,宋祖良译,中国社会科学出版社,1993,第7页。

确，但是都没有真实地揭示出技术的本质。也就是说，我们从工具层面是无法揭示出技术的本质的，只能揭示出技术是一种具体的为人所用的工具，而无法深入技术的本质。要想追问技术的本质，我们必须把握住技术与人、技术与世界的本源性关系，从而进一步指出工具性本身是什么，目的和手段在何种程度上是相互关联的。

在海德格尔看来，技术不仅仅是手段，更是一种展现方式。这种展现方式"既不是像自然界中花开花落、草木枯荣的那种出于自身原因的东西的展现，也不像古代风车或水车那样虽出于外部原因但仍顺应自然的展现，而是征服、利用和控制自然，挑战自然，它迫使自然和人都进入非自然、非本真的状态"。① 也就是说，技术重新建构着人与自然、人与人之间的关系，并且海德格尔将这种征服、控制、挑战自然的技术的本质称为"座架"。"座架"指"那种摆置的聚集，这种摆置摆弄人，使人以订造方式把现实事物作为持存物而解蔽出来"。② 也就是说，从本质来看，技术是一种对事物的解蔽方式。所谓解蔽，就是指事物按其本来的面目显现出来，进而揭示出存在的真理。正如他所言："技术在其本质中乃是沦于被遗忘状态的存在之真理的一种存在历史性的天命。"③ 因此，在海德格尔看来，技术不是一种人们与世界打交道的工具或手段，而是一种解蔽和显现的方式；人与技术的关系也不是一种工具性关系，而是一种存在论关系。但这种解蔽是以"限定"和"挑战"为基础的。

所谓限定，就是指从某一方面去定位某物，去限制某物，去取用某物。技术的限定是指人们把自然界限定在技术的需要上，技术成为自然界的主宰，自然界的丰富多彩荡然无存，丧失了自身的独立性和本性。正如海德格尔所说，"田野的耕种也变成了不同的耕种，这种耕种限定自然。它在强求的意义上限定自然。现在，耕作是机动化的食品工业。限定空气，使之交付氮，使土地交付矿石，使矿石交付铀，使铀交付原子能，而原子能可以产生出来用于破坏或和平利用"。④ 值得一提的是现代

---

① 许良：《技术哲学》，复旦大学出版社，2004，第 62 页。
② 孙周兴选编《海德格尔选集》，上海三联书店，1996，第 942 页。
③ 〔德〕马丁·海德格尔：《路标》，孙周兴译，商务印书馆，2014，第 404 页。
④ 〔德〕冈特·绍伊博尔德：《海德格尔分析新时代的技术》，宋祖良译，中国社会科学出版社，1993，第 58 页。

技术不仅限定自然，而且还限定人，使人也以技术的标准去看待自然，使人的多元价值取向消失殆尽，成为技术的奴隶。

现代技术对自然的限定也意味着对自然的挑战。所谓挑战，就是指技术过分地干扰、限制自然，使自然进入非本真的状态，迫使事物不能按其本性而展现出来。在海德格尔看来，事物在遭受挑战性的展现之后变成了持存物，持存物是事物在技术时代的存在方式。技术时代只有持存物，而没有客观对象。也就是说，"在现代技术的支配之下，没有什么东西能够以自己的方式呈现出来。所有的东西都被汇入一个巨大的网络系统，在这个系统中，它们存在着的唯一意义就在于实现技术对事物的控制"。① 同时，在事物遭受挑战性展现的过程中，人也受到技术的挑战，甚至人比自然更先遭受挑战，因为挑战性展现需要人来完成，只有人遭受了挑战之后才能去挑战自然，因此，人也成了技术时代的持存物。

通过以上海德格尔对技术本质的论述，我们可以看出，作为"座架"的技术一方面使人受到技术的限定和挑战，成了技术的奴隶；另一方面使受到挑战的人又去挑战自然，使自然中的事物成了持存物。

（三）技术与人类的命运

海德格尔对技术根源的回溯，对技术本质的追问，最后都要落实到人。也就是说，海德格尔技术哲学的最终着眼点就是技术与人类命运的关系。

在海德格尔看来，天命是一种赋予万事万物生机和活力的超人、超自然的力量，人的各种生存活动都是顺应天命的要求，都是存在于天命之中的。他认为，这种超人、超自然的天命就是"存在"。因此，海德格尔进一步指出，既然人类的所有活动都是出于天命的需要，那么作为人类活动之一的现代技术必然也是天命的自我展现。换言之，"作为现代技术的本质的座架专属于展现着的天命，其本身就是存在天命的展现自身的一种方式。一切展现的方式皆出于天命，现代技术也是出于这种天命"。②

然而，海德格尔指出，现代技术虽然是存在天命展现自身的一种方式，但是也隐含着使人违背天命的危机。正如海德格尔所指出的那样，

---

①　高亮华：《人文主义视野中的技术》，中国社会科学出版社，1996，第142页。

②　高亮华：《人文主义视野中的技术》，中国社会科学出版社，1996，第147页。

技术的本质是"座架"，而"座架"是以限定和挑战的方式展示自身的。因此，当存在的天命将人送入技术这种展现方式之中时，就可能遮蔽人与展现之源的关系，进而使人背离存在的天命。

海德格尔认为，虽然作为"座架"的技术是存在天命的一种展现，但是当人进入技术这种特殊的展现方式的时候，就会把技术视为无所不能、君临一切的基础和标准，将世界上的一切东西按照技术的逻辑去加以阐释，就连上帝都失去了高贵与神圣。在技术的支配下，包括人在内的所有事物都不能按其本性展现出来，都成了技术时代的持存物，所以事物都只存在于技术这一种展现方式中，而其他的展现方式被遮蔽了，进而违背了存在的真理。一方面，当人成了技术时代的持存物的时候，人也就失去了他自己，违背了自己的本性。人本来是可以从多个方面去顺应天命的，现在却成了技术这一种天命的奴隶。另一方面，当自然成了技术时代的持存物的时候，自然界的丰富多彩荡然无存，丧失了自身的独立性和天性。总而言之，作为天命的一种展现方式的技术具有拒斥包括人在内的所有事物进入最源始的存在真理的危险，这是一种使人违背天命的危机。

"哪里有危险，哪里就有拯救。"这是德国著名诗人荷尔德林的诗句。海德格尔正是引用了这句诗来说明使人陷入危机的现代技术也是使人从危机中得到拯救的力量。现代技术虽然使人违背了存在的天命，但是它毕竟是存在天命的展现方式，潜藏着将人从背离天命的危机中拯救出来的可能性。也就是说，技术作为一种拯救力量与它作为一种危机一样，都包含于技术的本质之中。

但是，技术本身并不是一种拯救的力量，只有通过对技术本质的反思、追问、领悟才有这种可能性。海德格尔将这种对技术本质的反思、追问、领悟称为"思"。在他看来，这里的"思"不是指传统认识论意义上的主体对客体的理性认识活动，"真正的思是人之为人的一种最本质的生存方式，它表明了人与存在的真实关系。在思中，人为存在所用，作为存在呈现自身的澄明之所。这就是说，思是人对那些呈现在他面前的东西的最基本的响应方式。因此，思也是人体察存在、追随天命的途径"。①

————————————

① 高亮华：《人文主义视野中的技术》，中国社会科学出版社，1996，第151页。

在"思"中，我们通过对技术本质的追问就可以使技术本身得到内在的超越，从而使技术统治所遮蔽、掩盖的存在真理重新得以澄明，存在的天命也将在对技术的追问中展现其自身。

此外，海德格尔从荷尔德林的诗歌那里找到了另一种拯救的方式，就是用艺术来攻克技术。在海德格尔看来，"艺术可以产生不带有形而上学的权力意志烙印的新的人类和社会形式，产生不再由生产性形而上学历史所引导的新的工作样式"。① 由此可见，艺术建立的基础是存在论，艺术不是作为人类控制自然的工具，而是服务于存在者的显现。存在者的显现也不是为了人类，而是为了显现自身。正如海德格尔所说，"由荷尔德林的诗歌所激发的艺术革命可以为人类塑造一种崭新的未来"。②

三　唐·伊德的技术现象学

唐·伊德于 1934 年出生在美国内布拉斯加州的奥尔尼市。他在本地的内布拉斯加大学获得了学士学位，并在波士顿大学继续深造，于 1964 年获得哲学博士学位。之后，他加入了纽约州立大学石溪分校的哲学系，并在那里度过了大部分的教学生涯。

伊德的学术生涯始于 20 世纪 60 年代，他对现象学和法国哲学特别感兴趣，研究包括梅洛-庞蒂和海德格尔在内的哲学家观点。这也成为他后来学术思想的重要基础。20 世纪 60 年代后期至 20 世纪 70 年代初期，伊德开始研究科学和技术在人类生活和经验中的重要性。他的著作《技术与实践》于 1979 年出版，这本书引入了他提出的重要概念——"技术体验"。他提出，技术不仅仅是一个客观实体，它更是我们与技术交互和经验的场所，对我们的感知、认知和身体存在产生影响。这种强调体验的视角使他在技术哲学领域里获得了丰硕的成果。20 世纪 90 年代，他出版了一些关键性的著作，如《技术与生活世界》和《后现象学》。在这些著作中，他探讨了现象学、存在主义以及科学技术对人类生存和身体认知的影响。

伊德在技术哲学领域有着突出的地位，他是哲学与技术协会（The

---

① Michael E. Zimmerman, *Heidegger's Confrontation with Modernity: Technology, Politics, and Art* (Bloomington and Indianapolis: Indiana University Press, 1990), p. 114.

② 乔瑞金主编《技术哲学教程》，科学出版社，2006，第 103 页。

Society for Philosophy and Technology，SPT）的创始会员之一。他还是 *Techné* 的编辑，并在该领域的研究和教育中发挥了重要作用。他的贡献不仅限于理论，还包括对科学和技术的伦理问题的探索。伊德在学术生涯中出版了大量重要的著作，包括《技术中的身体》和《技术与生活世界》。他的研究涉及科学、技术、哲学、艺术和认知科学等领域，为科技哲学和科技伦理研究提供了丰富的思考和理论基础。唐·伊德的学术成就和影响力使他成为当代技术哲学领域最重要的学者之一。他在技术哲学领域里最杰出的思想成就就是对于技术现象学的阐述。

　　唐·伊德的技术现象学是在批判地继承胡塞尔、海德格尔、梅洛-庞蒂的现象学基础上提出的。也就是说，唐·伊德是在后现象学的视域下思考人与技术之间的关系。笔者在这部分将首先分析唐·伊德的后现象学对传统现象学进行了哪些改造，然后在此基础上分析他是如何看待人与技术之间的关系的。

（一）唐·伊德的后现象学对传统现象学的改造

　　唐·伊德的后现象学对传统现象学中的若干概念进行了改造。首先，唐·伊德对传统现象学中的"意向性"这个概念进行了改造。这个改造一方面放弃了胡塞尔意向性概念中的"意"，也就是从意识转向非意识；另一方面沿用了意向性概念中的"向"，不过他强调的不是意识与对象的关系，而是行为与对象的关系。他在行为与对象的关系之间又插入了技术的因素。由此可见，胡塞尔的意向性连通了意识与对象之间的关系，而伊德的意向性连通了行为、技术、对象之间的关系，具体表现为：他消解了意识与对象之间的联系，强调了人、技术、对象之间的联系。这种人、技术、对象之间的联系就将传统现象学提出的"人-世界"意向性结构改造为"人-技术-世界"的意向性结构。

　　其次，唐·伊德对传统现象学中的"体验"这个概念进行了改造，用"经验"取而代之。体验在传统现象学中占据着核心地位，主要强调作为先验的主体对于世间万物的直观体验，带有一定的本质主义和形而上学的色彩。而经验带有一定的实用主义色彩，这里的实用主义不是传统意义上的实用主义，而是吸收了现象学和分析哲学的实用主义，具有反本质主义和反形而上学的特点。

　　再次，唐·伊德对传统现象学中的"意识"这个概念进行了改造，用"具身"取而代之。在唐·伊德看来，传统现象学最大的问题就是对意识的强调，这使得现象学没有完全摆脱传统认识论的思维模式，而伊德用具身这个概念取代了意识，特别强调了技术与身体的结合，摆脱了从主客体二元对立的模式看待技术的传统。伊德在此基础上提出了一个新的身体理论：技术化身体。这一理论充分展现了人与技术之间的具身关系。

最后，唐·伊德对传统现象学中的"变更"这个概念进行了改造。胡塞尔现象学提出了"想象变更"这个概念，该概念旨在帮助我们从直观中获取事物的本质。而伊德提出了"工具变更"这个概念，该概念特别强调了我们借助工具获得的体验，以及这种体验如何呈现为一个连续体。也就是说，"这一连续体是由'通过工具''与工具一道'来实现的，他通过放大镜展示了借助工具所获得的体验（具身体验），通过照片展示了通过工具所获得的体验（诠释体验）"。①

唐·伊德在对传统现象学进行改造的基础上提出了后现象学。如果说传统现象学是先验的、抽象的，那么后现象学就是经验的、具体的。总体而言，后现象学主要具有以下几个区别于传统现象学的特征。一是对先验意识意向性的拒斥。先验意识的意向性在胡塞尔现象学中具有至高无上的地位，但是伊德用技术意向性取代了先验意识的意向性，建立了"人-技术-世界"的意向性结构。这样的意向性结构颠覆了"人-世界"的传统意向性结构，建立了新的意向性结构。二是对技术与人关系的重视。胡塞尔将人与世界关系视为意识与对象之间的意向关系，而伊德则从技术的视角来看待人与世界的关系，也就是说，人与技术之间的不同关系决定了我们如何认识和理解世界。下面，我们就来具体分析伊德是如何看待人与技术之间的关系的。

（二）唐·伊德的人与技术的关系

唐·伊德关于人与技术之间关系的讨论是在批判地继承海德格尔的工具观基础上提出的。海德格尔将人在使用工具过程中人与工具之间的关系称为"上手状态"。这种"上手状态"忽略了人的感知行为。伊德超越海德格尔的地方就在于他尤其关注工具对人的感知行为的影响，以

---

① 杨庆峰：《翱翔的信天翁：唐·伊德技术现象学研究》，中国社会科学出版社，2015，第25页。

此拓宽我们对于人与技术之间关系的理解。在伊德看来，工具不是人体感官的延伸，而是可以构成主体的前理解结构。这个前理解结构决定了工具或技术对于人类经验的建构作用。至于技术如何能建构人类经验，这就涉及了唐·伊德提出的人与技术之间的四种关系。

第一种是具身关系，该关系的意向性结构为"（人-技术）-世界"。所谓具身关系，就是指人类并不是直接感知现实世界，而是通过一定的技术来感知。在这个感知过程中，技术具有很大程度的透明性，人与技术是融为一体的，人甚至根本就意识不到技术的存在。最典型的例子就是人通过眼镜来感知外部世界。

第二种是诠释关系，该关系的意向性结构为"人-（技术-世界）"。所谓诠释关系，就是指人类对世界的认识是通过解释技术实现的。与具身关系不同，在这种诠释关系中，人与技术并不是融为一体的，技术成了表征世界的载体。也就是说，在具身关系中，人通常是感知不到技术存在的；而在诠释关系中，人感知到的就是技术本身，通过技术，人可以认识和理解外部世界。最典型的例子就是人通过温度计来理解外面的天气状况。

第三种是它异关系，该关系的意向性结构为"人-技术（-世界）"。所谓它异关系，就是指人类不是通过技术来感知和认识世界，而是直接感知和认识这个技术本身。在它异关系中，技术有了一定的独立性，可以作为他者与人类直接发生关系。最典型的例子就是人与 ATM 机之间的直接互动。

第四种是背景关系，该关系的意向性结构为"人（-技术-世界）"。所谓背景关系，就是指技术在人们使用它的过程中成了一种背景，仿佛并不在场。只有当它损坏或者是出现故障的时候，人们才能感受到它的存在。最典型的例子就是空调和无线 Wi-Fi 与人形成的关系。

综上所述，虽然伊德提出的这四种人与技术的关系不尽相同，但都遵循"人-技术-世界"这个意向性结构。该意向性结构不再将技术视为一种非中立的工具，而是将技术视为连接人与世界的中介。这个作为中介的技术具有一种放大—缩小的功能，可以居间调节我们的知觉，使我们认识到被技术放大的事物特征，忽略掉被技术缩小的事物特征。由此可见，伊德的技术现象学所强调的人与技术之间的关系与海德格尔的技术现象学所强调的有很大程度上的相似性，他们都不再将其视为作为主体的人与作为工具的技术之间的关系，而是将其视为共生共在的关系，即人在不断制造出新技术的时候，也在不断接受新技术的形塑和改造。只不过，伊德在海德格尔的基础上特别强调了人与技术之间的具身性。至此，技术现象学既有对技术的形而上思考，又有对技术复杂性和丰富性的经验描述，实现了工程的技术哲学与人文的技术哲学之间的融合。

第三节　媒介现象学的兴起：以麦克卢汉为起点

海德格尔和唐·伊德的技术现象学无疑对麦克卢汉产生了重大影响。麦克卢汉的媒介理论与海德格尔的"技术解蔽论"和唐·伊德的"人-技术-世界"一脉相承。麦克卢汉是人类历史上具有跨时代意义的媒介学家。他所提出的"媒介即讯息""媒介即人的延伸""冷热媒介""重新部落化"等一系列媒介理论为传播学乃至整个媒介研究奠定了坚实的理论基础。不过，目前国内外对于麦克卢汉的研究主要表现为一种随意性言说，缺乏严密而深入的学理探讨，尤其是对于他思维方法的认识更是充斥着各种误解，甚至将他指责为狭隘的"媒介决定论"者。笔者认为，麦克卢汉提出的一系列媒介理论沿用了现象学中的"本质直观""主体间性""生活世界"等思维方式，我们可以把他视为媒介现象学的创立者。

一　"媒介即讯息"：一种本质直观的思维方法

"媒介即讯息"是麦克卢汉最著名的一个媒介思想。在以往的媒介研究中，人们往往只重视媒介的内容，重视媒介内容所产生的传播效果，而忽视了媒介的形式本身。因为他们认为媒介本身是中性的，不会对传播内容产生影响，同样的内容用不同的媒介进行传播所达到的效果是一样的。而"媒介即讯息"却认为："任何媒介，即人的任何延伸，对个人和社会的任何影响，都是由于新的尺度产生的。我们的任何一种延伸（或曰任何一种新的技术），都要在我们的事务中引进一种新的尺度。"①也就是说，在信息传播中最重要的不是传播的内容，而是传播这些内容的

---

① 〔加〕马歇尔·麦克卢汉：《理解媒介——论人的延伸》，何道宽译，商务印书馆，2000，第33页。

媒介形式本身。媒介本身就能对人和世界施加影响，就能推动社会的变革，媒介的内容反而成了次要的因素。笔者认为：麦克卢汉之所以能得出"媒介即讯息"这个结论，正是运用了"本质直观"这种现象学的方法。

现象学作为现代西方哲学中最重要的一种思潮，是以"本质直观"的方法而闻名于世的。现象学的主要任务是对近代欧洲理性观的批判，现象学的创始人胡塞尔认为："伽利略在从几何的观点和从感性可见的和可数学化的东西的观点出发考虑世界的时候，抽象掉了作为过着人的生活的人的主体，抽象掉了一切精神的东西，一切在人们的实践中所附有的文化特征。这种抽象的结果使事物成为纯粹的物体，这些物体被当作具体的实在的对象，它们的总体被认为就是世界，它们成为研究的题材。"① 这样一种主客体二元对立的思维方式必然导致工具理性和功利主义思想的泛滥，以及价值理性和人的精神追求的缺失。所以，胡塞尔主张人们要"对科学主义和非理性方法的真理概念进行一种彻底的反思和追溯，返回到古代思想的源头，即认为真理就是显现出来而被看到的东西，是直接被给予的自明的东西，其他一切（逻辑、概念、事物的存在等等）都是建立在这一基础之上，并由此得到彻底理解的"。② 这样一种哲学方法就称为"本质直观"，这种方法强调只有先验的纯粹意识才是我们认识事物本质的起点，只有通过先验纯粹意识的意向性活动我们才能把握住事物的本质。因此，我们需要通过现象学还原，即将后天的经验和成见"悬置"起来或者放入"括号"中，暂且不管。只有这样我们才能还原到纯粹的先验意识，才能还原到"本质直观"的起点。

虽然麦克卢汉在论述"媒介即讯息"的过程中没有明确提到"本质直观"的现象学方法，但是我们在他的论述中却能处处看到这种方法的影子。麦克卢汉在论述"道路""铁路""飞机""纸张""报纸""电影""电话"等近30种媒介对社会变革的决定作用的时候，将媒介的内容和其他社会因素"悬置"起来而只考察媒介本身的作用，这正是运用了"本质直观"的方法。因此，我们不能将麦克卢汉视为"媒介决定论"者，因为他并不是没有认识到媒介内容和其他社会因素的作用，而

① 〔德〕埃德蒙德·胡塞尔：《欧洲科学危机和超验现象学》，张庆熊译，上海译文出版社，1988，第71页。
② 邓晓芒：《胡塞尔现象学导引》，《中州学刊》1996年第6期。

仅仅是将它们暂时放入"括号"中不予考虑而已。就连麦克卢汉本人都说："我强调媒介是讯息，而不说内容是讯息，这不是说，内容没有扮演角色——那只是说，它扮演的是配角。"①

同时，麦克卢汉对媒介本质的研究也没有采用逻辑推理的方法，而是采用了"本质直观"的方法。在《理解媒介——论人的延伸》一书中，麦克卢汉是以近30种具体媒介向我们的意识呈现为基础来阐释媒介本质的。这种基于自我意识体验的阐释就是现象学中"本质直观"的思维方法，"它拒绝承载任何有关外部世界存在的超越内容而将自己完全限定在直接被给予的内在证据之上，只依据绝对自明的意识现象说话"②。正是这种绝对自明的意识的意向性活动才使得"本质直观"能够实现。在麦克卢汉看来，各种不同的媒介通过对人的感官经验的作用来构成人们的知觉环境，进而向人们提供日常生活的世界。这个世界并不是一个外在于人们的客观世界，而是媒介作用于人的感官意识而建构出来的主观世界。"媒介即讯息"就是对媒介本质的最好诠释。媒介的本质就是向我们呈现着的观念世界。

二　"媒介即人的延伸"与"冷热媒介"：一种主体间性关系中的媒介观

"媒介即人的延伸"是麦克卢汉继"媒介即讯息"之后又一个著名的媒介思想，这个思想也是麦克卢汉所有媒介思想的基础。我们之所以能够将媒介本身视为"讯息"，正是因为媒介在延伸了人体的感觉器官之后改变了人们的感知方式，进而推动了社会的变革。因此，麦克卢汉将人类社会的发展史看成媒介的发展史。在这里，作为"人的延伸"的媒介不仅仅是指通常意义上的报纸、广播、电视等大众媒介，更是指最广义的媒介，大众媒介仅仅是广义媒介中的一种。既然麦克卢汉将媒介定义为人体的延伸，那么只要某样东西能够对人体的感知器官进行延伸，增强人类的交流能力就都可以称之为媒介。正如麦克卢汉所说："媒介是

---

① 梅琼林：《透明的媒介：论麦克卢汉对媒介本质的现象学直观》，《人文杂志》2008年第5期。

② 范龙：《媒介现象学：麦克卢汉传播思想研究》，中国大百科全书出版社，2012，第52页。

我们身体和官能的延伸，无论衣服、住宅或是我们更加熟悉的轮子、马镫，它们都是我们身体各部分的延伸。为了对付各种环境，需要放大人体的力量，于是就产生了身体的延伸，无论工具或家具，都是这样的延伸。这些人力的放大形式，人被神化的各种表现，我认为就是媒介。"①这里面，麦克卢汉将衣服看成人体皮肤的延伸，将住宅看成人体温度控制机制的延伸，将轮子和马镫看成人体脚步的延伸。因此，作为"人的延伸"的最广义媒介是无处不在的。

笔者认为："媒介即人的延伸"这个思想的贡献不仅仅在于提出了作为"人的延伸"的最广义媒介的概念，更在于它推翻了在主客体二元对立思想下所形成的工具论媒介观，建立起了一种主体间性关系中的媒介观。

过去人们对于媒介的认识是建立在西方自笛卡尔以来的主客体二元对立的认识论之上的。笛卡尔"我思故我在"的思想开创了传统认识论，传统认识论强调主客体二元对立，人是主体，自然界是外在于人的客体，真理就是主体运用理性去认识客体而获得的，而媒介正是主体去认识客体的工具。因此，传统认识论仅仅把媒介看成沟通主客体的桥梁，持的是工具论媒介观。主体间性是胡塞尔现象学中的一个新概念，它摆脱了传统认识论的主客体二元对立的思维模式，建立起了主体与主体之间的交互共生关系。主体不再把自然界看成一个外在于自我的对象性客体，而是将其看成与自我一样的另一个对象性主体。自我主体与对象主体之间的交往所遵循的也不再是主体与客体之间的主从原则，而是主体与主体之间的交互原则。在这种主体间性的思维模式下，媒介就不再是主体认识客体的工具，而是外在于主体的独立发挥作用的另一个主体。媒介通过延伸人们的感知器官，从而影响人们的整体感知模式，进而推动人们生活状态的变革。因此，不仅是人创造了媒介，媒介也反过来塑造了人，人与媒介之间是一种交互共生的关系。麦克卢汉认为："没有一种媒介具有孤立的意义和存在，任何一种媒介只有在与其他媒介的相互作用中，才能实现自己的意义和存在。"②同理，单独的人也没有独立

① 〔加〕马歇尔·麦克卢汉：《麦克卢汉如是说：理解我》，何道宽译，中国人民大学出版社，2006，第39~40页。
② 〔加〕马歇尔·麦克卢汉：《理解媒介——论人的延伸》，何道宽译，商务印书馆，2000，第56页。

的价值和意义，人也只有在与其他主体，比如媒介的相互作用中，才能
实现自己的价值和意义。

此外，麦克卢汉另一个著名的"冷热媒介"理论也很好地体现了这
种主体间性关系中的媒介观。麦克卢汉将所有的媒介分为两类，一类是
"热媒介"，另一类是"冷媒介"。"热媒介"是高清晰度、低参与度的媒
介，如电影、广播、照片等；"冷媒介"是低清晰度、高参与度的媒介，
如报刊、图书、漫画、电视等。虽然麦克卢汉关于"冷热媒介"的划分
具有争议，但是这种划分很好地体现了人与媒介交互共生的关系。"冷热
媒介"是以人的参与程度来划分的，"任何媒介都不同程度地与'人的
参与'相关，因此它们天然地或具有'排斥性'，或具有'包容性'，而
这些特点又会对媒介的使用者——人本身——产生巨大的影响"。[①] 例
如，作为"热媒介"的电影与作为"冷媒介"的电话对人的影响就很不
同。电影提供的是较为清晰的信息，受众参与度低，不会轻易改变人们
习惯的思维模式；而电话"在许多方面是不连续的……它不会给你一个
完整的一揽子信息，它没有一个完整的形象。你不得不一边聆听一边构
建一个形象，从而改变自己的接受习惯和思维模式"。[②] 因此，"冷热媒
介"正是通过提供清晰程度不同的信息来影响人们的感知方式，进而反
作用于人，改变人们的思维方式。

总而言之，麦克卢汉的"媒介即人的延伸"和"冷热媒介"两个理论
揭示了人与媒介的交互共生的关系，体现了一种主体间性关系中的媒介观。
在这里，媒介不再是一个中性的、从属于人的工具，而是一个能够反作用
于人的主体。正如麦克卢汉所说，媒介是"人身上最富有人性的东西"。[③]

三 "重新部落化"和"地球村"：生活世界的回归

"重新部落化"也是麦克卢汉媒介理论中一个非常重要的思想，这
一思想是把整个人类媒介进化的历史过程分为三个阶段：从"部落化"

---

① 范龙：《媒介现象学：麦克卢汉传播思想研究》，中国大百科全书出版社，2012，第
79 页。

② 〔加〕马歇尔·麦克卢汉：《麦克卢汉如是说：理解我》，何道宽译，中国人民大学出
版社，2006，第 28、49 页。

③ 〔加〕马歇尔·麦克卢汉：《麦克卢汉如是说：理解我》，何道宽译，中国人民大学出
版社，2006，第 188 页。

到"非部落化"再到"重新部落化"。早期的"部落化"是指文字产生以前的人类生存状态，在前文字时期，人和人之间的交流主要通过语言以及动作、表情、声音、气味等进行。也就是说，在那个时代，人和人之间的交流必须调动我们的一切感知器官，并且这些感知器官之间没有高低之分，相互补充、相互协作，形成一个多感官协调作用的感知系统。麦克卢汉认为："文字发明之前，人生活在感官平衡和同步的世界之中。这是一个具有部落深度和共鸣的封闭社会。这是一个受听觉生活支配，由听觉生活决定结构的口头文化的社会。"① 在这里，麦克卢汉特别强调了"听觉"在"部落化"形成过程中的重要作用，他指出："由于要依靠口头言语获取信息，人们被拉进一张部落网。因为口语词比书面词承载着更丰富的情感——用语调传达喜怒哀乐愁等丰富的感情，所以部落人更加'自然'，更富于激情的起伏。听觉-触觉的部落人无意识地参与集体，生活在魔幻的、不可分割的世界之中。"②

不过，随着媒介的发展，文字的出现使"部落化"退出了历史的舞台。文字与口语最大的不同就在于，文字突出了视觉的重要性，赋予了视觉以至高无上的地位，进而打破了人体感知系统的平衡，撕破了前文字时代的部落网，使人类告别了"部落化"时代而进入了"非部落化"的时代。在麦克卢汉看来，"非部落化"是一个视觉中心主义的、"强烈分割的、个人主义的、显豁的、逻辑的、专门化的和疏离的"③ 时代。

由于文字的出现，人类从"部落化"时代进入"非部落化"时代，这确实是一次重大的社会转型。但是，麦克卢汉进一步认为，电子媒介的出现使人类社会正在经历"重新部落化"的又一次重大转型。与视觉媒介不同，视听兼备的电子媒介恢复了在"非部落化"时代被破坏的人类感知系统的平衡，使人体的所有感觉器官能够重新协调运作起来，因此，麦克卢汉指出，电子媒介是人类中枢神经系统的延伸。正如他所说："电子媒介的功能仍是使我们的感知得到延伸，就像原有的机械媒介一

---

① Eric McLuhan, Frank Zingrone, eds., *Essential McLuhan* (Toronto: House of Anansi Press, 1995), p. 239.

② Eric McLuhan, Frank Zingrone, eds., *Essential McLuhan* (Toronto: House of Anansi Press, 1995), p. 240.

③ Eric McLuhan, Frank Zingrone, eds., *Essential McLuhan* (Toronto: House of Anansi Press, 1995), p. 240.

样：轮子是腿脚的延伸，衣服是皮肤的延伸，拼音文字是视觉的延伸。但是，电子媒介的功能不止于此。它们使我们的整个中枢神经系统得以提高和外化，它们对于人类而言，是更高层次的综合延伸。"① 正是作为中枢神经系统延伸的电子媒介使人类从"非部落化"的生存状态中走出来，重新回归"部落化"的生存状态。人类社会就这样经历了从"部落化"到"非部落化"再到"重新部落化"的"否定之否定"的螺旋式上升的发展过程，麦克卢汉将这种"重新部落化"的结果称为"地球村"。

"地球村"这个概念是 20 世纪 60 年代麦克卢汉在接受《花花公子》采访时详细阐述的，是指人造地球卫星与电视的结合使浩瀚无垠的世界缩小成了一个"天涯若比邻"的村庄。正如麦克卢汉所说，"卫星与电视相结合的产物，就是一个为信息所席卷的世界……在这个世界里，空间和时间的差异在新型媒介的作用下已经不复存在。这是一个同步的、'瞬息传播'的世界，因此也是一个鸡犬相闻如村落的世界"。② 也就是说，正是电子媒介使人类"重新部落化"，进而造成了"地球村"的出现，"地球村"是"重新部落化"的发展和延续。

从麦克卢汉对"重新部落化"和"地球村"的论述中我们可以看出，他对"重新部落化"和"地球村"是持赞美态度的，对"非部落化"是持批判态度的。麦克卢汉之所以持这样的态度是因为他对生活世界的推崇。生活世界理论是胡塞尔现象学中的一个重要思想。胡塞尔认为"生活世界是一个前科学、前哲学的奠基性的世界，它是一切科学和哲学产生的基础，具有非抽象、非概念化、非逻辑化的绝对朴素性特征"。③ 这是一个只有在日常生活中通过知觉才能被人们所经验到的世界，与由近代自然科学与绝对理性所构筑起来的科学世界相对。胡塞尔认为，西方近代危机的根源就在于科学世界对生活世界的遮蔽，摆脱危机的唯一出路就是回归生活世界。生活世界才是科学世界的前提和基础，才是人类生存的家园。回归生活世界实际上就是回归到统一、完善、有

---

① Eric McLuhan, Frank Zingrone, eds., *Essential McLuhan* (Toronto: House of Anansi Press, 1995), p. 245.

② Eric McLuhan, Frank Zingrone, eds., *Essential McLuhan* (Toronto: House of Anansi Press, 1995), p. 258.

③ 范龙:《媒介现象学：麦克卢汉传播思想研究》，中国大百科全书出版社，2012，第34页。

机的感知经验中去，即回归到"整体的人"。因为只有"整体的人"才能感知到生活世界，"单向度的人"只能感知到科学世界。麦克卢汉之所以批判文字和印刷术，就在于他认为文字印刷传播只是延伸了我们的视觉，打破了人类感知的统一和平衡，使人类进入了"非部落化"的生存状态。因此，麦克卢汉认为电子媒介延伸了我们的整个中枢神经系统，使我们"重新部落化"，使世界变成了"地球村"，进而使我们回归到了"整体的人"，也就回归到了生活世界。

四　媒介现象学路径：以麦克卢汉的媒介观为起点

综上所述，无论是"媒介即讯息"、"媒介即人的延伸"与"冷热媒介"，还是"重新部落化"与"地球村"，都沿用了现象学的思维方法。现象学对整个西方哲学的思维方法产生了革命性的影响。传统西方哲学的思维方法分为唯理主义与经验主义两种，唯理主义的思维方法强调从"一般"到"个别"的演绎推理；经验主义的思维方法强调从"个别"到"一般"的归纳总结。这两种思维方法虽然表面上路数相反，但都是以现象与本质的二元对立为前提，都强调人们无法从个别现象中把握到一般本质。现象学"本质直观"的思维方法具有革命性的意义就在于它超越了传统的唯理主义与经验主义的思维方法，主张人们可以从个别现象中直观到一般本质，进而消解了现象与本质的二元对立，提出了"现象即本质"的著名命题，从而在唯理主义与经验主义之外开辟了一种新的思维方法。这种思维方法第一次从"人的存在"的视角来观照世界，第一次将世界看成人类纯粹意识的意向性活动的产物。

麦克卢汉将现象学方法引入传播学以后也为传播学研究开辟了一个新的研究领域，即媒介现象学。传统的传播学研究被分为两大学派，即经验学派与批判学派。经验学派所采用的实证研究继承了经验主义的思维方法，这种研究方法的局限在于它仅仅从有限的可量化的经验中做出判断，而忽略了与"人"相关的其他不可量化的人文经验；批判学派所采用的批判研究继承了唯理主义的思维方法，这种研究方法的局限在于它总是从某个既定的概念和立场出发，意识形态色彩太浓。媒介现象学的研究思路就巧妙地克服了二者的局限，它从"人的存在"视角对媒介做了非意识形态化的阐释，进而从存在论层面揭示了媒介所蕴含的哲学意蕴。

　　哲学的根本问题是思考人与世界的关系。麦克卢汉从存在论层面考察媒介，所要揭示的也正是人与世界的媒介性关系，即"媒介构成了人类生存其间的知觉环境，它在本质上就是向我们呈现着的世界"。① 因此，我们可以说麦克卢汉的媒介理论是一种哲学理论，体现了媒介现象学的思想立场和思维方法。在媒介现象学的视野里，媒介是泛化的媒介，它不是一种主客体关系中的中性的工具，而是一种主体间性关系中的非中性的本体或主体，人和世界都存在于媒介之中，媒介在一定程度上规定了人和世界的意义。也就是说，"媒介不是沟通世界的桥梁，媒介就是世界本身；世界不是借由媒介来表现，世界就存在于媒介中；人不是通过媒介去认识世界，人就生活在媒介的世界里"。② 在这个意义上我们甚至可以提出一个新的命题，即"媒介是存在之家"。由此可见，媒介现象学的建立正是继承和发展了麦克卢汉的媒介思想。在时过境迁的现在，人们提起麦克卢汉时，仍然沉浸于对其"媒介三论"琐碎的理解之中，而忽略了他想要系统性地建构整个人类世界的媒介分析框架的雄心。"密涅瓦的猫头鹰总是在黄昏之后起飞"，在麦克卢汉理论被普遍误解的今天，我们必须重新挖掘他所遗留下来的宝贵遗产，以及凝视其为我们开辟的关于媒介技术分析的深远道路。

　　总而言之，麦克卢汉无疑是媒介现象学领域的先知先觉者，是最早从哲学的视角和高度来审视媒介的媒介学家之一。因此，我们可以说传播学基于媒介现象学路径的创新是以麦克卢汉的媒介观为起点的。具体而言，麦克卢汉的媒介观为传播学的创新奠定了三个基调。

　　第一，传播学的研究对象不应该是媒介的内容，而应该是媒介本身。正如麦克卢汉所言："我们对所有媒介的传统反应是，如何使用媒介才至关重要，这就是技术白痴的麻木态度，因为媒介的'内容'好比是一片鲜美的肉，破门而入的窃贼用它来涣散思想看门狗的注意力。"③ 麦克卢汉以"看门狗"这一隐喻来形容传播学研究长期以来只关注传播内容，

---

① 范龙：《媒介现象学：麦克卢汉传播思想研究》，中国大百科全书出版社，2012，第59页。

② 范龙：《媒介现象学：麦克卢汉传播思想研究》，中国大百科全书出版社，2012，第59页。

③ 〔加〕马歇尔·麦克卢汉：《理解媒介——论人的延伸》，何道宽译，商务印书馆，2000，第45~46页。

忽视传播媒介的情况，也表达出他对实证主义传播研究的批判。麦克卢汉以电为例来说明媒介甚至是可以没有内容的。他指出："电光是单纯的信息。它是一种不带讯息的媒介……这个传播媒介之所以未引起人们的注意，正是因为它没有'内容'。"①

第二，媒介不是一种实体，而是一种隐喻。如果我们将媒介视为一种实体，或者说是一种实际存在的工具，那么媒介本身反而不重要了，因为作为实体的媒介只是一种承载内容的工具，重要的是其所承载的内容所能造成的功能和效果。传播学研究就只能停留在功能研究和效果研究，媒介研究也就会被传播学忽视。而作为隐喻的媒介往往以隐秘的方式指导我们如何看待世间万物，以不为人注意的方式重塑人与世界的关系。媒介研究自然也就成为传播学研究中的重中之重。

第三，"媒介是社会的组织者和行动者。媒介变量的发展变化（包括力量、速度、范围等要素的变革）会重新建构目前的各种关系，从社会关系到人的感官比例都会因为媒介框架的变革而发生变化"。② 这就是说，在麦克卢汉看来，一种新的媒介技术的出现必然会创造一种新的媒介环境。这种新的媒介环境会对旧的媒介环境进行加工和改造，进而重构原有的社会结构和感官结构。在重构的过程中，原有的社会结构和感官结构不会完全消失，它们会在新的媒介环境中被重新理解和审视。

---

① 〔加〕马歇尔·麦克卢汉：《理解媒介——论人的延伸》，何道宽译，商务印书馆，2000，第34~35页。

② 胡翼青主编《西方媒介学名著导读》，北京大学出版社，2023，前言第11页。

第四章 基于媒介现象学的媒介理论研究

从麦克卢汉的媒介现象学为传播学创新奠定的三个基调来看，媒介理论研究将成为媒介现象学视域下传播学重要的关注领域，也将成为超越主客二元论传播学的一个重要契机。媒介理论研究超越主客二元论传播学的地方就在于对于媒介的不同理解。媒介理论研究并不是将媒介视为主客体二元对立框架之内的实体，而是将媒介视为一种现象学视域下的无形无相的隐喻，这极大地丰富了媒介的内涵，也重新审视了媒介的功能和地位，让媒介不再被视为一个不太重要的承载和传递信息的工具，而是被视为能够重构人与世界之间关系的本体。人与媒介的关系不再被视为主体与工具的关系，媒介与世界的关系也不再被视为反映与被反映的关系，这些关系更多被强调为媒介对人和世界的生成与建构，并在此基础上形成彼此之间共生共在的关系。这种本体论媒介观既符合新媒体的本质，也能让传播学超越主客体二元对立的研究范式。因此，作为本体的媒介理应成为新媒体时代传播学的研究核心，从媒介的视角来理解人与世界的关系理应成为新媒体时代传播学的主要研究视角，媒介理论研究也理应成为新媒体时代传播学的研究范式。这不仅是一种超越，也是一种回归，即回到传播学的最基本出发点。

人文社会科学归根到底都以"人"为研究对象，例如，文学、历史学、哲学、艺术学、宗教学、伦理学等人文科学以人的精神属性为研究对象；社会学、政治学、经济学、法学等社会科学以人的社会属性为研究对象。那么，传播学应该从什么角度对"人"进行研究呢？这应该是传播学存在和发展的最基本出发点。

传播媒介的不断发展变化会改变人类的存在方式，这种变化包括："人的时空观念如何因传播和媒介的变化而变化；人们头脑中不同观念重要性排序如何因传播和媒介的变化而变化；历史与未来通过媒介以何种新的方式进入我们的观念世界；如何通过媒介和传播弥补已经消逝的社会行为引发的真空；如何通过媒介和传播缓解新出现的社会行为引发的焦虑；如何通过新媒介和传播重新审视人类旧关系的延伸和新关系的创立。另外，最重要的就是，这种观念、行为方式和社会关系的变化又以何种方式反过来强化或弱化新媒介的偏向与发展。"①　因此，当前的传播学研究应该打破既有的主客体二元对立的研究范式的束缚，超越对于媒介内涵的狭隘认识，回到"传播媒介与人类存在的关系"这一最基本出发点，即从媒介的角度来认识人的本质和社会的属性，探讨媒介对于人和社会有何影响，发现媒介能为我们建构一个怎样的世界，揭示媒介技术与社会文化之间能发生怎样的互动，从而"逐步建构出一门研究关于人、社会、传媒、信息、行为之间持续交互过程的传播学科，进而从这一学科视角定义人性与世界的本质"。②　由此可见，媒介理论研究的兴起对于新媒体时代的传播学来说，是必然和应然会发生的事情。

　　基于此，本章共分为三节，这三节分别论述近年来与媒介理论研究相关的三大学派和思潮，它们分别是：媒介环境学派、媒介技术哲学、媒介化理论。这三大学派和思潮不仅仅是一种并列关系，更是一种递进关系。这就是说，媒介环境学派为传播学研究摆脱主客体二元对立的框架做了最初的铺垫，将传播学的研究对象从"内容"转向了"媒介"，将被内容遮蔽的媒介的物质性凸显了出来，让人们看到了媒介对人与社会的作用和影响。但是，媒介环境学派并没有完全摆脱主客体二元对立的框架，因为它们仍然将媒介视为一个外在于人与社会的静态结构，仍然站在主体哲学的立场上看待媒介与人的关系，也就是将主体的先验能力视为将人从技术的控制之下解放出来的关键，并没有看到媒介与人、媒介与社会之间是一种不可分离的、共生共在的动态关系。与媒介环境学派不同，媒介技术哲学就看到了媒介的动态生成性，不再将媒介视为一个静态结构，也不再将人视为独立于媒介的主体，而是将媒介技术与人之间的关系视为互嵌互为的相互生成关系。在媒介技术哲学的基础上，媒介化理论也看到了媒介与社会之间相互交融、相互影响、共同发展的关系。由此可见，媒介技术哲学和媒介化理论真正摆脱了主客体二元对立的框架，

---

① 胡翼青：《重塑传播研究范式：何以可能与何以可为》，《现代传播（中国传媒大学学报）》2016 年第 1 期。
② 杜骏飞、周玉黍：《传播学的解放》，《新闻记者》2014 年第 9 期。

为传播学带来了更广阔的发展空间。

　　总体而言，虽然这三大学派和思潮对于媒介的理解，对于媒介与人、媒介与世界的关系的理解不尽相同，但是它们都是在媒介现象学视域下来审视媒介，都主要关注媒介的物质性而不是媒介的内容，都在以媒介的视角审视人与人、人与世界的关系。这三大学派和思潮对于媒介的研究为我们指明了新媒体时代传播学创新的路径，也让我们看到了传播学在新媒体时代摆脱自身危机的希望。

第一节　媒介环境学派的媒介理论研究

　　媒介环境学这个术语最早由美国学者尼尔·波兹曼在 20 世纪 60 年代末提出。他在 1968 年召开的美国英语教师协会理事会会议上第一次公开提出媒介环境学，并将其定义为"把媒介当作环境的研究"。这句话表明了两层意思：一是媒介环境学的研究对象是媒介；二是媒介可以被当作环境来理解。也就是说，媒介就像空间和水一样，成为人类生存其中的环境。媒介环境学的正式制度建设是于 1970 年在纽约大学开始的。媒介环境学的第一个博士点是由波兹曼与另外两位学者特伦斯·莫兰、克里斯琴·尼斯特洛姆在纽约大学正式创建的，至此媒介环境学的制度建设的帷幕正式拉开了。到了 20 世纪末，美国的多伦多学派和纽约学派实现了整合，成立了媒介环境学会，该学会迅速成为美国全国传播学会的团体会员，后来又在 2002 年加入美国东部传播学会，2003 年加入国际传播学会。至此，媒介环境学作为一个具有世界影响力的学术组织开始受到学术界的关注。

　　总体而言，媒介环境学的研究内容和学术观点主要包含以下三个相互关联的对于媒介的理解：①媒介不是中性、透明地传递和承载信息的载体和工具，而是具有内在和自主逻辑的结构性力量；②不同的媒介具有不同的偏向性，即不同媒介所具有的不同的技术属性决定了其不同的传播方式，这些不同的传播方式预先设定了不同的偏向，这些不同的偏向会造成不同的政治、经济、文化、社会等方面的后果；③媒介是造成社会结构变化和人类文明变迁的一个重要力量，不同的主导媒介构成的媒介环境对应不同的社会结构和历史时期。

笔者在本节主要介绍三位媒介环境学派理论家的媒介理论：伊尼斯、波兹曼、莱文森。之所以选择这三位理论家，是因为他们分别是媒介环境学派三代研究者的主要代表人物。其中，伊尼斯是媒介环境学派第一代主要代表人物（事实上，麦克卢汉也是第一代主要代表人物，但是麦克卢汉的媒介理论在第三章第三节已经有详细的论述，这里将不再重复讲述），波兹曼是媒介环境学派第二代主要代表人物，莱文森是媒介环境学派第三代主要代表人物。

一　哈罗德·伊尼斯：媒介的偏向

哈罗德·伊尼斯于 1894 年 11 月 5 日出生在加拿大安大略省。1912年，伊尼斯进入麦克马斯特大学攻读经济学学士学位，获得学士学位后他继续在麦克马斯特大学攻读硕士学位，并于 1918 年获得硕士学位，随后转入美国芝加哥大学攻读博士学位，并在 1920 年获得经济学博士学位。

伊尼斯博士毕业之后回到加拿大多伦多大学任教，从事经济学的教学和研究工作。他在经济学领域取得了一定的声誉，并在加拿大和国际上发表了多篇文章和多本著作。从 20 世纪 40 年代起，伊尼斯开始转向传播学领域的研究，并成为媒介环境学第一代的杰出代表。他的媒介理论主要体现在他的两本重要著作《帝国与传播》和《传播的偏向》之中。他在这两本著作中提出了著名的"媒介偏向论"。

根据加拿大独特的地理状况和经济史，伊尼斯在早期研究商品贸易理论时发现了媒介对于组织机构能够产生重要的影响。在此基础上，他从媒介的视角进入对现代西方文明的研究。因此，伊尼斯的"媒介偏向论"就是为了解决现代西方文明所面临的危机而提出的。他考察了在西方文明不同发展阶段的兴衰过程中媒介所扮演的关键角色，并得出了媒介的时空偏向对文明的兴衰会造成重要的影响这一判断。

媒介的偏向就是媒介对时间和空间的偏向。这种偏向决定了"传播媒介对知识在时间和空间中的传播产生重要影响，因此有必要研究传播的特征，目的是评估传播在文化背景中的影响。根据传播媒介的特征，某种媒介可能更适合知识在时间上的纵向传播，而不是适合知识在空间中的横向传播，尤其是该媒介笨重而耐久，不适合运输的时候；它也可能更加适合知识在空间中的横向传播，而不是适合知识在时间上的纵向传播，尤其是该媒介轻巧而便于运输的时候。所谓媒介或倚重时间或倚重空间，其涵义是：对于它所在的文化，它的重要性有这样或那样的偏向"。①

根据时空偏向的不同，伊尼斯将媒介分为倚重时间的媒介和倚重空间的媒介。"倚重时间的媒介，其性质耐久，羊皮纸、黏土、石头即为其例。这些笨重的材料适合建筑和雕塑。倚重空间的媒介，耐久性比较逊色，质地比较轻。后者适合广袤地区的治理和贸易。"② 根据媒介的物理属性来划分媒介的时空偏向仅仅是第一步。"如果对伊尼斯的论述进行深入分析，我们会发现当他使用'传播媒介'这个概念时，这个概念通常不但指所使用的原材料——石头、泥板、羊皮纸，或纸张——而且指具体化在这些媒介中的传播形式，如象形文字、楔形文字、拼音文字。因此，是媒介与传播形式的结合，使得社会建构其关于世界的知识时，预先倾向于某一特殊的方向。"③ 例如，虽然古埃及和古罗马都使用莎草纸这种物理属性的媒介，但是古埃及使用的是象形文字，古罗马使用的是拼音文字。这两种不同的传播形式造就了古埃及和古罗马完全不同的文明。

媒介对文明的造就是通过知识传播的方式来完成的。因此，媒介对于知识传播的影响也是伊尼斯关注的重点。正如他所言："一种媒介经过长期使用以后，可能会在一定程度上决定它传播的知识的特征。"④ 具体而言，媒介对知识传播的影响主要体现在以下三点。

首先，媒介对知识内容的影响。伊尼斯认为："黏土和石头上的文字比莎草纸上的文字，能够更加有效地保存，因为物质产品突出时间和持久性。"⑤ 这就表明，时间偏向的媒介更适合知识在时间维度上传播，也就是说，刻在时间偏向媒介上的知识通常指向过去，将接受者的关注点

---

① 〔加〕哈罗德·伊尼斯：《传播的偏向》，何道宽译，中国人民大学出版社，2003，第27页。

② 〔加〕哈罗德·伊尼斯：《帝国与传播》，何道宽译，中国人民大学出版社，2003，第4页。

③ Paul Heyer, *Harold Innis (Critical Media Studies: Institutions, Politics, and Culture)* (Boulder: Rowman & Littlefield, 2003), p. 63.

④ 〔加〕哈罗德·伊尼斯：《传播的偏向》，何道宽译，中国人民大学出版社，2003，第28页。

⑤ 〔加〕哈罗德·伊尼斯：《传播的偏向》，何道宽译，中国人民大学出版社，2003，第28页。

也引向历史，强调知识和文化起源的重要性。而空间偏向的媒介（比如莎草纸）容易破损，不耐用，刻在空间偏向媒介上的知识就很难在时间维度上传承下去。但是，空间偏向的媒介便于运输，易于在空间上扩展，因此，知识的广度和丰富性、多样性更容易引起接受者的关注，知识也更容易广泛传播。

其次，媒介对知识形式的影响。时间偏向的媒介由于在空间维度上的传播能力非常有限，正好保护了口语传统。正如伊尼斯所言："在希腊，文字的引进大概拖延到公元前7世纪初。大量而经常从埃及得到莎草纸有困难，石头用作媒介又有局限性——这些因素相加的结果，是保护了希腊人的口语传统。"① 而空间偏向的媒介带来的知识形式是自然科学、几何学、税收的计算法、航海术、价格体系等。伊尼斯也指出："在希腊生活中，人们对几何学和空间关系的关注，在他们殖民的过程中得到强化。在这个过程中，他们关心土地，执着地寻找土地。"②

最后，媒介对知识生产地方的影响。时间偏向的媒介由于难以运输，所以刻在其上的知识也以地方知识为主。而空间偏向的媒介由于便于运输，所以刻在其上的知识就能突破地方的局限，生产出统一的、全球化的知识。

媒介通过影响知识的生产，进而影响文明的兴衰。"传播媒介的性质往往在文明中产生一种偏向，这种偏向或有利于时间观念，或有利于空间观念。只有在很罕见的间歇期，另一种媒介的影响才能抵消其偏向。"③ 文明的偏向源于主导媒介形成的知识垄断。而知识垄断的加剧也会给文明带来严重的后果，因为某些社会阶层会支持知识的垄断，进而扼杀思想的创造力。比如，在古埃及和古巴比伦，"知识垄断在很大程度上受到僧侣组织的支配，受到楔形文字和象形文字这类复杂文字的保护"。④ 又比如，在欧洲的中世纪，"羊皮纸成为通用的媒介。凭借这个媒介，基督

① 〔加〕哈罗德·伊尼斯：《传播的偏向》，何道宽译，中国人民大学出版社，2003，第33页。
② 〔加〕哈罗德·伊尼斯：《传播的偏向》，何道宽译，中国人民大学出版社，2003，第34页。
③ 〔加〕哈罗德·伊尼斯：《传播的偏向》，何道宽译，中国人民大学出版社，2003，第53~54页。
④ 〔加〕哈罗德·伊尼斯：《传播的偏向》，何道宽译，中国人民大学出版社，2003，第31页。

教逐渐建立了对知识的垄断"。①

　　一种媒介获得了垄断的地位，必然会引来另一种媒介的竞争。伊尼斯指出：在古埃及，"以石头和象形文字为核心的知识垄断，受到莎草纸的挑战。后者是一种更为有效的新媒介"。② 这种竞争往往是在边缘地区率先出现的，因为垄断媒介在边缘地区的力量相对薄弱。伊尼斯以拼音文字在古埃及和古巴比伦的边缘地区率先出现为例对这一现象加以说明："闪米特民族在和埃及人的接触中，显然在巴勒斯坦发明了一种拼音字母，然后在腓尼基海岸边完善了这个字母表。他们从埃及人那里得到莎草纸，又熟悉苇管笔，所以这些处于边缘的闪米特人能够借用埃及文字中最简单的符号，并抛弃其中复杂的成分。"③

　　不同媒介之间的此消彼长，会形成新的知识垄断，进而形成新的文明。历史就在这种媒介的竞争过程中经历平衡到不平衡到再度平衡的过程。文明的兴衰与更替就在这个否定之否定的过程中完成。因此，伊尼斯根据媒介的发展变化将历史分为 9 个时期，并提出一种以媒介的视角来审视历史的文明史观。正如伊尼斯所言："我这篇讲话按照传播媒介将世界史分为以下几个时期：从两河流域苏美尔文明开始的泥版、硬笔和楔形文字时期；从埃及的莎草纸、软笔、象形文字和僧侣阶级到希腊-罗马时期；从苇管笔和字母表到帝国在西方退却的时期；从羊皮纸和羽毛笔到 10 世纪或中世纪的时期，在这个时期，羽毛笔和纸的使用相互交叠，随着印刷术的发明，纸的应用更为重要；印刷术发明之前中国使用纸、毛笔和欧洲使用纸、羽毛笔的时期；从手工方法使用纸和印刷术到 19 世纪初这个时期，也就是宗教改革到法国启蒙运动的时期；从 19 世纪初的机制纸和动力印刷机到 19 世纪后半叶木浆造纸的时期；电影发展的赛璐珞时期；最后是 20 世纪三四十年代到现在的电台广播时期。"④

---

① 〔加〕哈罗德·伊尼斯：《传播的偏向》，何道宽译，中国人民大学出版社，2003，第 40 页。

② 〔加〕哈罗德·伊尼斯：《传播的偏向》，何道宽译，中国人民大学出版社，2003，第 28~29 页。

③ 〔加〕哈罗德·伊尼斯：《传播的偏向》，何道宽译，中国人民大学出版社，2003，第 31 页。

④ 〔加〕哈罗德·伊尼斯：《传播的偏向》，何道宽译，中国人民大学出版社，2003，前言第 9~10 页。

虽然伊尼斯的媒介偏向论从古埃及和古巴比伦时期谈起，但是他最终的落脚点还是现代西方文明。他试图以媒介的视角来审视文明的更替，进而揭示现代西方文明的危机。他认为，现代西方文明是由印刷媒介造就的，印刷媒介的空间偏向使得现代西方文明有一种优越感，丧失了对历史的关注，导致了地方主义，加剧了世界的分裂和冲突。而伊尼斯特别偏爱口语传统，因为他认为，古希腊的口语传统滋生了辉煌的古希腊文明，现代西方文明想要走出危机需要重视历史和社会的连续性。总之，伊尼斯认为，以"平衡"来矫正"偏向"，是现代西方文明走出危机的必要条件。

二　尼尔·波兹曼：反思电子媒介的统治

尼尔·波兹曼于 1931 年 3 月 8 日出生在美国纽约市，于 1953 年在纽约州立大学弗雷多尼亚分校获学士学位，并分别于 1955 年和 1958 年在哥伦比亚大学获得硕士学位和博士学位，1959 年开始在纽约大学教育学院任教。1971 年，波兹曼在麦克卢汉的建议下在纽约大学创办了第一个媒介环境学专业和博士点，并以此为基础在随后三十多年的时间里培养了数十名媒介环境学专业的学生。1998 年，他参与创立了媒介环境学会。波兹曼一生著作颇丰，其中，《童年的消逝》《娱乐至死》是他最著名的关于媒介理论的两部著作。在这两部著作中，波兹曼对电子媒介的统治进行了反思和批判。下面，我们就主要介绍这两部著作中的媒介理论。

（一）《童年的消逝》：电视导致童年的消逝

在《童年的消逝》中，波兹曼认为，"童年"不是一个生理学意义上客观存在的概念，而是一个媒介环境建构的结果。他在全书中主要论述了两个观点：一是印刷媒介如何建构了童年；二是电子媒介（尤其是电视）如何解构了童年。

在波兹曼看来，童年在印刷媒介出现之前的中世纪是不存在的。人的一生以 7 岁为界限仅仅被分为两个时期：7 岁之前的婴儿期和 7 岁之后的成年期。之所以以 7 岁为界限，是因为一个人在 7 岁的时候就已经能够熟练掌握口头语言了。口语的传播方式决定了传播活动是通过此时此地和面对面的方式完成的。一个儿童只要掌握了语言的表达和理解能力，就能跟成年人共享相同的媒介环境，也能理解相同的社会文化。因此，在口语传播阶段，没有童年和成年的区分，也就是童年是不存在的，因为他们接收信息的方式是一样的，他们所了解的社会文化知识也差别不大。

随着印刷媒介和识字文化的出现，童年这个概念才逐渐被建构起来。印刷媒介特有的信息传播和接受方式使得所有知识和信息只有依靠阅读才能获得，而阅读对一个人的识字、判断、思考能力都有较高的要求。这就使得不具备健全阅读能力的儿童无法与成年人共享相同的媒介环境和社会文化，具有阅读能力的人和不具有阅读能力的人之间具有了明显的界限。这种界限将儿童从成人的世界里分离出来，成为一个缺乏理解力和判断力、需要受到特殊保护和培育的弱势群体。

然而，到了19世纪30年代，电报的出现率先打破了已有的媒介环境，"改变了儿童所能享用的信息的种类、信息的质量和数量、信息的先后顺序以及体验信息的环境"。① 此后，随着照相机、电话、留声机、电影、电视等电子媒介的出现，诉诸情感和直观的图像媒介扑面而来，电子媒介和图像媒介打破了童年这个概念所需要的信息和知识等级制度，童年也就逐渐被消解。

波兹曼重点分析了电视是如何消解童年的，因为电视是集电子媒介和图像媒介于一身的典型代表，也是消解童年的"罪魁祸首"。电视以转瞬即逝的图像为主要的载体和形式，而观看和理解图像的能力不需要经过漫长的学习和历练就能获得，是一种与生俱来的感性能力，虽然也有高低之分，但是不会太影响我们对图像的观看和理解。也就是说，任何人都能多多少少理解图像所要表达的意思，感受到图像所要传达的情绪。因此，电视能以一种开放的姿态面向所有观众，并不会造成信息和知识的等级制度，而这一等级制度是建构童年的必要条件。等级制度的消解也就标志着童年的消逝。

在电视时代，电视在瓦解印刷媒介构筑的等级制度的时候，不仅消解了童年，也重新定义了成人这个概念。电视时代的新成人与印刷时代的旧成人之间有很多迥异之处。在政治方面，电视直接导致新成

---

① 〔美〕尼尔·波兹曼：《童年的消逝》，吴燕莛译，中信出版社，2015，第104页。

人的政治意识大幅降低，主要表现为新成人不再通过理性去思考政治问题，仅仅依靠自己的感性做出判断，这直接导致原本理性、严肃的政治事件被降格为对直观政治形象的情绪化反应。在新闻方面，电视新闻"像缺乏明显特征的溪流从我们的头脑中洗刷过去。这是电视的催眠作用，它使人们的理智和情感变得迟钝了"。[①] 这就是说，电视播出的新闻事件是支离破碎的，不需要观众用理性来思考，也不需要观众解决任何问题。在广告方面，旧成人在对待印刷广告的态度与儿童是完全不同的，旧成人对待印刷广告的态度是理性的，对于商品的消费也是理性的。"电视广告演变为一种宗教神学，它拒绝理性和思考，蔑视线性、枯燥、无趣的说理性文字，倚重图像、符号和宗教语言。"[②] 这就是说，新成人与儿童在对待电视广告的态度和行为上的界限也逐渐模糊。

总之，波兹曼在《童年的消逝》一书中从媒介演变的视角分析了童年的建构与消解的历史，试图说明以电视为代表的电子媒介正在瓦解由印刷媒介构筑起来的媒介环境，其后果就是儿童与成人之间的界限正在被消解。

（二）《娱乐至死》：从"媒介即隐喻"到"媒介即认识论"

《娱乐至死》这本书的封面就有一个令大家感到非常奇怪的图画：一家四口坐在电视机前看电视，但是他们都没有头颅只有躯干。其实这幅图画就正好暗示了波兹曼的预言：人类将沉溺于由电视所带给我们的感性的娱乐世界，而丧失理性思考能力。

1. 媒介即隐喻

波兹曼从麦克卢汉的"媒介即讯息"引申出了"媒介即隐喻"的观点，即媒介不仅有传播信息的功能，而且"是一种隐喻，（它）用一种隐蔽但有力的暗示来定义现实世界。不管我们是通过言语还是印刷的文字或是电视摄像机来感受这个世界，这种媒介-隐喻的关系，都会对这个世界进行分类、排序、构建、放大、缩小、着色，并且证明一切存在的理

---

① 〔美〕尼尔·波兹曼：《童年的消逝》，吴燕莛译，中信出版社，2015，第153页。
② 〔美〕尼尔·波兹曼：《童年的消逝》，吴燕莛译，中信出版社，2015，第166页。

由"。① 换言之，媒介"具有一种隐蔽的却是强有力的暗示来定义现实世界"的力量，② 这种媒介-隐喻的关系、这种媒介的形式，强有力地决定着媒介的内容，因而强有力地决定着整个社会文化形态，进而强有力地决定着人们的整个社会生活。

具体而言，什么是隐喻？正如陈嘉映所言："隐喻就是借用在语言层面上成形的经验对未成形的经验做系统描述。我们的经验在语言层面上先由那些具有明确形式化指引的事物得以表达，这些占有先机的结构再引导那些形式化指引较弱的经验逐步成形。"③ 也就是说，隐喻是人类认知、表达、行为的一种重要方式，是用一个已成型的旧事物去认知和表达一个未成型的新事物。比如，"时间就是金钱"就是一个隐喻。"金钱"是一个已成型的旧事物，"时间"是一个未成型的新事物。

通过以上我们对隐喻的阐述可以发现，媒介与隐喻之间有三个共同点。首先，隐喻是以一种隐蔽而不令人察觉的方式来表达隐含的意义，产生隐蔽的影响。与之相似，媒介"虽然它指导着我们看待和了解事物的方式，但是这种介入却往往不为人们所注意"。④ 也就是说，媒介如同空气于我们、水于鱼儿一样，都是让我们深入其中，却又浑然不知的。其次，隐喻不仅是一种修辞方式，还是一种认知方式和思维方式。媒介也不仅是一种承载和传递信息的工具，还代表着一种认知方式和思维方式。最后，隐喻与媒介都具有建构功能，都在建构着世界，使用不同媒介和不同隐喻的人对世界有着不同的认识和理解。基于这三个共同点，波兹曼进一步指出："为了理解这些隐喻的功能，我们应该考虑到信息的象征方式、来源、数量、传播速度以及信息所处的语境。例如，钟表把时间再现为独立而精确的顺序，文字使大脑成为书写经历的石碑，电报把新闻变成商品。"⑤

2. 媒介即认识论

在"媒介即隐喻"的基础上，波兹曼进一步提出了"媒介即认识

① 〔美〕尼尔·波兹曼：《娱乐至死》，章艳译，广西师范大学出版社，2004，第16页。
② 方苏：《人类：一个娱乐至死的物种？——尼尔·波兹曼〈娱乐至死〉阅读札记》，《东南传播》2007年第11期。
③ 陈嘉映：《说隐喻》，《华东师范大学学报》（哲学社会科学版）2002年第6期。
④ 〔美〕尼尔·波兹曼：《娱乐至死》，章艳译，广西师范大学出版社，2004，第13页。
⑤ 〔美〕尼尔·波兹曼：《娱乐至死》，章艳译，广西师范大学出版社，2004，第16页。

论"。他认为："对于真理的认识同表达方式密切相关。真理不能，也从来没有毫无修饰地存在。它必须穿着某种合适的外衣出现，否则就可能得不到承认。"① 也就是说，真理的不同表达方式决定了我们对真理认知的不同。例如在印刷机时代，真理靠文字印刷来进行传播，文字印刷传播的形式决定了人们的认知结构：理性、客观、深刻、有序、富有逻辑。在电视时代，真理是靠图像来进行传播，而图像传播使"人们看的以及想要看的是有动感的画面——成千上万的图片，稍纵即逝而斑斓夺目。正是电视本身的这种性质决定了它必须舍弃思想，来迎合人们对视觉快感的需求，来适应娱乐业的发展"。② 因此，图像传播将使人们丧失理性、客观、深刻、有序、富有逻辑的认知结构。

当然，波兹曼也提到了"印刷术时代"的种种问题："印刷术树立了个体的现代意识，却毁灭了中世纪的集体感和统一感；印刷术创造了散文，却把诗歌变成了一种奇异的表达方式；印刷术使现代科学成为可能，却把宗教变成了迷信；印刷术帮助了国家民族的成长，却把爱国主义变成了一种近乎致命的狭隘情感……然而，400 年来占据绝对统治地位的印刷术利大于弊。"③ 因为，印刷术推崇理性、客观、深刻、富有逻辑的思维方式和话语结构，这些方式和结构"点燃了人们的希望，至少人们可以理解、预测和控制这个世界以及存在于这个世界上的种种奥秘"。④

当以电视为代表的图像传播改变了人们的认知结构以后，"我们的文化对于电视认识论的适应非常彻底，我们已完全接受了电视对于真理、知识和现实的定义。无聊的东西在我们的眼里充满了意义，语无伦次变得合情合理……电视只有一种不变的声音——娱乐的声音……电视正把我们的文化转变成娱乐业的广阔舞台"。⑤

需要特别指出的是，波兹曼所反对的，并不是电视所具有的娱乐功能，而是反对电视上"所有的内容都以娱乐的方式表现出来"。⑥ 当娱乐代替了人类其他一切活动的时候，人类将会走向何方？对此，波兹曼提

① 〔美〕尼尔·波兹曼：《娱乐至死》，章艳译，广西师范大学出版社，2004，第 28 页。
② 〔美〕尼尔·波兹曼：《娱乐至死》，章艳译，广西师范大学出版社，2004，第 120 页。
③ 〔美〕尼尔·波兹曼：《娱乐至死》，章艳译，广西师范大学出版社，2004，第 26~27 页。
④ 〔美〕尼尔·波兹曼：《娱乐至死》，章艳译，广西师范大学出版社，2004，第 48 页。
⑤ 〔美〕尼尔·波兹曼：《娱乐至死》，章艳译，广西师范大学出版社，2004，第 106 页。
⑥ 〔美〕尼尔·波兹曼：《娱乐至死》，章艳译，广西师范大学出版社，2004，第 114 页。

出了自己的预言："在信息技术日益发达的时代，一切公众话语都日渐以娱乐方式出现，并成为一种文化精神。我们的政治、宗教、新闻、体育、教育和商业都心甘情愿成为娱乐的附庸，毫无怨言，甚至无声无息，其结果是我们成了一个娱乐至死的物种。"①

三　保罗·莱文森：媒介进化论

保罗·莱文森于 1947 年 3 月 25 日出生在美国纽约市，并于 1976年、1979 年在纽约大学分别获得硕士、博士学位，博士毕业后在美国福特汉姆大学任教。作为媒介环境学派的代表人物，莱文森提出了媒介进化论的思想，以"补救性媒介""人性化趋势"等理论为基础，指出了数字时代媒介的现状与未来。

媒介进化论是莱文森基于媒介技术未来发展趋势而提出的。他认为，正如达尔文进化论指出的生物根据自然选择的过程而不断进化一样，媒介技术也会根据人的需求而不断发展进化。莱文森以"窗帘"为例来说明媒介技术是如何进化的。为了观察房屋外面的情况，我们在房屋的墙壁上打了一个洞，但是打了洞的墙壁无法抵御狂风暴雨，于是我们又用窗户来取代这个洞，然而，透明的窗户容易被外面的人偷窥到隐私，于是我们又在窗户上安了一个窗帘。这样一来，作为媒介进化论核心观点的"补救性媒介"也就呼之欲出了。

莱文森认为："一种新的媒介技术的产生总是伴随着其自身无法解决的弊端，因此人们往往会借助新的媒介加以修复、弥补，新媒相对于旧媒介而言就是'补救性媒介'，它们可以进一步满足人的需求和幻想。而在补救逻辑不断递推的过程中，新旧媒介的兴替连续不停，媒介进化因此成为一种系统内的自调节和自组织。"② 既然补救性媒介是基于人的需求而产生的，那么当人的需求在媒介的补救过程中不断膨胀，媒介也就会不断发展以满足这些需求。例如，印刷媒介延伸了人的视觉，广播就补救了人的听觉；广播延伸了人的听觉，电视就补救了人的视觉；而互联网则对报纸、广播、电视等媒介都进行了补救，被视为"所有补救性媒介的补救媒

---

①　〔美〕尼尔·波兹曼：《娱乐至死》，章艳译，广西师范大学出版社，2004，第 4 页。

②　胡翼青主编《西方媒介学名著导读》，北京大学出版社，2023，第 183 页。

介"。媒介就在这种不断补救的过程中探索出一条永不休止的进化路径。

此外，莱文森进一步指出："一种新媒介在某一功能上战胜一种旧媒介时，并不意味着那一旧媒介会凋谢和死亡。而是意味着，那一旧媒介被推进了一个比新媒介运行更好的小生境；在此，它与新媒介到来之前的'旧我'有所不同，但它活下来了。"[①] 他举例说：无声电影必然被有声电影取代，因为无声电影是聋哑人面对的感官环境，不符合正常人的主观感受。但是，广播并不会被电视取代，因为"只听不看是人类广泛而自然的'前技术'传播方式，相反，只看不听却不广泛、不自然。每天晚上，世界被夜幕笼罩却不会寂然无声；合上眼睛无须费力即可关闭视觉，但我们却不能关闭耳朵"。[②] 从无声电影和广播的不同结局可以看出，媒介的产生、发展、更替与人的自身偏向有很大的关联。与人的自身偏向不太符合的媒介技术就会被淘汰。至此，莱文森的"人性化趋势"理论也就逐渐形成了。

"人性化趋势"理论与"补救性媒介"是紧密联系在一起的，因为媒介技术的发展趋势是越来越像人，媒介不断在模仿人的感知模式和认知模式，人在媒介技术的发展进步过程中所牺牲的感官也在媒介技术的进一步发展过程中得到补偿。但是，"补救性媒介"更强调人在媒介技术发展变化过程中的理性选择，而"人性化趋势"更强调一切媒介技术一定是朝着越来越人性化的方向发展，这个发展过程中不符合人性规律的媒介就会被淘汰。正如莱文森所言："一切媒介的性能终将越来越人性化……越来越像人'自然'加工信息的方式，也就是像媒介出现之前人加工信息的方式。"[③]

在此基础上，莱文森又提出了"软媒介决定论"。与"媒介必将产生绝对的、不可避免的社会影响"的"硬媒介决定论"不同，"软媒介决定论"认为，媒介只能提供一种让影响得以发生的可能性，很难产生绝对的、不可避免的社会影响。在莱文森看来，一个事件得以发生是多种因素

---

① 〔美〕保罗·莱文森：《软利器：信息革命的自然历史与未来》，何道宽译，复旦大学出版社，2011，第40页。

② 〔美〕保罗·莱文森：《软利器：信息革命的自然历史与未来》，何道宽译，复旦大学出版社，2011，第85页。

③ 〔美〕保罗·莱文森：《软利器：信息革命的自然历史与未来》，何道宽译，复旦大学出版社，2011，前言第5页。

共同作用的结果，媒介技术只是其中一个作用因素而已，人的选择在诸多因素中也起到了重要的作用。至此，莱文森将"软媒介决定论"概括为以下两点："一是信息技术使事情可以然，一是人的努力将可以然变为现实。对于媒介，人有选择的能力——理性、刻意的挑选和谋划的能力。"①

第二节　媒介技术哲学的媒介理论研究

媒介技术哲学兴起于 20 世纪六七十年代的欧洲和北美，其思想深受海德格尔的技术哲学和麦克卢汉的媒介现象学的影响。德国思想家基特勒是媒介技术哲学的领军人物，他的几位高足，如克劳斯·皮亚斯、伯恩哈德·西格特、沃尔夫冈·恩斯特在"控制论""文化技术理论""媒介考古学"等领域的研究拓展了媒介技术哲学的广度和深度。虽然他们的媒介技术哲学思想都是基于麦克卢汉的媒介观提出的，但是彼此之间有很大差异，是对麦克卢汉的一种回应和拓展。

除了基特勒这一系，其他德国哲学家也在这一领域发表过自己的意见，提出了多元化的观点。比如，"从本体论的视角讨论什么是媒介以及媒介与存在的关系，从认识论的视角讨论媒介物的问题。他们中的大多数人认为哲学研究将会迎来媒介转向，也有一部分人认为传播研究将迎来技术哲学转向"。② 媒介技术哲学是一个方兴未艾的研究领域，本节不可能论述所有媒介技术哲学家的理论，只能挑选其中三个最有代表性的人物：德国哲学家基特勒、法国哲学家斯蒂格勒、美国哲学家彼得斯。

一　弗里德里希·基特勒：媒介技术对主体性的消解

弗里德里希·基特勒于 1943 年 6 月出生在德国东部萨克森州的罗赫利茨，1963 年进入弗莱堡大学学习德语、罗曼语、哲学。1976 年博士毕业以后进入弗莱堡大学德语系任教。基特勒之所以对媒介技术研究表现出浓厚的兴趣，与其从小到大的成长经历密切相关。一方面，基特勒出生在第二次世界大战期间，战争场景在他的童年记忆中留下了深刻的印

---

① 〔美〕保罗·莱文森：《软利器：信息革命的自然历史与未来》，何道宽译，复旦大学出版社，2011，第 4 页。
② 胡翼青主编《西方媒介学名著导读》，北京大学出版社，2023，第 15 页。

象。因此，对战争的思考贯穿他的整个学术生涯。另一方面，基特勒童年时期的两位启蒙老师也对他的学术生涯产生了重要的影响。一位是基特勒的父亲，他从小就花费大量时间和精力教授基特勒古典文学，使得其在7岁时就能背诵《浮士德》中的长篇段落；另一位是基特勒同父异母的哥哥，他在二战中是一位无线电报员，在战争中积累了丰富的媒介技术知识。正是由于从小受到这两位家庭成员的熏陶，基特勒在随后的学术研究中更关注对"话语网络1800"与"话语网络1900"的比较。

与麦克卢汉一样，基特勒对媒介承载的内容并不感兴趣，只关注媒介技术本身。但是，与麦克卢汉将铁路、飞机、汽车、电等事物都视为媒介的泛媒介观不同，基特勒只关注生成和传播信息的媒介。

基特勒在讨论媒介技术的时候更多关注的是该媒介技术背后的技术体系和基础设施。比如，留声机这种媒介技术背后对应的是传播声音数据的声学媒介终端，电影、打字机这两种媒介技术背后对应的是光学和文字两种数据流的媒介形式。这就是说，人与媒介技术发生关系的时候，是处在整个媒介技术系统之中的。

基特勒认为，一种新的媒介技术的出现会催生一种新的数据形式，这种数据形式能够改变人们的思维方式和生存方式。比如，留声机能够传输声学数据，能够带给人们最直接的听觉体验，听众也能够接触到最真实的声音事件。但是，在留声机出现之前，声学数据主要靠文字来传输，读者只有通过想象才能将其还原为音乐。同时，由于留声机无法清除噪声，记录的都是最真实的声音，因此不仅语言可以被留声机记录下来，语言的发出过程（疯狂与无意识）也可以被记录下来。

在电影出现之前，影像数据也只能靠文字来传输，观众只有通过想象才能将其还原为影像。与留声机一样，因为电影能够传输影像数据，电影也能带给观众最真实的视觉体验，让观众能接触到最真实的影像事件。基特勒将电影与战争联系在一起，敌人在战争中不再是活生生的人，而是一个个幽灵。正如他所言："隐形的敌人仅现身几秒，如幽灵般的幻影，几乎无法被杀死：幽灵那虚幻的永生将他们置于保护罩之下。"① 电

① 〔德〕弗里德里希·基特勒：《留声机 电影 打字机》，邢春丽译，复旦大学出版社，2017，第153~154页。

影通过蒙太奇、长镜头等各种剪辑和特效技术在现实中注入了幻象，消解了真实与幻象之间的距离，"模糊了人与机器之间的界限，分不清谁是真疯，谁在装疯"。① 这就是说，电影不仅能复制真实，还能制作真实，进而能够让想象和幽灵得以回归。精神病医生不可能准确地捕捉到病人发疯的过程，但是一个好的演员能在电影中制造疯狂。这里已经显示出基特勒对于媒介技术与人之间关系的看法，即媒介技术消解了人的主体性。

基特勒还谈到了打字机，并且也将其与战争联系起来。"打字机变成了语篇的机关枪。这种技术的基本动作自然也就包括敲击和触发器，以自动化的、分散式的步骤完成，与转轮手枪和机关枪的弹药传送或者电影放映过程中的胶片传送如出一辙。"② 作为机关枪的打字机瞄准的不是敌人，而是书写。海德格尔一直认为书写与人的存在是密不可分的，书写的字迹就是人存在的痕迹。但是，当用手的书写被打字机取代之后，书写的过程与人存在的痕迹就没有任何关系了。这首先颠覆了男性垄断的书写特权，女性通过打字机正式进入了书写生产领域。家庭结构也随之被颠覆，女性从家庭劳务中被解放出来，"教育从语言、书写和母亲的声音转变为打字机按键和标准化字体。于是，以男性权威为中心的书写体系彻底被打破，书写的权力系统最终被媒介技术系统取代"。③ 基特勒在论述打字机的最后将关注点转移到了数字媒介，也就是说，从"留声机"到"电影"再到"打字机"，媒介技术的发展越来越向数字媒介靠拢。数字媒介意味着一切都被还原为"0"和"1"，媒介技术的标准化和同一性对于人的主体性也有重要的意义。

基特勒从媒介考古学的视角分析了在媒介与人的关系中，媒介的主体性是如何建立的，人的主体性又是如何被消解的。在此期间，媒介技术的发展经历了两次时间上的断裂——分别发生在 18 世纪与 19 世纪之交以及 19 世纪与 20 世纪之交。他将这两个时间点分别称为"话语网络1800"与"话语网络1900"。

---

① 〔德〕弗里德里希·基特勒：《留声机 电影 打字机》，邢春丽译，复旦大学出版社，2017，第 168 页。
② 〔德〕弗里德里希·基特勒：《留声机 电影 打字机》，邢春丽译，复旦大学出版社，2017，第 225 页。
③ 胡翼青主编《西方媒介学名著导读》，北京大学出版社，2023，第 119 页。

基特勒认为，在"话语网络1800"时代，以白板为媒介的想象和以手为媒介的书写彰显的都还是海德格尔意义上的人与媒介之间的共在关系，因为白板、手写都是人的灵魂和本质的延伸。也就是说，在"话语网络1800"时代，人的主体性还没有被消解。到了"话语网络1900"时代，当打字机取代手写之后，书写就不再是人的灵魂和本质的延伸，因为机器媒介切断了书写文本与人的感官之间的联系。当人无法直接感知到书写文本的时候，人的主体性就在被逐步消解，媒介的主体性也在被逐渐建立。同样，"留声机和电影将声学数据和光学数据分流，声学和光学不再依靠人们对文字的想象，转为留声机和电影模拟出的声音和图像系统时，书写系统的统一性被打破了"。[1] 书写系统统一性的打破也就意味着文字意义的分化，进而消解了人的主体性。

此外，基特勒还谈到了人工智能，他认为："在人工智能面前，媒体的所有魔力都已消失，回归基础。"[2] 回归基础就是数字媒介将文字、声音、图像转换为统一的字符"0"和"1"，实现媒介技术的数字化和虚拟化。至此，媒介技术的实体性和可见性被摧毁了，取而代之的是一些不可见的程序软件和隐藏起来的芯片硬件，这些复杂的软件和硬件将会使人丧失对媒介的控制权，尤其是当人工智能技术具有自我学习和演化能力的时候，媒介可能会具有独立的主体性。人们在面对这些复杂而又具有主体性的媒介时，就会丧失主体性。

总之，在基特勒看来，一部媒介技术的更替史就是一部人的主体性的消亡史。在这一历史过程中，媒介的主体性和本体性逐渐确立，人逐渐成为媒介的附庸和延伸。由此可见，基特勒完全是站在后人类中心主义立场上来审视媒介的，他不将媒介视为供人使用的工具，也不将媒介视为连接人与人之间关系的中介，而是将其视为能够形塑和改造人类感知和意识的主体和本体。正如他所言："在媒介提供了模型与隐喻之前，我们对自身的感官一无所知。"[3] 这也是基特勒超越麦克卢汉的地方所

---

① 胡翼青主编《西方媒介学名著导读》，北京大学出版社，2023，第120页。
② 〔德〕弗里德里希·基特勒：《留声机 电影 打字机》，邢春丽译，复旦大学出版社，2017，第284页。
③ Friedrich Kittler, *Optical Media*, trans. by Anthony Enns, with an introduction by John Durham Peters (Cambridge: Polity Press, 2010), p. 35.

在：麦克卢汉无论多么强调媒介技术本身的重要性，但是仍然没有完全摆脱人类中心主义的思维模式，因为他在界定和理解媒介的时候始终是以"人"为参照标准的，将媒介始终视为人的延伸。也就是说，人类和身体才是麦克卢汉思考媒介技术的出发点。

不过，基特勒对于麦克卢汉的"媒介即人的延伸"这一基本前提表达了坚决的批判态度。他试图找到一条从媒介技术本身出发，进而超越人类中心主义的谱系学研究模式。他在对媒介技术的历史性考察中发现：媒介技术有一套属于自己的发展逻辑，与人的身体感官需求无关，并且，这种发展的结果也会反过来影响人类的身体感官。由此可见，在基特勒看来，人类的身体不是媒介技术发展的起因，而是媒介技术发展的结果。例如，基特勒通过对蜡板和电影这两种媒介的考察发现，如果没有蜡板这一媒介技术，古希腊哲学家就不会构想出"灵魂"这个概念；如果没有电影这一媒介技术，在我们的日常生活和科学话语中就不可能构想出"濒死体验"。对此，基特勒对媒介技术与人的关系做了如下总结："对于媒介技术而言，如果它们都像电影或电视那样入侵我们的感官，我们完全有理由将其视为'敌人'（但没有像霍克海默和阿多诺在《启蒙辩证法——哲学断片》中讨论无线电和电视的章节而成为时尚的文化悲观主义）。因为根据卡尔·施密特的观点，'敌人'就是我们自身问题的体现。之所以存在着'媒介'，正是由于尼采所说的'人'是一种性质尚未固定的动物。恰恰是这种——不是辩证性的而是排斥性和对抗性的——关系保证了技术的历史并非如此'反人类'，以至于与人类毫无关系。"① 不过，虽然基特勒消解了人类中心主义的媒介理论，但是并没有完全抛弃人类的立场。也就是说，他的媒介观只能说是"后人类"的，不能说是"非人类的"。"人"只是在他的媒介理论中不再具有优先性，但仍然是其重点关注的问题。

二　贝尔纳·斯蒂格勒：作为第三持留的技术

贝尔纳·斯蒂格勒于 1952 年 4 月 1 日出生在法国维勒邦镇。他在

---

① Friedrich Kittler, *Optical Media*, trans. by Anthony Enns, with an introduction by John Durham Peters (Cambridge: Polity Press, 2010), p. 36.

1969年高中毕业之后，开始在法国电影自由学院学习导演，并在求学期间经营了一家自己的酒吧。在"五月风暴"爆发后不久，经常有思想激进的青年来他的酒吧喝酒。警方要求他做这些青年的污点证人，遭到了斯蒂格勒的拒绝。于是，警方查封了他的酒吧并冻结了他的银行账户。斯蒂格勒一气之下抢劫了四家银行并因此入狱。在狱中，他自学了马克思、海德格尔、胡塞尔等哲学家的思想，并得到了德里达的赏识。他在出狱后拜德里达为师，并完成了其代表作，即三卷本的《技术与时间》。凭借这个代表作，他获得了法国社会科学高等研究院哲学博士学位，并先后在贡比涅技术大学和法国国家视听研究院等机构任职。

斯蒂格勒提出的最著名的理论就是第三持留理论。该理论是在胡塞尔的第一持留和第二持留理论基础上提出的。在胡塞尔看来，第一持留是一种当下的感知意识，是一种能将过去和将来的意识串联起来的感知。正如胡塞尔所言："如果我们将感知称作这样一种行为：它将所有的'起源'包含在自身之中，它进行着本原的构造，那么原生的回忆就是感知。因为只有在原生的回忆中，我们才看到过去的东西，只有在它之中，过去才构造起自身，并且不是以再现的方式，而是以体现的方式。"① 也就是说，作为感知的第一持留能够保证意识的连续性。比如，我们在欣赏一段乐曲的时候，每一个音符带给我们的即时感受就是第一持留，并且这个第一持留能让我们将这首乐曲的前后音符串联起来，进而保证了感知的连续性。

不过，一首乐曲总会有结束的时候，乐曲的结束也就标志着感知的断裂。感知断裂之后的意识虽然也能感受到乐曲优美的旋律，但是这种意识只是对这首乐曲的回忆而已，也就是对第一持留的再回忆。正如胡塞尔所言："我们将原生的回忆或持留称为一个彗星尾，它与各个感知相衔接。与之完全有别的是次生的回忆、再回忆。在原生回忆完结之后，有可能出现一个对那个运动、那个旋律的新回忆。"② 他将这种新回忆称为"第二持留"。它以过去出现的素材产生的感知（第一持留）为基础，

① 〔德〕埃德蒙德·胡塞尔：《内时间意识现象学》，倪梁康译，商务印书馆，2010，第83页。
② 〔德〕埃德蒙德·胡塞尔：《内时间意识现象学》，倪梁康译，商务印书馆，2010，第75页。

利用想象编制出一段回忆。

在"第一持留"和"第二持留"这两种意识之后，胡塞尔还提出了第三种意识：图像意识。他认为，图像意识并不是对刚刚过去的场景的回忆，而是对曾经存在的场景的回忆。比如，我回忆自己多年以前在现场看到的一场精彩的足球比赛。斯蒂格勒将这种图像意识称为"第三持留"，这既体现了"第三持留"与"第一持留"和"第二持留"的联系，也以此为出发点对胡塞尔的现象学进行了批判。斯蒂格勒认为，胡塞尔的现象学将这三种意识都视为内时间意识，并将第一持留视为意识的统一性和连续性的基础，没有认识到第一持留的有限性。没有认识到如果没有第三持留，第一持留和第二持留都不可能存在。斯蒂格勒将胡塞尔的图像意识视为外在于内部意识的技术，这种技术就是第三持留。

斯蒂格勒认为："我们所说的第三持留指的是'客观性'记忆的所有形式：电影胶片、摄影胶片、文字、油画、半身雕像，以及一切能够向我证实某个我未必亲身体验过的过去时刻的古迹或一般实物。"① 这种第三持留是先于第一持留和第二持留而存在的，人类的进化是依赖于外在于躯体的技术的进化而进化的。正如他所言："第三持留是意识的代具。没有这一代具，就不会有思想，不会有记忆的留存，不会有对未曾经历的过去的记忆，不会有文化。"② 换言之，"第三持留总是领先于第一持留和第二持留的构成。一个新生婴儿进入一个世界时，第三持留就已经先于他并等着他了，准确地说，第三持留使他的世界被构造成世界"。③ 在斯蒂格勒看来，如果没有第三持留，婴儿就无法在这个世界中成长为一个真正的人，人类甚至根本就无法在这个世界中生存。如果没有第三持留，我们的意识不可能是连续统一的，甚至我们的意识流都不可能形成。不过，第三持留不会直接作用于第一持留，而是通过第二持留作用于第一持留。比如，电影就是一种第三持留，我们前后两次观看同一部电影的时候，肯定会产生不一样的感知，并不是因为作为第三持留的电影改变了，而是因为

---

① 〔法〕贝尔纳·斯蒂格勒：《技术与时间：3. 电影的时间与存在之痛的问题》，方尔平译，译林出版社，2012，第34页。

② 〔法〕贝尔纳·斯蒂格勒：《技术与时间：3. 电影的时间与存在之痛的问题》，方尔平译，译林出版社，2012，第50页。

③ Bernard Stiegler, *For a New Critique of Political Economy*, translated by D. Ross（Cambridge：Polity Press, 2010）, p. 9.

第一次观看电影的经验会进入我们的意识流，进而影响我们的第二持留，使得我们第二次观看这部电影会产生与第一次观看时不一样的当下感知。

由此可见，正是由于第三持留的存在，人类的进化过程才与一般生物的进化过程之间出现了断裂，人类的进化并不是像其他生物进化一样完全由生物性的基因遗传决定，而是一个与技术相互构成的后种系生成的过程。斯蒂格勒认为，爱比米修斯在创世时将人定性为具有先天缺陷的存在，因此，人就必须借助于技术来弥补这些缺陷。在他看来，人与技术的关系不是传统认识论强调的主客体二元对立的关系，而是彼此共生共在的关系，以此实现人与技术之间的共同进化。

关于人类进化与其他生物进化的差异，斯蒂格勒借鉴了法国思想家勒鲁瓦·古兰的"外在化"思想。勒鲁瓦·古兰区分了生物进化过程中的三种记忆：①基因记忆，即生命体在胚胎发育过程中形成的记忆蓝图；②神经记忆，即生命体在适应环境的过程中逐渐在神经系统中形成的反射记忆；③人工记忆，即保存在人类躯体之外的工具、语言、文化、制度等技术中的记忆，这种记忆是人类特有的。

在勒鲁瓦·古兰的基础上，斯蒂格勒也提出了三种记忆：①基因记忆；②后生成记忆；③后种系生成记忆。这三种记忆分别对应了勒鲁瓦·古兰的基因记忆、神经记忆、人工记忆。斯蒂格勒特别强调了人类是通过后种系生成记忆来实现自身进化的。动物的进化基本上是由基因记忆决定的，动物基因在复制过程中会产生突变，适应环境的突变被保留了下来，不适应环境的突变被淘汰了。动物在进化过程中也会获得后生成记忆。但是，动物的后生成记忆绝不会以外在于基因记忆的技术方式传递给后代，只会以基因记忆的方式传递下去。

然而，人类的进化几乎不受基因记忆的影响。但是，"人类因技术的发展却已经进化了无数个量级：从穴居狩猎、农耕聚居到机械化生产，甚至到通过生物技术改变自身的基因记忆。人类究竟还有没有同一的种系特征，究竟还能不能被称为同一的物种，这些尚在争论中。与旧石器时代打制石器的早期智人相比，因技术的进化而导致的我们与其之间的差别，就如同猫科动物与熊科动物之间的差别那么大"。[1] 人类进化之所

---

[1]　陈明宽：《技术替补与广义器官：斯蒂格勒哲学研究》，商务印书馆，2021，第64页。

以受技术发展的影响很大，是因为人类可以将对自身进化有利的后生成记忆保存在躯体之外的技术之中，并一代一代地传递下去，这就构成了人类的后种系生成的进化模式。

人类的后种系生成进化标志着技术已经成为人类生命过程中必不可少的外在于躯体的器官。这种器官与躯体器官共同构成了人类生命的本质，也扩大了人类生命的范围。技术成为人类生命的替补，也使得人类生命不再是纯粹的生命，构成人类生命本质的是外在于躯体的技术。另外，技术作为一种生命器官，其进化也与人类息息相关。

随着科学技术的飞速发展，数字技术的出现标志着人类的后种系生成进化进入了一个新的阶段。过去能够与人类实现动态平衡的作为第三持留的技术，现在已经能够实现自主进化，成为反制人类社会的"操盘手"，进而衍生出庞大的全球记忆工业体系。这种记忆工业通过视听媒介操控人们的意识，重构人类日常生活中的时间和空间。斯蒂格勒以电影和电视为例，阐述了记忆工业是如何操控人们的意识的。他认为：在看电影的过程中，"我们的意识所经历的时间将完全在被声音、音响、台词和语音联系在一起的图像的运动中流逝"，[1] 进而"产生了'过去时刻'和'现实性'相结合的效应"，[2] 使得"我们在此已经无法区分现实与虚构，无法区分感知和想象"。[3]

在电影之后，电视又进一步在以下两个方面操控了观众的意识："一、作为远程传播技术，电视使某一观众群体得以在领土各个角落同时观看同一个时间客体，使诸多大型时间客体（媒体节目表）的构建成为可能；二、电视具有信号捕获技术和现场直播技术，它使该观众群体得以在某一事件发生的同时，在领土的各个角落集体体验这个被捕获的事件。此时，电视所传播的是一种即时性时间客体。"[4] 这就是

① 〔法〕贝尔纳·斯蒂格勒：《技术与时间：3. 电影的时间与存在之痛的问题》，方尔平译，译林出版社，2012，第11页。

② 〔法〕贝尔纳·斯蒂格勒：《技术与时间：3. 电影的时间与存在之痛的问题》，方尔平译，译林出版社，2012，第25页。

③ 〔法〕贝尔纳·斯蒂格勒：《技术与时间：3. 电影的时间与存在之痛的问题》，方尔平译，译林出版社，2012，第29页。

④ 〔法〕贝尔纳·斯蒂格勒：《技术与时间：3. 电影的时间与存在之痛的问题》，方尔平译，译林出版社，2012，第43页。

说，电视不仅能使我们的意识与媒介时间相融合，还能使我们共享相同的时间客体，在瞬间实现意识流的汇聚，进而形成一个广袤的意识市场。在这个意识市场中，作为第三持留的技术调控着我们的意识，规定着我们的所思、所想、所为，使得我们成为丧失了个性和本能需求的群体。

总之，在斯蒂格勒的技术哲学中，技术对于人类来讲，既是一剂解药，又是一剂毒药，因为它既可以弥补人类躯体的缺陷，促进人类的进化，又会使人类的能力和欲望受限于技术的发展。

三　约翰·杜海姆·彼得斯：处于中间位置的媒介

约翰·杜海姆·彼得斯于 1958 年出生在美国犹他州，1986 年在斯坦福大学获传播学博士学位，博士毕业之后在爱荷华大学任教，2017 年开始在耶鲁大学任教。1999 年出版专著《对空言说：传播的观念史》，该专著第二年获得美国传播学界的最高奖——美国传播学会奖。到了 21 世纪，彼得斯将自己的研究领域转向了媒介，并在 2015 年出版了专门研究媒介哲学的专著《奇云：媒介即存有》。

在《奇云：媒介即存有》一书的绪论中，彼得斯开宗明义地指出，现在是我们提出一种媒介哲学的时候了；任何媒介哲学都是建立在一种自然哲学基础之上的。媒介并不只是各种各样的信息终端，它们同时也是各种各样的代理物，各自代表着不同的秩序。这些媒介传达的讯息既体现人类的各种行为，也体现人类与生态体系以及经济体系之间的关系，而且，在更大范围的媒介概念上，媒介也是生态体系和经济体系的构成部分。有鉴于此，重新审视媒介和自然的关系，对我们而言不无裨益。在这本书中，彼得斯提出了一种"元素型媒介哲学"，并特别关注我们所处的这个数字媒介时代。这些"元素型媒介"在我们的惯习和栖居之地中处于基础地位，然而我们却对它们的这种基础地位不以为然。①

基于此，我们可以看出彼得斯提出了一个非常大胆的媒介观：环境即媒介。他认为："水、火、土以及以太等共同组成了各种元素，它们朴

---

① 〔美〕约翰·杜海姆·彼得斯：《奇云：媒介即存有》，邓建国译，复旦大学出版社，2020，第 1 页。

实无华、凌空蹈虚、危机四伏、奇妙无比。这些元素使得生命成为可能，而人类却还未弄清楚该如何充分保护好它们。我们在这方面做出努力的历史也就是人类技术发展的历史。"① 这就是说，人类的生存依赖于对自然和文化环境施加影响的各种技术，而这些技术一直以来都被传播学所忽视。

众所周知，媒介环境学派曾提出过"媒介即环境"这一著名命题。彼得斯将这个命题颠倒过来之后，其意义发生了三点变化。一是媒介环境学中的媒介仅仅指自行车、汽车、飞机、电报、打印机、电影、电视等人造技术，几乎不涉及自然环境中的事物；而彼得斯笔下的媒介不仅有人造事物，也有自然事物，甚至主要是自然事物。二是媒介环境学将媒介视为一种环境，主要是从生态学的角度来看待人与媒介的关系，还没有完全走向媒介本体论；而彼得斯则从存在论的视角来理解媒介，将媒介视为使他物成为可能的中间之物，已经走向了媒介本体论。三是媒介环境学将以互联网为代表的数字媒介视为媒介发展过程中最前沿、最先进的终极形态；而彼得斯则认为，以互联网为代表的数字媒介回归了媒介的本来面目，大众媒介只是媒介发展过程中偏离正常轨道的一个短暂例外。

基于以上三点变化，彼得斯并不是在符号学层面来理解媒介，不是将媒介视为符号的能指和载体。在符号学看来，载体承载的意义比载体本身更为重要。但是，彼得斯认为："我们总是倾向于认为，意义是人类有意识地建构出的东西，因而比媒介更值得重视，但我认为媒介往往蕴含着最为深刻和最为伟大的意义。"② 这就是说，在彼得斯看来，虽然媒介承载的内容和意义对个人和社会也会产生影响，但是真正能够产生决定性影响的还是媒介本身。媒介本身的影响并不是借由信息和意义的传播来产生，而是通过回到其最初的功能，如导航、记录、连接、监控、预报等来产生。比如，人与人之间打电话不一定是为了交流信息，也有可能是为了确认彼此的存在；人们使用社会化媒体聊天、分享，不

---

① 〔美〕约翰·杜海姆·彼得斯：《奇云：媒介即存有》，邓建国译，复旦大学出版社，2020，第3~4页。

② 〔美〕约翰·杜海姆·彼得斯：《奇云：媒介即存有》，邓建国译，复旦大学出版社，2020，第7~8页。

一定是在传递信息，也有可能是为了刷存在感。

彼得斯眼中的媒介到底是什么？他认为："任何复杂的社会，只要它需要凭借某种物质来管理时间、空间和权力，我们就可以说这个社会拥有了媒介。"① 因此，在彼得斯看来，媒介是一种具有管理和建构能力并对文明秩序能够产生重要影响的中介物。那么，作为中介物的媒介又是如何管理和建构时间、空间和权力，进而影响文明秩序的呢？他指出："一种媒介能揭示另外一种媒介，让后者的媒介属性显示出来。没有彼媒介的揭示，此媒介就不会是媒介。"② 这就是彼得斯所要建构的媒介本体论，媒介本体论以媒介为起点，建构着人与人、人与物、物与物之间的关系和秩序。比如，当一艘船驶入大海的时候，船就成了人与大海之间的媒介，大海也成了人与船之间的媒介，人也成了大海与船之间的媒介，因为如果没有这艘船，大海对我们而言就只是一个无意义的物自体；如果没有大海，船对我们而言也是一个无意义的物自体；如果没有人，船与大海之间也不会发生关系。这就是说，人、船、海都能成为另外两者的中介物，都能成为彼此的媒介，进而在它们之间形成特定的关系和秩序。除此之外，彼得斯还写到了鲸鱼、海豚、火、天空、上帝等事物，试图将这一切纳入媒介的范畴，进而建构一个包罗万象的媒介哲学体系。

从彼得斯的媒介观可以看出，"媒介不仅仅是'关于'这个世界的，而且'就是'这个世界本身；媒介非表意，媒介即存有；媒介是人的'存有方式'和'社会秩序的提供者'；媒介是容器，可以用之存储、传送和加工信息，更被用来组织时间、空间和权力"。③ 在此基础上，彼得斯提出了三个媒介概念：元素型媒介、基础设施媒介、后勤型媒介。

元素型媒介中的"元素"既指某些具体的元素，又强调媒介的基础性构成作用。元素是构成一切物质的基础，也是培育和维持生命的原料。因此，元素型媒介将媒介与水、火、气、土等自然元素（这些自然元素也是媒介）都视为人类生存环境的基本组成元素。比如，就今天的人类

① 〔美〕约翰·杜海姆·彼得斯：《奇云：媒介即存有》，邓建国译，复旦大学出版社，2020，第23页。
② 〔美〕约翰·杜海姆·彼得斯：《奇云：媒介即存有》，邓建国译，复旦大学出版社，2020，第125~126页。
③ 〔美〕约翰·杜海姆·彼得斯：《奇云：媒介即存有》，邓建国译，复旦大学出版社，2020，译者导读第9页。

生存环境而言，你很难说是氮元素重要还是互联网重要。基于此，彼得斯将"坟墓、人体、海洋、船舶、天空、火、日历、高塔、钟、方位、零、直角和谷歌等都视为'元素型媒介'"。① 这也是彼得斯将环境视为媒介的主要原因，因为人类环境中的所有元素都可以被视为媒介。

基础设施媒介意味着媒介扮演基础设施的角色。基础设施可以被视为一种大型的技术系统。这个系统可以将时间、空间、机构、人联结起来。虽然基础设施的结构非常庞大，但是其与人打交道的界面通常很小。比如，互联网与我们打交道的终端就很小，但是互联网背后却有一个巨大的基础设施。基础设施媒介有软硬之分，硬基础设施媒介有水、电、燃气、光、道路等；软基础设施媒介有制度、契约、语言、思想等。软基础设施媒介通常比硬基础设施媒介保存时间更长，更能得到传承和延续。正如彼得斯所言："水利和道路系统固然能持续发挥作用，但文化上的延续性通常意味着更大的成就。在所有现存的文化当中，只有中国人、希腊人、印度人和犹太人在历经几千年的磨难之后仍然保存了他们的民族特征。这说明，软件的寿命往往能超过硬件。"② 同时，基础设施通常都隐藏在表面之下，容易让人忘记其存在，比如，下水道系统和电缆系统通常都埋藏在地下和水下，不容易被察觉。正如彼得斯所言，作为基础设施，如呼吸系统、防火系统、书写系统以及城市等，尽管其运行需要大量劳动投入，却往往为人所忽视。我们有一个不好的习惯，即常常会将我们所处环境中的那些闪亮的、新颖的或唬人的部分单独拎出来然后将其命名为"技术"，而对那些古老的、看上去索然寡味的部分则视而不见。③

基础设施媒介也可以被视为后勤型媒介，因为基础设施发挥作用的方式基本上是后勤型的，其功能主要体现在"对各种基本条件和单元进行排序，有组织、校对、连接、协调、整合、勾连等作用"。④ 今天的数

① 〔美〕约翰·杜海姆·彼得斯：《奇云：媒介即存有》，邓建国译，复旦大学出版社，2020，译者导读第 5 页。

② 〔美〕约翰·杜海姆·彼得斯：《奇云：媒介即存有》，邓建国译，复旦大学出版社，2020，第 37 页。

③ 〔美〕约翰·杜海姆·彼得斯：《奇云：媒介即存有》，邓建国译，复旦大学出版社，2020，第 42 页。

④ 吴璟薇、毛万熙主编《媒介与技术研究经典导读》，中国传媒大学出版社，2022，第 111 页。

字媒介就是典型的后勤型媒介。与大众媒介主要承担信息传递的功能不同，"数字媒介扮演的更多是所谓'后勤型设备'的作用——帮助用户记录踪迹和辨别方向。数字媒体复活的是古老的导航功能：为我们指明时间和空间，给我们的数据建立索引，确定我们的坐标"。①

第三节　媒介化理论的媒介理论研究

20 世纪 80 年代以来，随着以互联网为代表的媒介技术的飞速发展，媒介已经渗透进了社会生活的方方面面，也重构了其与社会文化之间的关系，即"从一种与文化和社会机制相互分离的存在转变为一种引发社会机制与文化进程发生变化的自变量"。② 这种重构导致了传播研究对于媒介的理解从中介化转向媒介化。基于此，卡斯特在《网络社会的崛起》一书中区分了"信息社会"与"信息化社会"。他认为："技术并未决定社会，社会也没有编写技术变迁进程的剧本，因为许多因素——包括个人的创造发明与企业的冒险进取——干预了科学发现、技术创新与社会应用过程，因此最后结局如何要看复杂的互动模式而定。"③ 从这段话可以看出，卡斯特认为，信息技术对日常生活的渗透并不意味着信息社会的到来，因为信息社会代表着将信息技术视为社会变革的决定性要素，而在他看来，信息技术与社会机制之间并不是单向的决定关系，而是一种双向的、动态的、相互影响的关系。网络社会是一个围绕着信息技术逻辑而构筑起来的社会，但信息技术并不是决定其社会变革的关键要素，仅仅是与社会生活融为一体的动态逻辑。卡斯特将这种信息技术与社会之间复杂的互动过程称为"信息化过程"，信息化社会就是在"信息化过程"的基础上建立起来的。

从"信息社会"到"信息化社会"的过渡标志着"媒介——或者更广义地说，信息的传递——已经开始摆脱传统传播研究中的'中介性角

---

① 〔美〕约翰·杜海姆·彼得斯：《奇云：媒介即存有》，邓建国译，复旦大学出版社，2020，第 8 页。

② 顾烨烨、莫少群：《媒介化研究：理论溯源与研究路径》，《全球传媒学刊》2022 年第 2 期。

③ 〔美〕曼纽尔·卡斯特：《网络社会的崛起》，夏铸九等译，社会科学文献出版社，2001，第 5~6 页。

色',而开始逐渐地'影响',乃至'控制'社会形态的构型过程"。①
到了 21 世纪,以德布雷、夏瓦、延森、库尔德利、克罗兹、赫普等为代
表的一批学者在欧洲大陆组建了"媒介化研究团队"。与媒介环境学派
不同,该研究团队并不在宏观层面论述媒介对社会变革的单向决定作用,
而是在中观和微观层面研究媒介与社会之间的互动,以及媒介与社会实
践之间的关系。基于此,本节主要包含三个部分:第一部分论述传播研
究的媒介化转向是如何发生的,也是对媒介化理论进行一个总体的论述;
第二部分和第三部分分别论述"媒介化研究团队"中的两位代表人物德
布雷和夏瓦的媒介理论。

一　从媒介研究到媒介化研究

　　媒介研究总是把媒介视为一种与社会文化相分离的中介性要素。研
究者将媒介视为一种传播工具,重点关注传播工具所承载的信息和内容
对个人和社会产生的影响,这就是传播效果研究的主要关注领域。媒介
作为一种承载信息和内容的工具,会影响到传播效果的好坏。比如,有
些内容适合在电视上传播,有些内容适合在报纸上传播,有些内容适合
在互联网上传播。然而,媒介化研究则认为,媒介技术的飞速发展使得
"现代社会已然完全被媒介所'浸透',以至于媒介再也不能被视为一种
与文化和其他社会制度相分离的中立性要素"。② 也就是说,媒介与社会
文化是密不可分的,整个社会是围绕着媒介逻辑建立起来的,也随着媒
介逻辑的改变而发生相应的变革。

　　此外,媒介环境学派代表了媒介研究的另外一个方向。该方向不再
将媒介视为一种承载信息和内容的工具,也不再关注传播效果,主要关
注媒介技术本身对社会变革的影响。但是,媒介环境学派通常被贴上
"媒介决定论"的标签,因为它们只是单方面地关注媒介技术对社会文
化变革的影响与作用,通常将不同媒介之间的区别视为研究重点,比如
不同的媒介代表了不同的偏向,这些不同的偏向决定了社会朝着不同的

---

① 戴宇辰:《媒介化研究:一种新的传播研究范式》,《安徽大学学报》(哲学社会科学版) 2018 年第 2 期。

② Stig Hjarvard, "The Mediatization of Society: A Theory of the Media as Agents of Social and Cultural Change," *Nordicom Review*, Vol. 29, No. 2 (2008): 105-134.

方向变革。而媒介化研究不再单纯关注媒介技术，而是将其视为一种社会场域。该社会场域与其他社会场域之间并不是相互分离的，而是一种相互交融、相互影响、共同发展的关系。

同时，媒介环境学派将媒介技术对社会文化的影响看成静态的、稳定的，也就是说，一种媒介技术对社会文化产生的影响是持续不变的。然而，媒介化研究则将媒介实践视为一个动态变化的过程，它可以根据自身逻辑的变化来重构社会结构。换言之，在媒介化研究者看来，媒介场域与其他场域之间的关系并不是稳定不变的。媒介场域侵入其他场域之后不仅会改变其他场域的运行逻辑，还会导致自身运行逻辑的改变，并且，两个场域融合起来之后还会产生新的社会实践空间。例如，在近几年的美国总统选举过程中，候选人的一举一动不仅要尽力符合政治场域的逻辑规则，还需要适应媒介场域的逻辑规则，只有这样做，候选人才有机会在竞选中脱颖而出。

当前，媒介场域几乎侵入了所有其他的社会场域，真正实现了媒介化生存。正如 Livingstone 所言，"几十年前，我们的研究成果往往以这样的名字作为标题：'大众传播和……''电视和……'等等。但现在，我们的标题却是'媒介化政治''媒介化健康''媒介化家庭'。这一用语的转变暗示出这样一种研究的重新定位：从将媒介作为一种有影响效力的、独立的社会机构，从而考察其与其他社会机构的关系的社会分析，转向一种考察所有事物的媒介化分析，即一种关注所有有影响力的社会机构通过媒介化而发生转变的社会分析……在一个重度媒介化的社会中，个人再也不能在忽视媒介的影响的前提下独立考察政治与健康，或者社会与家庭之间的关系。这些社会领域及其交织部分已然被媒介化"。[①]

总之，从媒介研究到媒介化研究，我们对媒介的认识发生了以下两点变化。第一，在宏观层面，我们对媒介的理解必须"去本质化"，将媒介理解为一个独立于政治、经济、文化的社会机构，将媒介实践视为一个动态演变的社会实践过程。社会机制也会随着媒介逻辑的改变而发生相应的变化。作为社会机构的媒介具有两个显著的特征：规

---

① 转引自戴宇辰《媒介化研究：一种新的传播研究范式》，《安徽大学学报》（哲学社会科学版）2018 年第 2 期。

则和资源分配。一个独立运行的社会机构必须有自身的规则，其成员也必须遵守规则才能使该机构正常地运行下去。比如，新闻机构想要正常运行下去，其成员在新闻采写的过程中就必须遵守"真实性"这一规则，否则新闻机构就无法运行下去。规则强调的是一个社会机构内部的运行惯习，资源分配强调的则是一个独立运行的社会机构对于外部其他机构的权力渗透与控制，主要表现为某个社会机构掌握了某些社会资源，其对这些资源的分配和使用就会影响其他社会机构的运行方式。当前，新闻机构掌握的社会资源越来越多，对其他社会机构的影响也越来越大。比如，政治机构会借助新闻机构来宣传自己的思想，经济机构会借助新闻机构来广而告之自己的产品，文化机构也需要借助新闻机构来增加自己的新闻曝光度。对于作为社会机构的媒介的这两个显著特征，Hjarvard 指出："一是，媒介机构本身由具体的规则所操控，它们必须遵循大量的法律、守则，以及规章性制度。有些同样可以应用于其他社会机构，而有些完全是为了规范媒介活动所制定的；二是，媒介机构对于社会交往资源的掌控使得其余社会机构不断地依附于媒介所控制的资源，以至于为了获得这些资源，它们不得不受制于媒介运作过程中的一些具体性准则。"①

第二，在微观层面，我们对媒介的理解必须"去工具化"，将我们对媒介的使用与使用者的社会情境联系起来，将媒介化视为一种新的交往情境。这就是说，我们不仅应该将媒介理解为一个独立的社会机构，还应该将媒介理解为一种社会情境。作为社会机构的媒介特别强调媒介逻辑的重要性，但是，如果我们将媒介逻辑只是简单地理解为一种固定不变的规则和资源分配方式，这无疑是片面的，因为媒介逻辑会随着社会情境的变化而发生相应的改变。例如，当代电视代表的媒介逻辑与20年前的电视代表的媒介逻辑就有很大的差别。这种媒介逻辑的改变必然也会带来一种新的社会实践方式。比如，智能手机的出现就会带来一种新的人际传播方式。这种新的人际传播方式可以超越时空的限制，为传播者带来更多参与公共事务的可能性。由此可见，媒介作为社会情境意味着媒介化并

① Stig Hjarvard, *The Mediatization of Culture and Society* (London: Routledge, 2013), pp. 22-23.

不是一个社会机制向媒介逻辑屈服的过程，而是媒介主动建构一个新的交往情境，进而扩展社会实践可能性的过程。也就是说，"媒介的主要'影响'在于通过占有或驯化以技术为基础的交往活动，使文化生活的不同方面产生了长期的、不断增长的相互渗透作用——这一过程我们称之为媒介化"。① 事实上，这也是媒介化理论与媒介环境学派之间的差异所在。媒介环境学派"仅关注媒介技术的内在逻辑……技术和文化之间的互动，以及文化同样塑造技术的这一社会情境被忽视。媒介仅仅被化约为其技术性的'本质'"。② 换言之，媒介环境学派关注的是"去情境化"的媒介，忽视了媒介与具体社会、历史、文化之间的联系，这就很容易陷入"媒介决定论"的泥潭之中。而媒介化理论始终关注媒介所依托的具体情境，以及与社会环境之间动态的互动过程，即"将社会媒介化现实视为一种人造进程，而非技术决定过程。通过提供新的可能性，媒介化改变了人类交往活动；而通过使用媒介，人类也改变了自己建构社会的方式"。③

以上就是我们对媒介化理论的一个总体论述，下面两部分将重点论述德布雷和夏瓦的媒介化理论。

二　雷吉斯·德布雷：媒介学是关于媒介化的学问

雷吉斯·德布雷于 1940 年 9 月出生在法国巴黎的一个律师家庭。1960 年，他以第一名的成绩考入巴黎高等师范学院，师从阿尔都塞，后来获得哲学教师资格，毕业后在古巴哈瓦那大学任教。在此期间，他深受阿尔都塞的西方马克思主义思想的影响，积极投身于拉美革命运动。1967 年，他被捕入狱。在萨特、戴高乐将军、教皇保罗六世等人的声援下，德布雷于 1970 年提前出狱，结束了自己的革命生涯，并返回法国，成为法国的一名政府官员。直到 20 世纪 90 年代，他下决心离开政坛，重回高校继续自己的学术生涯。

---

① Andreas Hepp, Friedrich Krotz, What "Effect" Do Media Have? Mediatization and Process of Social-Cultural Change (paper represented at The International Communication Association Conference in San Francisco, May 24-28, 2007), p. 2.

② Stig Hjarvard, "The Mediatization of Society: A Theory of the Media as Agents of Social and Cultural Change," *Nordicom Review*, Vol. 29, No. 2 (2008): 105-134.

③ Friedrich Krotz, "The Meta-Process of 'Mediatization' as a Conceptual Frame," *Global Media and Communication*, Vol. 3, No. 3 (2007): 256-260.

德布雷于 20 世纪 80 年代前后开始转向媒介研究，于 1979 年在《法国的知识力量》一书中首次提出媒介学这个概念，并在随后的《普通媒介学教程》《媒介学宣言》《媒介学引论》等一系列著作中对媒介学进行了详细阐述。

关于媒介学，德布雷在《普通媒介学教程》一书中开宗明义地指出："媒介学自认是媒介化的学问，通过这些媒介化，一个观念成为物质力量。"① 从这句话可以看出，媒介学的重点在于"媒介化"这个概念，用"媒介化"取代"传播"，进而回答：抽象的观念和精神如何能被转化成一种固定的物质力量，并传承下去。德布雷进一步指出：我们需要从技术和文化互动的角度来回答上述问题。他以宗教改革为例来说明媒介化。在宗教改革之前，上帝的教义只能通过传教士来传播，自然也只有传教士拥有上帝的解释权。而在宗教改革之后，印刷术的出现与运用，让上帝的解释权又回到了民众自己的手中。每个人都可以通过阅读《圣经》来解释上帝的旨意。宗教思想也借此得以广泛传播，这是因为宗教思想经过媒介化被转化成了物质形式，可以面向大众进行广泛传播。由此可见，作为媒介学核心命题的"媒介化"就是将思想观念、意识形态等转化为物质实体的过程。

具体而言，要理解德布雷的媒介学思想，首先需要理解他对"媒介"的界定。关于"什么是媒介"，德布雷在《普通媒介学教程》一书中将媒介界定为："近似地指在特定技术和社会条件下，象征传递和流通的手段的集合。"② 这里的集合代表了"'媒介'具有四种可能性，主要包括：（1）符号化行为的普通方法（言语、书写、模拟图像、数字计算）；（2）传播的社会编码（发出口信时所使用的源语言，比如拉丁语、英语或捷克语）；（3）记录和存储的物质载体（黏土、莎草纸、羊皮纸、磁带、屏幕）；（4）与某种传播网络相对应的记录设备（手抄本、影印本、数字版）"。③ 这四种可能性并不是相互分离的，而是相互交织的，

① 〔法〕雷吉斯·德布雷：《普通媒介学教程》，陈卫星、王杨译，清华大学出版社，2014，第 3 页。
② 〔法〕雷吉斯·德布雷：《普通媒介学教程》，陈卫星、王杨译，清华大学出版社，2014，第 4 页。
③ 〔法〕雷吉斯·德布雷：《普通媒介学教程》，陈卫星、王杨译，清华大学出版社，2014，第 13 页。

其共同构成使思想观念物质化和实体化的传递装置。这里也体现出德布雷与麦克卢汉在理解媒介上的差异。德布雷认为，麦克卢汉对于媒介的理解过于狭窄，而在他看来，"一张桌子，一杯咖啡，一间阅览室，乃至所有技术物件、物质载体、社会机构，只要它们作为散播的场地和关键因素，作为感觉的介质和社交性的模具，就能够进入媒介学的领域"。① 可见，德布雷对于媒介的理解是包罗万象的，凡是能够将精神世界转化为物质实体的事物都可以被视为媒介。此外，德布雷也不认同麦克卢汉提出的"媒介即讯息"，因为他认为，媒介与讯息之间不应该是定义与被定义的关系，而应该是完全不同的两个概念，两者之间存在着紧密相连的传递关系。

当媒介学探讨思想观念如何通过媒介化成为物质实体的时候，媒介学的研究对象就是"传递"，而非"传播"。在德布雷看来，"传播属于社会心理学范畴，以传受双方的话语行为为出发点，往往因缺乏历史纵深而陷入解释力有限的困境，无法进行持续的文化建构"。② 而传递属于历史学范畴，"是以技术性能为出发点（通过媒介载体的使用），一方面，将这里和那里连接起来，形成网络（也就是社会）；另一方面，将以前的和现在的连接起来，形成连续性（也就是说文化的延续性）"。③ 也就是说，传播是在同一时空范围内进行的，更偏向空间；传递是在不同时空范围内进行的，更偏向时间。传播通常只需要通过媒介技术就能完成，因此传播技术的快速发展使得信息更容易在空间上扩展；而传递则需要通过媒介技术、社会组织、规章制度等多种中介共同完成，因此其对于社会观念、思想精神、集体记忆的影响是长久而深远的。

德布雷一直在强调思想观念与物质载体之间的互动，这便引出了媒介学的另一个核心概念：媒介域。德布雷将媒介域视为："一个信息和人的传递和运输环境，包括与其对应的知识加工方法和扩散方法……它同时是一个技术结构和制度结构。"④ 简言之，媒介域就是媒介技术创造的

---

① 胡翼青主编《西方媒介学名著导读》，北京大学出版社，2023，第147页。
② 胡翼青主编《西方传播学术史手册》，北京大学出版社，2023，第364页。
③ 〔法〕雷吉斯·德布雷：《媒介学引论》，刘文玲译，中国传媒大学出版社，2014，第5页。
④ 〔法〕雷吉斯·德布雷：《普通媒介学教程》，陈卫星、王杨译，清华大学出版社，2014，第262、271页。

社会环境。他尝试用媒介域这一概念来说明媒介技术与时代精神之间的关系，也就是从媒介的视角来看文明史的更替。正如他所言："每个媒介域都会产生一个特有的空间-时间组合……一个特定媒介域的消亡导致了它培育和庇护的社会意识形态的衰退。"① 德布雷根据主导媒介的变化，将人类文明史划分为三个媒介域：逻各斯域、书写域、图像域。"逻各斯域是一种不加掩饰的神学时代，在这个阶段，人类思考的主体性只是传递收到的真理。文字来自上帝，经由上帝口授、人类记录再口授而形成。而书写域指代活字印刷时代，也称'形而上学时代'。这一时代出现了大量的书写者与艺术家，人们开始用眼睛进行阅读，负载知识流动的印刷品深刻地改造了社会观念，而德布雷本人亦是书写域的坚定拥趸。在图像域时代，书籍被从象征的底座赶下台，人们开始注重视听媒介。"② 而且，这三个媒介域之间并不是线性更替的，也就是说，一个新的媒介域的出现并不会导致一个旧的媒介域的消亡。例如，互联网的出现并没有导致电视的消亡，电视的出现也没有导致报纸的消亡。正如德布雷所言："在我们的灵魂中，同时有一个书法的东方，一个印刷的欧洲，一个大屏幕上的美国。"③ 同时，德布雷还特别强调，一个新的媒介域的出现反而能让我们对旧媒介域中的媒介有更加深刻的认识。比如，电视的出现能让我们更好地理解广播的角色，广播的出现能让我们更好地理解报纸的角色。

　　总之，德布雷的媒介学思想丰富了媒介化研究的理论体系，也为传播学研究带来了一种新的视角，激发了传播学研究的想象力。一方面，他的媒介学扩大了媒介的内涵，不再将媒介视为一种无足轻重的中性的技术工具，而是特别强调了媒介的物质性，呼吁我们应该意识到技术工具和物质载体的重要性，一定程度上推动了媒介研究的物质性转向；另一方面，他的媒介学也指出，我们不应该将媒介视为一个纯粹的物，而应该关注媒介具有的文化物质性。这种文化物质性消解了传播学研究长期以来存在的物质与精神、主体与客体、形式与内容之间二元对立，特

① 〔法〕雷吉斯·德布雷：《普通媒介学教程》，陈卫星、王杨译，清华大学出版社，2014，第262、272页。
② 胡翼青主编《西方媒介学名著导读》，北京大学出版社，2023，第148页。
③ 〔法〕雷吉斯·德布雷：《普通媒介学教程》，陈卫星、王杨译，清华大学出版社，2014，第458页。

别强调了媒介在精神与物质之间起到的中介和转化作用，也指明了媒介技术与文化精神之间的互动关系。

三 施蒂格·夏瓦：从"中介化"到"媒介化"

施蒂格·夏瓦于 1960 年出生在丹麦，1979 年进入丹麦哥本哈根大学修读比较文学专业，经过本科、硕士、博士三个阶段的学习和研究，于 1994 年获得博士学位。他博士毕业后留校任教，目前是哥本哈根大学教授，并任挪威卑尔根大学兼职教授。夏瓦的研究领域为媒介与社会制度之间的关系，他在此基础上研究媒介化问题，并因此成为媒介化研究的主要奠基人之一。

夏瓦的媒介化理论主要有以下三个来源。首先是吉登斯的结构化理论。英国社会学家吉登斯的结构化理论是在批判传统社会学的基础上提出来的，试图推翻传统社会学中主观与客观、宏观与微观之间的二元对立。与结构功能主义对"结构"的理解不同，吉登斯将结构理解为"循环往复卷入社会系统再生产中的各种规则和资源"。[①] 这里的"规则"是指行动者在行动过程中遵循的正式或非正式的制度，比如，法律法规和风俗民俗等。"资源"是指配置型资源和权威型资源。配置型资源是指制度中的各种物质性和实体性资源；权威型资源是指行动者拥有的权力和资本。在此基础上，吉登斯看到了结构的二重性，看到了结构与行动之间动态融合的可能性，即结构既是行动的中介，又是行动的结果。也就是说，结构可以成为行动者行动的条件，同时，行动者的行为也在建构结构。吉登斯的结构二重性启发了夏瓦对媒介化理论的理解。在夏瓦看来，媒介化也具有两重性，即社会结构既能规范和限制行动者使用媒介的过程，同时，行动者对于媒介的使用也在建构着社会结构。

其次是新制度主义理论。美国学者彼得斯将 20 世纪中叶之前的制度研究称为旧制度主义。这一时期对制度的研究是宏观、静态的，只关注制度对个体的单方面影响，侧重探讨我们应该如何尽可能地建立一个完善的制度。后来，随着行为主义等注重对个人行为进行量化的研究范式

[①] 〔英〕安东尼·吉登斯：《社会的构成：结构化理论大纲》，李康、李猛译，生活·读书·新知三联书店，1998，第 39 页。

在社会学领域逐渐兴起，制度研究渐渐被边缘化。不过，这种研究范式也暴露了自身的局限，因为其研究缺乏整体性视角，忽略了对研究对象之间关系的研究。于是，到了 20 世纪 80 年代，西方社会学在选择性吸收行为主义理论的基础上重新将目光投向制度研究。詹姆斯·马奇和约翰·奥尔森在《新制度主义：政治生活中的组织因素》一文中首次提出新制度主义。新制度主义特别强调制度与个体行为之间的互动关系，即制度能影响个体行为，个体行为也能造成制度的变迁。基于此，夏瓦将新制度主义的思想引入媒介化研究，主要表现为运用制度逻辑来分析制度的变迁与个体的媒介使用之间的相互影响、相互建构的关系。

最后是布迪厄的场域理论。场域理论认为，社会系统由文化、经济、教育、政治等各种相互独立而自治的场域构成。在每一个场域中，存在着相应的权力结构、规范和惯习，个体在其中进行各种社会交互和资源争夺。布迪厄在《关于电视》一书中重点分析了新闻场域。他认为，虽然新闻场域与其他场域一样，都有自己内部独特的规范和惯习，但是相较于其他场域，新闻场域具有更强的他律性，更容易受到政治、经济、文化等其他场域的影响，同时，新闻场域也更容易渗透到其他场域中，影响其他场域的规范和惯习。比如，新闻舆论就容易影响到司法场域，干扰司法的判决。但是，布迪厄在论述新闻场域对其他场域的渗透影响时，没有认识到媒介技术所发挥的作用，也就是说，他没有意识到媒介场域的存在。基于此，夏瓦的媒介化理论就克服了这一局限，补充和发展了场域理论，探讨了媒介场域与其他场域之间的互动关系。

基于以上三个理论渊源，夏瓦的研究实现了从"中介化"到"媒介化"的转向。在他看来，传统的媒介研究主要形成了两大研究范式：媒介效果研究与媒介使用研究。前者主要关注媒介对人和社会产生的影响，后者主要关注人们使用媒介做什么。虽然这两种研究范式不尽相同，但都是在"传者-内容-受众"这一框架内展开，都将媒介视为一种与文化环境相剥离的工具性存在。夏瓦将这两种研究范式都称为"中介化"研究，即将媒介的作用限制在传播的内部回路之中，主要研究人们使用媒介这种工具所进行的具体的传播活动。但是，随着媒介对社会和文化的影响越来越大，媒介已经很难再与社会文化剥离开来，因此媒介研究不应该只是关注媒介作为一种传播内容的工具或中介进行的活动，而应该将关注的焦点放在媒介对社会和文化的结构性改变上来。夏瓦就是在这一背景下提出了"媒介化"研究。

具体而言，"媒介化"与"中介化"的差异主要体现在以下三个方面。首先，"中介化研究探讨在特定时间和空间中的传播实例，例如总统竞选时期博客的政治传播；媒介化研究关注媒介在文化和社会中所扮演角色的长期结构性转变"。① 其次，中介化在人类历史上很早就出现了，因为只要有传播活动，就会出现中介化。而媒介化在现代性的后期才出现，因为在这一阶段，媒介的演变与社会制度的变迁才紧密地结合在一起。最后，中介化和媒介化并不是前后相继出现的，而是并存的、相互关联的，媒介化的出现并不意味着中介化的消亡，并且，中介化的发展（媒介传播实践的发展）能推动社会和制度的媒介化，同时，媒介与社会和制度之间的互动也能为中介化的发展（媒介传播实践的发展）创造条件。从这三点差异可以看出，"媒介化研究试图超越特定的交流与传播情形而归纳一般性的结论。其目的在于探讨媒介和不同社会机制或文化现象间的结构性改变以及如何影响人类的想象力、关系和互动"。② 由此可见，在夏瓦看来，媒介化具有两重性，即"在特定的历史条件下，媒介既是一个独立、自治的社会系统，又与其他制度系统的运作相互交织"。③ 也就是说，媒介嵌入其他社会制度之中，同时，其自身也成为一种社会制度。夏瓦进一步指出，只有当媒介具有相当程度的自主性时，才能被视为一种社会制度，其对其他制度的影响也才能被视为媒介化。比如，印刷术的发明对于宗教传播的影响就不能被视为宗教的媒介化，因为当时的印刷术只是统治阶级的工具，还不具有自主性。因此，他认为："我们对媒介化的理解更为限定且明确，它被用于描述一种状态、进程或阶段，即媒介对其他社会制度或系统产生特殊的主导性影响的阶段。"④

---

① 〔丹〕施蒂格·夏瓦：《文化与社会的媒介化》，刘君等译，复旦大学出版社，2018，第 4 页。

② 〔丹〕施蒂格·夏瓦：《文化与社会的媒介化》，刘君等译，复旦大学出版社，2018，第 5 页。

③ Stig Hjarvard, "The Mediatization of Society: A Theory of the Media as Agents of Social and Cultural Change," *Nordicom Review*, Vol. 29, No. 2 (2008): 328-354.

④ 〔丹〕施蒂格·夏瓦：《文化与社会的媒介化》，刘君等译，复旦大学出版社，2018，第 18 页。

　　夏瓦的媒介化研究中的一个核心概念就是媒介逻辑。夏瓦将其定义为："用于描述特定制度的、美学的和技术的独特方式，包括媒介分配物质和符号资源的方式以及在正式和非正式规则下运作的方式。"① 这一概念是处在不断变化之中的，并不指向一种统一的、普遍的、线性的逻辑，不同的媒介拥有不同的逻辑。他在论述中多次强调了媒介化研究的语境化，即我们对媒介逻辑的理解需要结合一定的社会、文化、制度语境，只有这样才能更好地理解宏观社会与微观实践之间的互动关系。同时，夏瓦也特别指出，我们要避免因为对社会互动的过分强调而遮蔽了对媒介本身的理解。正如他所言："媒介自身特质不应该被简化或消解为情景化社会互动的实践，媒介逻辑提醒着我们应从何种角度去理解媒介特质与社会实践之间的融合互动。"②

　　关于媒介与社会文化之间的互动，夏瓦特别指出："我们应从制度视角来研究媒介及其与文化和社会的互动。制度视角将媒介化分析置于文化和社会的中观层面，既高于微观的社会互动分析，又低于将社会视为一个整体的宏观考察。与此同时，制度视角使我们更好地了解媒介和其他社会领域（制度）之间的互动。"③ 这里的制度视角是新制度主义的视角，与传统的制度视角只关注媒介制度与其他社会制度之间的关联不同，夏瓦的制度视角既包括宏观层面的社会活动，又包括中观层面的制度互动和微观层面的个体行为。正如夏瓦所言："本质上而言，我们探寻在特定的制度下媒介如何介入个体之间的交流和互动（如家庭成员之间使用移动电话）；媒介如何介入制度之间的互动和传播（如网络媒介允许在家办公）；以及媒介如何影响整个社会中个体的传播活动（例如，宣传与观察喜庆、危机或悲剧性的重要事件）。"④ 总之，在夏瓦看来，"在制度逻辑发生重叠的不同情形中，媒介虽然未必总能发挥决定性的效用，

---

① 〔丹〕施蒂格·夏瓦：《文化与社会的媒介化》，刘君等译，复旦大学出版社，2018，第21页。
② 〔丹〕施蒂格·夏瓦：《文化与社会的媒介化》，刘君等译，复旦大学出版社，2018，第22页。
③ 〔丹〕施蒂格·夏瓦：《文化与社会的媒介化》，刘君等译，复旦大学出版社，2018，第17页。
④ 〔丹〕施蒂格·夏瓦：《文化与社会的媒介化》，刘君等译，复旦大学出版社，2018，第29~30页。

但重要的是，制度逻辑的重叠或融合为社会文化的变迁创造了有利的条件"。① 也就是说，媒介已经成为一种相对独立的社会制度，其在与其他社会制度的互动过程中逐渐将自身的逻辑植入其中。这样，其他社会制度也不得不适应媒介逻辑才能获得相应的资源。

此外，夏瓦从形式上将媒介化分为直接媒介化和间接媒介化。直接媒介化是指将非媒介化活动直接转变为媒介化活动，即"媒介成为特定社会活动的必要交互界面"。② 比如，聊天、购物等线下活动都通过媒介化逐渐转移到了线上。与直接媒介化相比，间接媒介化更为隐蔽，具体指某些社会活动在形式和内容上越来越多地介入媒介符号。例如，肯德基、麦当劳等快餐店就在自己的就餐环境中介入了很多媒介符号（最新电影的宣传海报、电影角色玩具等），将用餐场所变为娱乐营销场所。

---

① 〔丹〕施蒂格·夏瓦：《媒介化：社会变迁中媒介的角色》，刘君、范伊馨译，《山西大学学报》（哲学社会科学版）2015 年第 5 期。
② 〔丹〕施蒂格·夏瓦：《文化与社会的媒介化》，刘君等译，复旦大学出版社，2018，第 24 页。

第五章　新媒体时代传播学的身体转向

行文至第四章，本书已经完成了写作的初步构想，即根据主客二元论传播学在新媒体时代遭遇的危机，从媒介现象学的路径来重新审视传播学，论述媒介理论研究的兴起就是传播学走出危机的重要契机，该研究也能让传播学回到自己最基本的出发点。虽然媒介理论研究理应成为新媒体时代传播学的研究范式，但是媒介理论研究对于媒介的思考并不是在新媒体语境下进行的，而是在探讨所有的媒介。如果我们将媒介理论研究放在新媒体语境下思考，那么媒介理论研究会给新媒体时代的传播学带来哪些新的变化？这是第五章和第六章所要解决的问题。

媒介理论研究的兴起需要我们重新理解媒介与人、媒介与世界的关系。这种关系的重新理解会给新媒体时代的传播学研究带来两个重要的转向：身体转向和空间转向。身体和空间都是主客二元论传播学所忽略的对象，因为在主客体二元对立的框架下，意识是第一性的，身体是第二性的；时间是第一性的，空间是第二性的。也就是说，身体和空间都是附属性的，自然也就会遭到忽视。传播学的身体转向和空间转向就是在推翻主客体二元对立的框架下出现的，不仅仅是身体和空间将成为新媒体时代传播学的重点研究对象，更重要的是，我们对身体和空间的理解将出现重大的转变。这种转变会促使我们进一步理解媒介与人以及媒介与世界的关系。

本章将论述新媒体时代传播学的身体转向，共分为三节：第一节梳理身体转向的由来，即西方哲学是如何发生身体转向的，这是传播学身体转向的理论背景；第二节分析从大众传播时代到新媒体传播时代，传播学研究是怎样发生从身体传播到具身传播的身体转向的；第三节先是论述新媒体时代的"人"的三种身体形态，然后根据这三种身体形态，重新理解人与媒介的关系。

第一节　身体转向的由来：西方哲学的身体转向

身体转向是指西方哲学开始重点关注与"身体"有关的话题，并且，试图从身体的视角来重新审视某些学术问题。那么，何谓身体？想要对身体下一个定义非常困难，因为各家各派的身体研究都只是研究身体的某个属性，或者从身体的某一角度出发来审视某个问题，很少论述身体的整体性特征。也正因如此，身体研究是多维度的。我们可以从多维度的身体研究中找到一条能够有效理解身体转向的路径，即身体研究的重点从传统身心二元论中的灵魂、精神、理性等转向身心合一的被置于存在境遇和各种社会关系中的身体本身。

笔者在本节中把从古至今的西方身体研究划分为三个阶段：古代的身体观、近代的身体观、现代的身体观。其中，古代和近代的身体观都属于身体转向之前的身体观；现代的身体观属于身体转向之后的身体观。本节通过对这三个阶段身体观的简单梳理，为后面研究传播学的身体转向做好铺垫。

一　西方古代的身体观

古代的身体观主要包含两个阶段：第一个阶段是古希腊的身体观；第二个阶段是中世纪的身体观。

（一）古希腊的身体观

从现有资料来看，虽然古希腊的身体观是多种多样的，但主要还是持二元论的观点，即身体与灵魂是二元对立的。在这个二元对立的结构中，灵魂优先于身体，灵魂是不朽的、永恒的，身体是有限的、会死亡的。正如苏格拉底所言："我们认为死就是灵魂和肉体的分离；处于死的状态就是肉体离开了灵魂而独自存在，灵魂离开了肉体而独自存在。"① 也就是说，苏格拉底认为，死亡并不意味着人生的终结，只是让灵魂摆脱了肉体的束缚而实现不朽。从苏格拉底对身体和灵魂的界定中也可以

---

① 〔古希腊〕柏拉图：《斐多：柏拉图对话录之一》，杨绛译，辽宁人民出版社，2000，第13页。

看出，他认为灵魂是高于身体的。正如他所言："灵魂很像那种神圣的、不朽的、智慧的、一致的、不可分解的，而且永不改变的。肉体呢，正相反，很像那凡人的、现世的、多种多样的、不明智的、可以分解的，而且变化无定的。"① 由此可见，以苏格拉底为代表，古希腊哲学家大多在贬低身体的功能和价值，提倡灵魂的神圣性和不朽性。

柏拉图全面继承了苏格拉底的身体观。他认为："凡是灵魂都是不朽的——因为凡是永远自动的都是不朽的……凡是自动的才是动的初始，就其为初始而言，既不能由它物创生，也不能毁灭，否则全体宇宙和万事万物就同归于尽，永不能再有一物使它们动，使它们又开始生存。自动者的不朽既然证明了，我们就可毫不迟疑地说：这种自动性就是灵魂的本质和定义。"② 柏拉图之所以认为灵魂具有自动性，就在于他认为灵魂来源于理念世界，带有理念世界的本源性；而身体则来源于现象世界，受到灵魂的支配。柏拉图进一步指出，身体感官只能获得转瞬即逝的虚假知识；人类只有排除身体的干扰，用灵魂才能获得真实知识。这里的真实知识不是用身体感知到的瞬间印象，而是用灵魂认识到的永恒真理。

虽然亚里士多德并不完全赞同柏拉图的身体观，因为他认为我们没有必要将灵魂与身体截然分开。但是，亚里士多德也没有完全抛弃身心二元论的身体观，他认为灵魂相对于身体而言具有优先性。这一点从亚里士多德的"四因说"能得到论证，他认为："灵魂乃是有生命躯体的原因和本原，原因和本原这两个词有多种意义，而灵魂作为躯体的原因，是用在我们已区分过的三种意义上：它是躯体运动的始点，是躯体的目的，是一切拥有灵魂的躯体的实体。"③ 这就是说，亚里士多德认为，身体本身不具有能动性，只是机械的器官组合，身体的能动性来源于灵魂的指导和推动。

总体而言，以上三位古希腊哲学家之所以都持有相似的身心二元论，是因为他们的思想来源于古希腊的"逻各斯中心主义"。逻各斯在古希

① 〔古希腊〕柏拉图：《斐多：柏拉图对话录之一》，杨绛译，辽宁人民出版社，2000，第42页。
② 〔古希腊〕柏拉图：《柏拉图文艺对话集》，朱光潜译，人民文学出版社，1959，第112页。
③ 苗力田主编《亚里士多德全集》第三卷，中国人民大学出版社，1992，第415页。

腊就有理性、规则、本质的意思。古希腊人认为人与动物的根本区别就在于人具有遵循逻各斯的能力。由此可见，古希腊人一直都在追求世界表象背后那个永恒不变的本质规律。古希腊人对逻各斯的崇拜，就是对灵魂的崇拜，对身体的贬抑。因此，古希腊的哲人们都试图摆脱身体的束缚，从灵魂的高度去认识处于表象世界的身体。在他们看来，身体只是无个性、无时间、无能动的器官组合。

（二）中世纪的身体观

古希腊的身体观经由柏拉图主义者的传承，进入中世纪基督教的思想中。在中世纪，身体仍然被放在身心二元论的框架中来认识。基督教教徒们仍然将身体贬抑为灵魂的"敌人"。他们认为，人类需要克服自己的身体欲望，尽力去追求灵魂的升华。在他们看来，身体欲望如果不加以控制，必将导致恶的行为出现。因此，在中世纪，几乎所有思想家都认为我们应该用灵魂或理性去控制自己的身体欲望。

基督教思想的奠基者奥古斯丁就提出："主啊，我怎样寻获你呢？我寻求你天主的时候，是在寻求幸福的生命。我的肉体靠灵魂生活，而灵魂是靠你生活，所以我将寻求你，使我的灵魂生活。"[1] 这就是说，在奥古斯丁看来，人生在世的终极目标是追寻上帝，因为上帝代表着绝对的真善美，但是肉体欲望会阻止我们的追寻，将我们引向恶的方向。因此，人类需要灵魂和理性来抑制自己的肉体欲望。同时，人类的灵魂和理性又需要上帝的指引才能完成对肉体欲望的控制。

在奥古斯丁之后，中世纪另一位神学家圣多玛斯·阿奎纳虽然继承了亚里士多德的灵肉合一的思想，但是他仍然坚持认为灵魂高于身体，正如他所言："灵魂结合肉身，构成全人统一的实体，同时灵魂超越肉身，不受肉身的局限。"[2] 中世纪末期，阿奎纳虽然在一定程度上承认了知识来源于身体感官的观点，但是他仍然将身体感官的这种功能归因于灵魂和理性的作用。

由此可见，在如何看待身体这个问题上，中世纪的思想家几乎都持

---

[1]　〔古罗马〕奥古斯丁：《奥古斯丁忏悔录》，向云常译，华文出版社，2003，第238页。

[2]　〔意〕圣多玛斯·阿奎纳：《宇宙间的灵智实体问题》，吕穆迪译，台湾商务印书馆，1970，第52页。

灵魂高于身体的身心二元论的观点，都在贬抑肉身的价值、拔高灵魂的价值，都将上帝视为灵魂追求的终极目标。

二　西方近代的身体观

笔者在这部分将近代的身体观分为四小节来探讨：一是近代哲学的创始人笛卡尔的身体观；二是唯理主义哲学家的身体观；三是经验主义哲学家的身体观；四是德国古典哲学的身体观。

（一）笛卡尔的身心二元论

到了近代，西方哲学从本体论转向了认识论。笛卡尔提出的"我思故我在"就确立了"我"在认识中的主体地位，也确立了"理性"在认识中的决定性作用。我们可以将"我思故我在"解释为我在思考（怀疑），所以我存在；如果我停止了思考，我就不存在了。笛卡尔将"我"分为身体和灵魂的组合，在这个二元组合中，他认为，灵魂才是"我"的本体，因为只有灵魂才能使我们认识到事物的本质，才能获得真正的知识，而身体感官不具有认识事物本质和获得知识的能力。正如他所言："我是一个本体，它的全部本质或本性只是思想。它之所以是，并不需要地点，并不依赖任何物质性的东西。所以这个我，这个使我成其为我的灵魂，是与形体完全不同的。"① 笛卡尔以我们对蜂蜡的认识过程为例说明身体感官的不可靠。他指出，我们通过自己的身体感官只能认识到蜂蜡的形状、大小、颜色、气味等外部特征，并不能认识到蜂蜡的本质，因为一旦我们把蜂蜡拿到火炉边，它的外部特征就全变了。如果我们想要知道蜂蜡仍然是那块蜂蜡，就必须依靠来自灵魂中的理性，身体感官是不可靠的。因此，笛卡尔没有将科学认识的任务交给身体感官，而是交给了灵魂中的理性。

由此可见，笛卡尔的"我思故我在"中的"我"将身体感官完全排除在外，只留下灵魂和理性。在他看来，身体是机械地显现于空间中的客体，具有广延性、可分性，也就是说，我们可以将身体切分为更小的单元来认识。这种身体观也直接影响了近代唯理主义和经验主义的哲学家们。

---

① 〔法〕笛卡尔：《谈谈方法》，王太庆译，商务印书馆，2000，第28页。

（二）唯理主义哲学家的身心二元论

唯理主义哲学家斯宾诺莎的思想中最核心的概念是实体。所谓实体，"我理解为在自身内并通过自身而被认识的东西。换言之，形成实体的概念，可以无须借助他物的概念"。① 由此可见，在斯宾诺莎看来，实体是自因的、无限的、永恒的、不可分割的。他试图用这个实体来消解笛卡尔的身心二元论，主张身心平行论。身心平行论是指身体与心灵虽然是同一个实体，但只是同一个实体的两个不同属性，并且，这两个不同属性是平行的，不能相互决定。可见，虽然斯宾诺莎试图用实体一元论来消解笛卡尔的身心二元论，但是在他的思想中仍然有身心二元论的残余。因为斯宾诺莎虽然不再将身体和精神视为两个不同的实体，但是他并没有放弃身心二元论的观点，他只是消解了实体的身心二元论，并没有消解属性的身心二元论，因为他认为身体和精神是相互平行的，并不相互影响。

在斯宾诺莎的基础上，德国哲学家莱布尼茨重新理解了实体这个概念。与斯宾诺莎一样，莱布尼茨也认为世间万物的本质是实体，也认为实体是自因的、无限的、永恒的、不可分割的。但是，与斯宾诺莎不同，莱布尼茨认为实体不是一个，而是无限多个。他将这些无限多个的实体称为"单子"。在他看来，虽然这些无限多个的"单子"彼此是不相同的，但是是相互联系在一起的。也就是说，每个"单子"的发展变化与其他"单子"的发展变化是相互联系的，最后所有"单子"能形成和谐一致的状态。同时，莱布尼茨认为，这些"单子"不是物质实体，而是精神实体。一个个的"单子"就是一个个自因的、无限的、永恒的、不可分割的心灵。由此可见，莱布尼茨全面贯彻了笛卡尔的灵魂高于身体的身心二元论。他指出："我一向并且现在仍然赞成笛卡尔先生曾主张的对于上帝的天赋观念，并且因此也认为有其他一些不能来自感觉的天赋观念。现在，我按照这个新的体系（指'单子'论——引者注）走得更远了；我甚至认为我们灵魂的一切思想和行为都是来自它自己内部，而不能是由感觉给予它的。"②

---

① 〔荷〕斯宾诺莎：《伦理学》，贺麟译，商务印书馆，1983，第 3 页。
② 〔德〕莱布尼茨：《人类理智新论》，陈修斋译，商务印书馆，2002，第 36 页。

（三）经验主义哲学家的身心二元论

经验主义哲学家虽然认为身体感官在知识获得过程中起着重要作用，但是他们也承认身体感官所能获得的只是一些零碎的经验，这些零碎经验需要精神和理性的加工与概括，才能最终形成知识。

英国哲学家洛克是第一位系统阐述经验主义的哲学家。他完全否定了唯理主义哲学家秉持的天赋观念论。他认为，虽然人的理性认识能力是先天的，但是人的观念和知识都是后天形成的。具体而言，在洛克看来，人的心灵在刚出生的时候如同一张没有任何印迹的"白板"，后天的经验在上面留下了印迹，这些印迹构成了观念，这些观念又构成了知识。

一方面，一切观念都来源于经验，经验又分为对外部世界的感觉和对内心世界的反省。其中，大小、形状、气味、颜色、味道等观念就源于外部事物对我们感官的刺激而形成的感觉。"心理活动是观念的另一个来源：知觉、思想、怀疑、信仰、推论、认识、意欲以及人心的一切作用都属于这一类观念。这是来自反省的观念，即人心在反省自己的感觉活动时得到的观念。"①

另一方面，知识就是认识主体对于观念之间关系的认识。根据观念之间关系的不同，我们可以将知识由高到低分为：直观的知识、证明的知识、感觉的知识。其中，直观的知识是指不必借助其他观念，直接对两个观念是否相符合的认识；证明的知识是指必须借助一定的观念才能证明两个观念之间关系的知识；感觉的知识是指直接对观念的认识。

从以上洛克对观念和知识的看法中可以看出，虽然观念和知识都来源于感觉经验，但是仍然离不开认为人的心灵对感觉经验会产生理性认识这一观点。由此可见，洛克仍然是身心二元论的支持者。

贝克莱（也译作柏克莱）继承了洛克的经验论思想，也意识到了洛克思想中蕴含的矛盾。这个矛盾就是洛克一方面承认心外有物，另一方面又将知识局限在观念的范围内，这样就无法证明知识是否符合外在事物。贝克莱正是在这个矛盾的基础上提出著名命题：存在即被感知。这

---

① 杨大春：《现代性与主体的命运》，中国人民大学出版社，2019，第61页。

就是说，贝克莱认为："具有一个观念与感知一个观念完全是一回事。"[1]他认为，我们的认识过程包含两个要素：一是作为认识对象的观念；二是作为认识主体的心灵。在贝克莱看来，作为认识对象的观念不能离开作为认识主体的心灵而独立存在，也就是说，观念只存在于能感知的心灵之中。

在此基础上，贝克莱进一步指出，一切事物的存在都在于被心灵感知，因为贝克莱将一切事物都视为观念的集合。这里，贝克莱并不是说我感知到事物，它才存在，没感知到事物，它就不存在，因为作为感知者的心灵并不是某个人的，而是所有人的。也即是说，一个事物并不会因为我的心灵没有感知到它，它就不存在，因为还有其他人的心灵在感知它。就算所有人的心灵都没有感知到它，它也存在，因为还有一个无限的心灵在感知它，这个无限的心灵就是上帝。由此可见，与洛克一样，贝克莱仍然持有心灵先于身体的身心二元论。

（四）德国古典哲学中的身心二元论

康德是德国古典哲学的创始人，他的哲学思想对于整个西方哲学的影响非常大，这种影响体现为他在认识论上的"哥白尼式的革命"。这种革命颠覆了过去认识论中强调的主体符合客体的观念，他主张客体符合主体。康德认为，这种认识论的革命可以调和唯理论和经验论之间的矛盾。唯理论和经验论之争会使我们陷入困境之中："如果知识必须建立在经验的基础上，知识就不可能有普遍必然性；如果知识有普遍必然性，它就必须是先天的而不可能建立在经验的基础上。"[2] 面对这样的困境，康德认为我们需要将先天的理性认识和后天的感官经验结合起来。结合的方式就是：知识的内容源于后天的感官经验，知识的形式源于先天的理性认知结构。也就是说，康德一方面承认我们的知识来源于感官经验，另一方面又认为知识的形成依赖于主体先天的认识结构对经验材料的加工。这种加工既使得知识具有普遍必然性，又使得经验需要经过灵魂和理性的加工才能形成知识。由此可见，康德虽然试图调和理性认

---

① 〔英〕乔治·柏克莱：《人类知识原理》（修订本），关文运译，商务印书馆，1958，第23页。

② 张志伟：《西方哲学十五讲》，北京大学出版社，2004，第296页。

识和身体感官之间的矛盾，但是他仍然认为理性认识是高于身体感官的，因为知识的最终形成还是依赖于灵魂和理性的加工。

德国古典哲学另一位代表人物黑格尔提出了"实体即主体"。他认为实体不仅是固定的、客观的客体，还是活的、能动的、具有创造力的主体。黑格尔将这种主体与客体统一的实体称为绝对精神。

黑格尔认为，绝对精神是宇宙万物的基础和本原，其自身蕴含着否定的因素，这使它始终处在运动变化之中。这种绝对精神的能动性最终体现为人类精神的能动性。也就是说，绝对精神只有通过人类精神的辩证运动才能认识自己、完成自己。与康德不同，黑格尔认为认识不是一个静态的结构，而是一个由内在矛盾推动的运动发展过程。这种认识的运动发展过程决定了由认识得到的知识也处于持续更新的过程之中。

黑格尔认为，绝对精神的发展经历了三个阶段："（1）逻辑阶段——绝对精神在自然界和人类社会出现之前的自我发展阶段，表现为一系列纯概念或者说范畴的推演；（2）自然阶段——绝对精神外化为自然界后在自然界中发展的阶段；（3）精神阶段——绝对精神进入人的意识并在人的意识中最终回复到自身的阶段。"[①] 这三个阶段就是绝对精神展开自身、发展自身、回归自身，进而实现内容与形式的同一的过程。在黑格尔看来，思维是绝对精神的内容，存在是绝对精神的形式。两者的同一性主要表现在：思维是存在的本质，存在是思维的表现。这也就解释了黑格尔的那句名言："凡是合乎理性的东西都是现实的；凡是现实的东西都是合乎理性的。"[②] 这里，合乎理性的东西就是"思维"，现实的东西就是"存在"。由此可见，既然黑格尔将绝对精神视为世界的本源和世间万物运动的动力，那么他也在强调灵魂和精神的价值，贬低身体和感官的价值。

总体而言，近代的身体观仍然延续了古代身心二元论的思想。虽然不同的近代哲学家持有不同的身心二元论，但是仍然能够找到他们的共同点。一方面，他们都将世界划分为本质与现象，认为本质决定现象，而我们的身体感官只能认识到世界的现象，世界的本质需要我们的灵魂

---

① 杨大春：《现代性与主体的命运》，中国人民大学出版社，2019，第178页。
② 〔德〕黑格尔：《法哲学原理》，范扬、张企泰译，商务印书馆，2011，第11页。

和理性才能认识到；另一方面，他们都从空间的角度来研究身体，将身体视为机械的、被动的、共性的肉体，没有认识到身体的时间性、个性化、情境化。正是由身心二元论引发的一系列问题，推动了身体转向的出现。

三 西方现代的身体转向

笔者在这部分将身体转向分为两个阶段来论述。第一个阶段是身体转向的准备阶段。在这个阶段，虽然身体转向还没有完全到来，但是西方哲学已经出现了"破理性立身体"的思想，为后面的身体研究奠定了坚实的理论基础。德国哲学家叔本华和尼采无疑是这一思潮的先驱。第二个阶段是身体转向的实现阶段。这个阶段是从胡塞尔开始的，经由海德格尔、梅洛-庞蒂、福柯等人的研究发展，身体研究真正成为研究热点。

（一）身体转向的准备阶段

德国哲学家叔本华率先提出了作为意志的主体。他认为，人虽然离不开理性，但是理性不是万能的，它会使我们逐渐丧失知觉的感知能力，会使我们不再具有鲜活的生命。因此，叔本华将意志视为人感知世界、认识世界、改造世界的根本动力，强调了"我能"优先于"我思"。这里的"我"与笛卡尔所说的"我思故我在"中的"我"不同。笛卡尔的"我"等同于"我们"，这个"我们"作为理性的主体而存在。叔本华的"我"就是指自己，这个自己作为意志的主体而存在。

什么是意志？叔本华在谈到这个问题时指出："作为意志，它不同于表象，并且是在种类上不同于表象的。它是一切表象，一切客体和现象，可见性、客体性的根源。它不仅是个别（事物）的，同样也是整体（大全）的最内在的本质、内核。它显现于带有盲目性的自然力之中。它也显现于人类经过考虑的行动之中。"[①] 由此可见，意志与黑格尔的"绝对精神"类似，叔本华认为宇宙万物都是意志的客体化，并在此基础上提出了"世界是我的意志"这个重要命题。与"绝对精神"所不同的是，这里的意志不是精神，而是一种原始的生命力。因此，叔本华将生命意

---

① 〔德〕叔本华：《作为意志和表象的世界》，孙羽译，中国社会出版社，1999，第154页。

志视为支配我们行动的根本动力。这种生命意志是一种原始的欲望和冲动，总是寻求得到满足，但是又永远得不到满足，因此，叔本华认为人生就是一场悲剧。

叔本华进一步指出，这种生命意志是否得到满足，主要以身体的感受为衡量标准。因此，叔本华认为："身体的活动不是别的，只是客体化了的，亦即进入了直观的意志活动。"① 这就是说，身体是我们认识意志的前提条件。如果我们的意志得到满足，身体就会感到愉悦；如果我们的意志得不到满足，身体就会感到痛苦。因此，在叔本华看来，意志活动和身体活动是同一种活动，是我们一切行为的原动力。

叔本华之后，德国另一位著名哲学家尼采也探讨了作为意志的主体。只不过，尼采所探讨的意志不是生命意志，而是权力意志。权力意志是对生命意志的改造，它克服了生命意志的消极性和被动性，强调了积极去追求权力的主动性。尼采认为，追求权力"是指一种要想征服、掌控、克服、支配的原始冲动和欲望"。② 这种原始冲动与欲望是人的一切行为的原动力，可以促使人不断去创造，不断去进取，勇敢地去面对各种挫折和困难。具体而言，尼采将权力意志分为三个等级。第一个等级是针对被压迫者而言，主要表现为摆脱奴役、追求自由的意志；第二个等级是针对即将成为最强者的人而言，主要表现为要求与统治者享有同等权力的意志；第三个等级是针对最强者而言，主要表现为"制胜、义务感、责任感，表现为自信有一种人们能够赋予其方向的伟大势力，即英雄、预言家、凯撒、救世主、牧人"。③ 从三个等级可以看出，权力意志决定了我们的人生方向和奋斗目标，这个方向和目标就是使自己能够拥有权力，成为强者、统治者、勇敢者。

与叔本华一样，尼采也认为权力意志不是来源于灵魂，而是来源于身体。也就是说，身体在尼采哲学里面具有本体论的地位。他认为，身体不应被视为机械的、被动的器官组合，而应被视为具有能动性和创造性的本能和欲望。可见，尼采试图打破身心二元论的区分，消解灵魂和理性的霸权地位，还原身体的完整性和丰富性，将身体与世界紧密联系

---

① 〔德〕叔本华：《作为意志和表象的世界》，石冲白译，商务印书馆，2018，第151页。
② 张汝伦：《现代西方哲学十五讲》，北京大学出版社，2003，第53页。
③ 〔德〕尼采：《权力意志》，孙周兴译，商务印书馆，2007，第238页。

在一起。正如他所言："我的兄弟们，宁肯听健康肉体的话吧，这是一种较诚实较纯洁的声音。纯洁而且健康的肉体说得较切实，那丰满而且方正的肉体：他说起土地的意义。"[1] 这里的土地不是指只有从灵魂出发才能到达的彼岸世界，而是指从身体出发才能理解的此岸世界。这既可以看出尼采肯定了身体在人类生存过程中本体论的地位，也可以看出他试图以身体来重估一切价值的决心。

以身体来重估一切价值就是以身体是否达到陶醉状态来评价一切价值的高低。身体的陶醉状态是指一种审美状态。这种审美状态一方面表现为审美对象能够激起强烈的身体快感，能够满足身体的本能和欲望；另一方面是一种能够消解主客体二元对立，能够与世界融为一体的状态。总之，当尼采以身体的陶醉状态来重估一切价值的时候，传统认识论强调的理性认识模式已经被身体欲望解释世界的模式所取代。这种新模式使得"身体在欲望的驱使下介入世界，在欲望的驱使下对世界做出标记，提出解释。因此世界本无虚幻表象与不变本质之别，只是人本于自己欲念与生命力冲动的某种见解"。[2] 也就是说，世界本无本质，只有从身体的视角对世界的解释。这种解释呈现个性化、丰富性、流动性。

综上所述，叔本华和尼采的身体哲学虽然颠覆了传统认识论的意识主体和理性认识，但是并没有真正实现哲学领域的身体转向，因为他们虽然提到了身体的现世性，但是并没有真正解释清楚身体与世界的关系，这也为后来的身体转向奠定了基础。

（二）身体转向的实现阶段

身体转向是从现象学的出现开始的。现象学的创始人胡塞尔试图消解传统认识论中的主客体二元对立，虽然他也预设了一个先验的"我"，但是这个"我"并不是传统认识论设立的孤立的我，而是与世界融为一体的我，并且，胡塞尔认为，这个与世界融为一体的我不是用理性在认识世界，而是用直观在感知世界。这里的直观需要悬置所有的知识和成见，直接去感知对象。他强调，这里的感知离不开身体。正如他所言："身体始终作为感知器官在共同发挥着作用，并且它自身又是由各个相互

---

[1] 〔德〕尼采：《苏鲁支语录》，徐梵澄译，商务印书馆，1992，第27页。

[2] 欧阳灿灿：《当代欧美身体研究批评》，中国社会科学出版社，2015，第49页。

协调的感知器官所组成的一个完整的系统。身体自身的特征在于它是感知的身体。我们把它纯粹看作是一个主观运动的，并且是在感知行为中主观运动着的身体。"① 这里的身体也不是传统认识论意义上的机械肉体，而是具有系统性、生发性的整体。它能使我们直接回到事物本身，直接把握事物的本质。

在胡塞尔的基础上，海德格尔进一步将直观活动中的人视为"此在"。"此在"强调存在者在世界之中的存在。海德格尔将"此在"在世的存在方式称为"操心"。"操心"的过程就是人生在世不断地与外物、与他人打交道的过程。正如他所言："因为在世本质上就是操心，所以在前面的分析中，寓于上手事物的存在可以被把握为操劳，而与他人的在世内照面的共同此在共在可以被把握为操持。"② 这里的"上手事物"是指作为实用价值而出现的用具，其与人的存在密不可分。与"上手事物"相对的一个概念是"在手事物"，"在手事物"就是作为认识对象而出现的客体。在海德格尔看来，"我们日常与事物打交道的实践活动（海德格尔把这种活动叫'烦忙'，或'烦'）总是第一位的，我们一定是在已经熟悉了事物以后，才会把它作为一个外在于我，与我没有实践关系的东西来客观观察"。③ 也就是说，我们在与外物打交道的过程中会先将其视为"上手事物"，然后才将其视为"在手事物"。例如，我们在使用一把锤子的过程中，一般不会先观察再使用，而是在使用过程中出现问题时，才会去观察它。这里在使用过程中的锤子就是"上手事物"，被观察的锤子是"在手事物"。由此可见，海德格尔对现实世界体验和实践的强调使得他的存在论进一步靠近身体。

在海德格尔的基础上，梅洛-庞蒂将在世界中存在的存在者视为在世界中存在的身体。这里的身体不是身心二元论中作为客体被认识的对象，更不是传统意义上的心灵，而是两者的结合。梅洛-庞蒂认为，"人与世界的关系是一种知觉关系，知觉的主体是身体，知觉的对象则被称为被

---

① 〔德〕埃德蒙德·胡塞尔：《生活世界现象学》，倪梁康、张廷国译，上海译文出版社，2002，第58页。
② 〔德〕马丁·海德格尔：《存在与时间》，陈嘉映、王庆节译，生活·读书·新知三联书店，2006，第222~223页。
③ 张汝伦：《现代西方哲学十五讲》，北京大学出版社，2003，第232页。

知觉世界。身体主体摆脱了意识主体的超然性，它与对象的关系也不再是客观的认知关系，身体与世界之间存在着相互作用，传统意义上的心身、主客二元论由此被扬弃了"。① 这里，梅洛-庞蒂认为，我们只有通过知觉，而不是理性，才能领会到世界的本质。在他看来，"任何知觉，任何以知觉为前提的行动，简而言之，我们的身体的任何使用已经是原始的表达……知觉把一种意义置入不具有意义的东西之中，于是，它没有被耗尽在它所诞生的那一时刻中，相反，它开放了一个领域，开启了一种秩序，确立了一种制度或一种传统"。② 由此可见，知觉是一种最原始的表达，是一切表达的基础。它不再让我们以量化的或者模式化的方式看世界，而是回到人与世界最初的体验中去。这种最初的体验是一种身体经验，是人以身体与世界发生关系的原初状态。

梅洛-庞蒂在研究晚期用"肉"这个概念取代了"身体"，试图在一种更原始的层次上思考身与心的统一。与身体相比，"肉"更加不具有实体性，更加体现了活动性和含混性。这就是说，世界和人的身体都是"肉"，都是"活"的，都是物性与灵性的结合。这就彻底克服了其早期思想中残存的意识哲学，也彻底推动了20世纪后期哲学和思想领域的身体转向。

在梅洛-庞蒂的基础上，福柯更进一步地推翻了身体的物质性、机械性，建构了被权力、文化、知识塑造的身体。福柯认为，这种被建构的身体主要包含两方面的特征。一方面，福柯笔下的身体是权力生成和扩散的条件。"权力的实现不是依靠主体被动地接受精神上的塑造与影响，也不是日常生活之外对某些人群或某人的自上而下的肉体惩罚，而是必须要落实、体现为日常生活领域人们的身体言行与身体实践，如此福柯才得以向我们揭示了权力无孔不入的弥漫与扩张。"③ 另一方面，福柯笔下的身体是处于一定关系网络中，并被这个关系网络塑造的。当处在这种关系网络中的时候，身体将以各种规范和标准来衡量，将不再与世界产生关联，也不再具有时间性。至此，福柯彻底打开了西方身体研究的

---

① 杨大春：《现代性与主体的命运》，中国人民大学出版社，2019，第311页。
② Maurice Merleau-Ponty, *Phénoménologie De La Perception* (Paris: Librairie Gallimard, 1945), pp. 110–111.
③ 欧阳灿灿：《当代欧美身体研究批评》，中国社会科学出版社，2015，第75页。

视野，各个学科各个学派都开始从不同的视角来研究身体，身体也就成了西方人文社会科学研究的热点。

第二节　从身体传播到具身传播：传播学
研究的身体转向

笔者在上一节中梳理了西方哲学的身体转向是如何发生的。在本节中，笔者将在此背景下探讨传播学的身体转向，主要包含两个部分的内容，这两个部分将梳理从大众传播时代到新媒体传播时代，身体问题在传播学研究中是怎样经历从缺席到回归的过程的。这个过程又将怎样推动传播学研究的身体转向。其中，第一部分将梳理大众传播的兴起如何造成身体在传播过程中的缺席；第二部分将分析新媒体时代的到来又如何使身体在传播过程中得以重新回归。

一　从身体传播到大众传播：身体的缺席过程

在大众传播出现之前，身体传播是人类最重要的交流与沟通方式之一，身体在身体传播中始终在场，是一种重要的传播媒介，但是，大众传播的出现可以让身体不在场，处于缺席的状态。

（一）身体传播：以身体为传播媒介

身体传播是身心二元论视域下的产物。正如笔者在本章第一节中指出：身心二元论视域下的身体是机械的、被动的，无法认识到世界的本质，因此，也就只能被视为一种传播媒介。事实上，这种以身体为传播媒介的身体传播拥有很长的历史。在人类诞生之初，人类还没有生产出用来交流和传播的工具，甚至连语言都没有的时候，人类的交流与传播只能依靠身体。从某种程度上看，我们的身体是因传播与交流而存在的，也因传播与交流而进化。正如美国学者约翰·奥尼尔所言："人类身体是一种交往性身体，其直立姿态和视听能力的结合拓展出了一个符号的世界，这极大地丰富了我们的经验并使之超出了其他任何生命形式的范畴。"[1]　由此

---

[1]　〔美〕约翰·奥尼尔：《身体形态：现代社会的五种身体》，张旭春译，春风文艺出版社，1999，第4页。

可见，身体天然具有传播与交流的能力，身体也是最古老的传播媒介，比语言、文字、图像都早。当一个婴儿还在母亲腹中的时候，他就可以用身体的躁动来向世人传播自己存在的信息，当他出生以后，他可以用动作和表情来表达自己的喜怒哀乐。总之，身体的看与被看、听与被听、闻与被闻、触摸与被触摸，都是传播与交流的表现。身体是人最早用来交流和传播的媒介，这就意味着身体在传播活动中具有基础性地位。有怎样的身体，就有怎样的交流与传播方式，人类的传播与交流不能忽视身体的重要地位，因为身体不仅能够传播，还是人类最早的传播媒介，身体传播也是人类最早的传播形态。

进而言之，身体传播如何在现实中实现，这涉及身体传播的主要方式和主要形态。

在现实生活中，身体传播主要有以下三种方式：身体语言传播、身体动作传播、身体表情传播。其中，身体语言不是指手语或体语，而是指身体的发音器官发出来的有声语言。这个有声语言需要身体上的嘴和舌等多个器官配合才能"说"出来。说话作为一种身体动作，主要包含两个方面：一方面，说话过程中身体口型的变化和声带的振动是一种直接的身体动作；另一方面，说话过程中身体的面部、手脚等其他身体部位的配合也是一种辅助的身体动作。由此可见，语言也是身体传播的产物，因为它需要身体的参与才能完成。

既然有声语言是身体发出的，那么身体发出有声语言时的动作和表情对于理解其意义也非常重要，因此动作和表情也是身体传播重要和常见的两种方式。美国传播学家雷蒙德·罗斯的研究表明，在人们通过人际传播得到的信息量中，只有35%是通过语言传播得到的，其余65%是由非语言传播得到的，在这65%的由非语言传播得到的信息中，由动作和表情得到的信息占了绝大多数。英国社会学家吉登斯也认为，身体似乎是个简单概念，但实际上它不仅是我们拥有的物理实体，也是一个行动系统、一种实践模式，并且在日常互动中，身体的实际嵌入是维持连贯的自我认同感的基本途径。[①] 这种身体的实际嵌入是由身体动作和表

---

① 〔英〕安东尼·吉登斯：《现代性与自我认同：现代晚期的自我与社会》，赵旭东、方文译，生活·读书·新知三联书店，1998，第111页。

情完成的。此外，身体的动作和表情比语言更真实，因为人们在交流与传播的过程中可以控制自己说什么不说什么，但是很难控制自己的动作和表情，人们内心的真实想法总是不经意间泄露在自己的动作和表情里面，因为人们的动作和表情是对外界刺激的直接反应，语言则是间接反应。因此，我们有时候离开了动作和表情就很难真正理解别人的谈话内容，这也是现在可视电话受欢迎的原因。由此可见，我们研究身体传播必须考察身体动作传播和身体表情传播。

就身体动作传播而言，在语言产生之前，人类主要用各种动作来完成交流和传播活动；在语言产生之后，动作的交流和传播功能才变得没有那么突出，但是这种功能仍然在日常生活中被频繁使用。人们在日常生活中的点头、摇头、挥手、握手、牵手等动作都是在进行各种信息和意义的传播与交流。与表情相比，动作在捕捉人们内心想法方面更真实、更可靠，因为一个人的表情在短期内还可以控制，但是动作最多只能在一段时间内控制，很难长期控制，一个人内心的真实想法总会在平时的一举一动中显露出来。这也是为什么在二战期间，很多执行卧底任务的情报人员不是因为语言和表情，而是因为动作暴露了自己。

就身体表情传播而言，人类主要是通过面部器官中的眼睛和嘴来完成表情传播的。眼睛可以传神、可以"说话"，一个人的喜怒哀乐都可以通过眼睛表现出来，正如黑格尔所言："如果我们看一个人，首先就看他的眼睛，就可以找出了解他的全部表现的根据，因为全部表现都可以用最简单的方式从目光这个统一点上体会出来。目光是最能充分流露灵魂的器官，是内心生活和情感的主体性的集中点。"[①] 嘴是情感表现力仅次于眼睛的面部器官。一个人的喜怒哀乐基本上可以通过嘴表现出来。黑格尔认为，口仅次于眼，是面孔中最美的部分……口的"表情"变化多端，丰富度仅次于眼睛。口通过极轻微的运动和活动可以生动地表达出毫厘之差的讥讽、鄙夷和妒忌以及各种不同程度的悲喜；就连在静止状态中口也可以表现出爱情的温柔、严肃、淫荡、拘谨和牺牲精神等等。[②]

---

① 〔德〕黑格尔：《美学》第三卷上册，朱光潜译，商务印书馆，1979，第145~146页。
② 〔德〕黑格尔：《美学》第三卷上册，朱光潜译，商务印书馆，1979，第149~150页。

在现实生活中，身体传播主要有以下几种形态。一是交往身体的传播。每个人都可以通过自己的身体与别人交往，如握手、举手、挥手、招手、敬礼、拥抱、磕头、下跪、鞠躬等动作和行为都是交往身体的具体传播方式。二是劳动身体的传播。一个人在劳动的时候也在展示着自己的身体，一般情况下这种展示少有接受者，但是当得到媒体关注的时候，劳动的身体就能进行广泛的传播。三是消费身体的传播。在消费社会中，身体成为重要的消费对象。正如鲍德里亚（也译作波德里亚）所言：“在消费的全套装备中，有一种比其他一切都更美丽、更珍贵、更光彩夺目的物品——它比负载了全部内涵的汽车还要负载了更沉重的内涵。这便是身体。”① 四是政治身体的传播。一个人的政治身体不是天生的，而是权力关系的产物。正如福柯所言：“肉体也直接卷入某种政治领域；权力关系直接控制它，干预它，给它打上标记，训练它，折磨它，强迫它完成某些任务、表现某些仪式和发出某些信号。”② 可见，一个人的政治身体是可以进行信息传播的，比如，国家领导人的身体在某些重要场合的出现就可以传递出一些关键的信息。五是道德身体的传播。一个人的道德品质一般都是通过身体展现出来的，比如医护人员在疫情中最美的“逆行”，军人在地震中的奋不顾身。六是宗教身体的传播。烧香、拜佛、祷告、磕头、打坐等行为都在用身体表达信仰。七是体育身体的传播。体育运动最核心的内容就是身体运动，一个运动员的速度、力量、精神主要通过自己的身体传递出来。八是艺术身体的传播。很多艺术活动都需要通过身体来完成和传播，比如舞蹈、表演、播音主持、行为艺术等。

综上所述，身体不仅是最早的、最常见的传播媒介，而且身体传播还有多种方式和形态，虽然这看似拔高了身体在传播中的重要性，但是身体在身体传播中只是一种传播媒介，身体传播中的主体仍然是人的意识或心灵。也就是说，身体传播仍然是一种在身心二元论视域下以意识为传播主体、以身体为传播媒介的传播形态。

---

① 〔法〕让·波德里亚：《消费社会》，刘成富、全志钢译，南京大学出版社，2000，第138页。

② 〔法〕米歇尔·福柯：《规训与惩罚：监狱的诞生》，刘北成、杨远婴译，生活·读书·新知三联书店，1999，第27页。

（二）大众传播：身体的缺席

身体长期是主流传播学忽略的研究对象，究其原因，主要有以下两点。一是从时代背景来看，主流传播学形成于大众传播时代，大众传播一直都将传播视为精神交往活动，与身体无关，甚至身体是我们需要克服的对象，因为大众传播认为想要实现远距离的信息传播就必须摆脱身体的束缚。正如彼得斯所言："'交流'这一新观念容许肉体不在场而实现接触，这种接触对交流者（动物、人、机器）的身体形式并不关注，甚至对交流者'是否存在着有机体'都无所谓。"[①] 二是从思想根源来看，"主流传播学的去身体化趋势，不能仅仅从大众传播征服身体与空间实践的现实中观照，更要看到，这种来源于现代性哲学思想的理性意识主体观，构成了学术脉络层面的深层次原因"。[②] 也就是说，主流传播学持有的"去身体化"的理论观点可以被视为以理性为中心的主体哲学的产物。

针对传播学研究中的"身体缺席"，彼得斯在《对空言说：传播的观念史》一书中探讨了"身体在人类交流中可以多大程度地保持缺席"这个问题。他在梳理了从古希腊到近现代人类传播观念中对身体的观念之后，得出了结论："过去的交流成功标志是触摸灵魂，现在是触摸肉体。"[③] 也就是说，在彼得斯看来，虽然人类进入大众传播时代后，远距离的精神交流已经变得非常容易和普遍，但是身体在场仍然是确认交流是否成功的前提。进而言之，他认为是身体的排他性让身体在传播交流过程中具有不可替代的作用，因为身体在场的交流表明我把这段时间排他性地给了你，我也就不能同时跟其他人对话了。这也是异地恋和网恋总是不能带给人们安全感，网课和网络会议总是不能达到良好效果的原因。

事实上，大众传播时代的媒介研究者并不是完全没有探讨过身体。

---

① 〔美〕约翰·杜翰姆·彼得斯：《对空言说：传播的观念史》，邓建国译，上海译文出版社，2017，第351页。

② 孙玮：《交流者的身体：传播与在场——意识主体、身体-主体、智能主体的演变》，《国际新闻界》2018年第12期。

③ 〔美〕约翰·杜翰姆·彼得斯：《对空言说：传播的观念史》，邓建国译，上海译文出版社，2017，第351页。

首先，麦克卢汉就是最早开始谈论身体的媒介研究者之一，他提出的著名命题"媒介即人的延伸"，旨在阐明几乎任何一种媒介技术都是对身体一个器官或多个器官的延伸，虽然麦克卢汉是以身体为尺度来阐释媒介，但是他的思想依然可以为我们考察人机结合的身体提供参考。其次，基特勒的媒介考古学也在探讨机器与身体之间的关系，与麦克卢汉不同，他主要从技术的视角来考察身体。他认为，我们的身体在使用机器的时候也会被整合进机器系统中去。最后，传统传播学中的控制论也在关注传播与身体的关系问题。"在控制论70多年的发展历程中，动态平衡、反身性、自创生系统等核心概念的更迭，人机边界的结构和范围被不断界定，从反馈回路到将观察者纳入人机关系系统再到碳基与硅基生命形式的并置，但总的趋势是以信息流的方式定义身体与机械体的交互，这是实现跨介质传播的逻辑起点。"①

虽然主流传播学探讨过身体问题，但是并不成体系，因为只要涉及大众传播的相关议题，参与传播的传播主体和受众就都是被抽离了身体的意识主体。究其原因，与大众传媒诞生的时代有关。

如果考察大众传媒的历史，我们可以发现大众传媒的诞生和发展与人类的前三次工业革命密切相关。印刷术催生了第一次工业革命，也使得文字印刷品成为第一种大众传媒；电力催生了第二次工业革命，也使得广播和电视成了大众传媒；计算机催生了第三次工业革命，也使得电子计算机成了大众传媒。这三次工业革命及其所带来的大众传媒都在尽可能地切割和分离我们的身体感官。例如，文字印刷术将我们的视觉从身体中分离出来；广播将我们的听觉从身体中分离出来；电视将我们的视觉和听觉从身体中分离出来。正是这种切割和分离使得传播学不再关注整体性的身体，而仅关注脱离了身体的意识主体。

这一点在主流传播学的经验学派和批判学派中体现得非常明显。经验学派的研究框架基本上是围绕着拉斯韦尔的"5W"模式展开的，拉斯韦尔的"5W"模式确立了传播学的五大研究领域：关于传播者的控制研究；关于传播内容的内容研究；关于传播渠道的媒介研究；关于接受者

---

① 刘海龙、束开荣：《具身性与传播研究的身体观念——知觉现象学与认知科学的视角》，《兰州大学学报》（社会科学版）2019年第2期。

的受众研究；关于传播效果的效果研究。这五大研究领域都将传播视为脱离了身体在场的信息传播过程，这个过程由于脱离了身体的束缚可以实现远距离的传播。另外，传播学批判学派虽然提到过身体，但只是去挖掘身体所蕴含的权力关系和文化机制，没有真正去关注身体在传播中的重要作用。由此可见，经验学派和批判学派都受限于主客体二元对立的研究范式，没有看到身体的重要作用。

二 新媒体时代的具身传播：身体的回归过程

随着新媒体时代的到来，身体重新得以回归传播过程。这个回归不是回到古老的身体传播，而是重新理解身体，重新理解身体与媒介的关系，进而关注具身传播在新媒体传播过程中的重要作用。

（一）具身传播：以身体为传播主体

具身传播是身体转向视域下的产物，正如笔者在本章第一节中指出：身体转向视域下的身体是身心统一的现象身体。因为这种现象身体可以作为认知的主体，与周围环境构成一种具身认知的关系，所以身体在具身传播中就不再是一种传播媒介，而是传播主体。传播主体与周围环境构成一种具身关系，而这种具身关系的构成又依赖于人与媒介之间的具身关系，那么如何理解人与媒介之间的具身关系，我们可以从技术现象学谈起。

1. 技术现象学视域下人与技术的具身关系

技术现象学以现象学的视角来审视人与技术之间的关系。著名哲学家胡塞尔创立的现象学消解了西方近代传统认识论的主客体二元对立。胡塞尔将意识的意向性结构表述为"自我-意识-世界"。这个意向性结构表明自我的意识是与某物联系在一起的，这自然也就消解了人与世界之间的主客体关系。因此技术现象学也旨在消解作为主体的人与作为客体的技术之间的主客体关系。

海德格尔是第一个站在现象学视角审视人与技术之间关系的哲学家。他的技术现象学是在继承和批判胡塞尔的意向性结构的基础上建立起来的。因为海德格尔认为胡塞尔的意向性结构仍然预设了一个先验的自我，没有完全摆脱传统形而上学的阴影，所以海德格尔将胡塞尔的意向性结构调整为"此在-存在于-世界"。这里的"此在"是海德格尔哲学中的一个核心概念。他用"此在"来指代人,就是要推翻传统形而上学对人的理解,而在存在论层面上重新理解人。传统形而上学总是将人理解为一种独立的主体,认为世界总是外在于人的。而"此在"则始终在世界之中存在,即人与世界是融为一体的,人从一开始就跟世界上各种事物打交道。在与各种事物打交道的过程中,事物对我们来说是"上手状态"。笔者在前文中已经提到,"上手状态"是指事物对我们来说是作为使用对象而出现,不是作为认识对象而出现。如果使用对象是一种技术的话,这种技术无疑给出了人与世界打交道的方式。一言以蔽之,海德格尔的技术现象学从现象学的视角阐释了人与技术之间共生共在的关系。

美国当代著名技术哲学家唐·伊德在对传统现象学进行改造的基础上提出了后现象学。唐·伊德特别提出了人与技术之间的具身关系。在他看来,技术具身有两个特征,一是技术的"透明性",即好的技术可以融入自身"知觉的-身体的"经验中,它们"抽身而去",具有最大程度的"透明性",如助听器、眼镜和盲人的手杖等;二是技术在居间调节过程中,具有一种"扩展-缩小"的变化结构,所谓扩展指的是技术总能转化人们的知觉,人们的能力得到了扩展。如伽利略通过望远镜的"扩展"功能看到从未见到的月球表面。所谓缩小,指的是工具缩减了人们的身体感觉。[①] 当人与人之间面对面的交流被电话替代,人们只能用语音来感知彼此。唐·伊德依照技术具身的这两个特征提出了"(人-技术)-世界"具身关系模式。

综上所述,伊德的技术现象学所强调的人与技术之间的关系与海德格尔的技术现象学所强调的有很大程度上的相似性,他们将两者视为共生共在的关系,并且,伊德认为这种关系还具有具身性。

2. 媒介现象学视域下人与媒介的具身关系

海德格尔和唐·伊德的技术现象学无疑对麦克卢汉产生了重大影响,麦克卢汉在此基础上以现象学的视角来审视人与媒介之间的关系。他的著名论断"媒介即讯息"就与海德格尔和唐·伊德的技术现象学一脉相承。麦克卢汉认为,任何媒介,即人的延伸,对个人和社会的任何影响

①　谭雪芳:《图形化身、数字孪生与具身性在场:身体-技术关系模式下的传播新视野》,《现代传播(中国传媒大学学报)》2019年第8期。

都是由于新的尺度产生的。我们的任何一种延伸，或任何一种新技术，都会在事物中引进一种新的尺度。① 事实上，麦克卢汉强调的"引进一种新的尺度"规定了事物的呈现方式，比如，望远镜这种媒介能将远方的事物呈现给我们；显微镜这种媒介能将极其微小的事物呈现给我们。这就非常类似于海德格尔所谈论的技术对"此在"的呈现。

同时，这种新的尺度还规定了人们感知事物的方式，比如，报刊这种媒介使我们用文字来感知世界；收音机这种媒介使我们用声音来感知世界。这就非常类似于唐·伊德所谈论的技术对人的感知行为的影响。这同时也引出了麦克卢汉的另一个著名论断"媒介即人的延伸"，麦克卢汉眼中的媒介不只是报纸、广播、电视等大众媒介，他认为凡是能延伸我们的感知器官，进而改变我们感知能力的东西都可以被视为"媒介"。在此基础上，麦克卢汉依据人的感官的参与程度将所有媒介分为"冷媒介"和"热媒介"。麦克卢汉不仅将媒介视为身体和感官的延伸，还依据人的感官的参与程度来划分媒介，这些无疑体现了他认为人与媒介之间存在具身性的共生共在关系。

麦克卢汉眼中的媒介不是外在于主体的实体媒介，而是具身体验中的现象媒介。现象媒介是一种与人类传播实践共生共在的媒介，它并不存在于外部世界之中，而是存在于我们的身体经验之中。在传播实践过程中，媒介的物质形式逐渐隐匿和退场，使得人们只能感知到媒介的内容。这就表明了媒介的具身性，即媒介以隐匿和退场的方式与我们的身体经验产生关联。

当代德国媒介学家克莱默尔专门提到了媒介的具身性。他认为，媒介的具身性主要体现为：透明性和隐身性。它们是媒介发挥中介作用的先决条件。正如克莱默尔所言："我们听不到空气中的震动，但是能听到水壶的鸣声；我们看不到黄色光谱中的光波，但是能看到金丝雀；我们听到的不是 CD 而是音乐；而电影播映的时候银幕也会'消失'。媒介越是运行顺畅，就越是低于我们的感知阈值。"② 与此同时，媒介的隐匿过

---

① 〔加〕马歇尔·麦克卢汉：《理解媒介——论人的延伸》，何道宽译，商务印书馆，2000，第33页。

② Sybiller Krämer, *Medium*, *Messenger*, *Transmission: An Approach to Media Philosophy* (Amsterdam: Amsterdam University Press, 2015), p. 31.

程并不等同于传播学经验学派所强调的媒介只是作为一个对内容毫无影响的载体和渠道发挥作用。事实上，媒介的隐匿正是它发挥作用的方式，因为媒介是通过隐匿自身的方式来塑造我们的知觉体验，进而让我们感知到被中介的内容的。

由此可见，与身体传播不同，具身传播不是以身体为传播媒介的传播，而是从媒介现象学的视角来认识传播，并且特别强调人与媒介之间的具身关系，认为传播过程就是在这种具身关系中重塑身体经验和认知体验的，人与媒介之间也由此形成了共生共在的关系。这种具身关系中的"人"不再特指身心二元论视域下的意识，而是指身心统一的身体。这里的身体也不再是一种传播媒介，而是传播主体。当然，具身传播中的身体也可以成为一种传播媒介，即我们通过身体与世界打交道。这里的身体就既是传播主体又是传播媒介，作为主体的身体与作为媒介的身体密不可分。

（二）新媒体传播：身体的回归

笔者在前面论述了身体在大众传播中的缺席。到了新媒体时代，以数字媒体和人工智能为代表的新兴传播技术的兴起与运用成为身体在传播学中被重新激活的重要契机，也成为具身传播越来越受到大家关注和重视的重要原因。一方面，数字媒体可以将过去被传统媒体分割的身体重新整合起来；另一方面，人工智能技术可以实现身体与技术的融合，制造出人机结合的智能身体。

麦克卢汉的"媒介即人的延伸"就旨在表明媒介技术对身体的分割，正如他所言："技术的影响不是发生在意见和观念的层面上，而是要坚定不移、不可抗拒地改变人的感觉比率和感知模式。"[1] 媒介技术对于感觉比率和感知模式的改变其实就是在分割我们的身体，因为身体的某些感官被延伸了，就必然会导致身体的其他感官被遮蔽，例如，报纸延伸了我们的视觉，也遮蔽了我们的听觉、触觉等其他感官。但是，麦克卢汉没有预料到的是，随着媒介技术的发展，媒介不仅会分割我们的身体，还会重新整合我们的身体。笔者在前文中提到，前三次工业革命

---

① 〔加〕马歇尔·麦克卢汉：《理解媒介——论人的延伸》，何道宽译，商务印书馆，2000，第46页。

催生的大众传媒都是在分割人的身体感官，但是数字媒体和人工智能的出现可以将我们的身体重新整合起来，制造出虚拟的身体，创造出多元的身体在场方式。比如，QQ头像、聊天表情包、游戏角色等制造的图像化的身体；VR技术制造的沉浸化的身体；AR技术制造的全息投影的身体；人工智能技术制造的赛博格身体。这些新的身体和在场方式可以制造出新型的身体感知方式。例如，"在虚拟实在的时代里人们越来越容易感受到的愿望就是，能够在任意时间在多样的世界里进进出出，能够溜进任意一个物体，它使物体和个人的认同性之间坚固的束缚被打破了，人们至少能够暂时离开身体这个监狱"。① 由此可见，这种新型的身体感知方式的产生是因为在传播与交流过程中身体实现了虚拟远程在场。这种在场方式带来的不仅仅是视觉的沉浸，更是整个身体的沉浸，使得我们的新型身体可以游走于多重时间和空间之中。身体在场的传播与交流方式也就重新回到了人们的日常传播实践中。

综上所述，既然新媒体技术重新激活了身体，使得身体在传播中的地位越来越重要，那么传播学研究就应该回到身体世界。传播学研究应该如何回归身体世界呢？具体而言，可以有以下四条路径。

第一，传播学研究可以在一定的文化和技术条件下展开具身传播实践的微观研究，比较不同媒介技术条件下具身传播的传播方式和表意机制等。在此基础上，肯定"身体技术"的基础性地位，认为它是先于任何其他技术，与人类实践活动紧密相连的一种技术和手段。例如，对VR新闻等各种具身传播实践的研究。这类研究帮助我们理解VR技术是如何在与身体互动过程中让身体产生新的感受和认知模式的。具体而言，观众可以直接进入VR技术营造的虚拟空间之中，而获得身体直接在场的知觉体验。这种知觉体验的获得源于20世纪90年代末神经科学领域的专家在人脑的布洛卡区中发现的镜像神经元。这个发现证明了我们对一个动作的观察和想象会自动激活大脑中与这个动作相关的镜像神经元，进而做出这个动作。换言之，基于身体知觉对某个动作的观察和想象与大脑对该动作的执行是高度匹配的。这也就说明了："我们之所以能够在

---

① 〔德〕西皮尔·克莱默尔：《传媒、计算机、实在性——真实性表象和新传媒》，孙和平译，中国社会科学出版社，2008，第125页；转引自孙玮《传播再造身体》，《新闻与写作》2020年第11期。

虚拟空间中获得身体'在场'的知觉体验，其根源或许在于镜像神经系统使得我们能够通过'观察'和'想象'这两个知觉与思维过程将我们与物质世界交互过程中获得的知觉经验模拟到虚拟空间。"[①] 当我们戴上VR头盔之后，VR技术能直接刺激我们的大脑镜像神经元，从而使我们获得与现实世界相同的生命体验。

第二，传播学研究可以以身体间性重构主体间性，探讨身体间性的传播实践如何从宏观层面重构传播学的理论体系。这里的"身体间性"是指"身体与其他身体在总体的交互主体性与'彼此共在'之语境中互动的方式"。[②] 也就是说，具身传播不是靠一个孤立的身体完成的，而是在与其他身体的互动过程中完成的。这就意味着我们需要重新理解传播的过程。主流传播学将传播视为一种精神交往的过程，传播主体是纯粹意识的主体。总之，主流传播学将传播的过程视为离身性的，是意识主体之间的互动与交流。而现在我们应该从身体的视角来理解传播的过程，将传播主体视为身体主体，将传播过程理解为不同身体之间的互动。虽然在媒介化生存时代，身体之间的互动往往要以媒介为中介，但是我们仍然可以将这种互动过程视为具身的，因为媒介本身就具有具身性。正如笔者在本节第二部分指出，媒介的具身性主要体现为：透明性和隐身性。在具身传播过程中，媒介将中介的内容呈现出来，并将自身隐匿起来。由此可见，媒介是以隐匿的方式来塑造我们的互动与交流过程的，因此，我们的互动不是纯粹意识的互动，而是有身体参与的感知体验。

第三，传播学研究可以从文化研究的视角出发，将身体视为一种表意符号，研究不同媒介技术条件下身体的表意机制，例如，对Vlog、自拍中的身体的表意实践研究。文化研究的核心就是探讨人类的表意实践是如何成为权力的产物的。因此，我们在研究Vlog、自拍中的身体表意实践的过程中，也应该将其视为权力规训的产物。这就要求传播学应该拓展自己的研究视野，从权力的视角切入对身体问题的研究。也就是说，具身传播是一个不断受到各种权力话语规训的过程。例如，自拍虽然是自己在拍摄自己的身体，但是这个过程也是一种权力话语（比如，女权

---

① 刘海龙、束开荣：《具身性与传播研究的身体观念——知觉现象学与认知科学的视角》，《兰州大学学报》（社会科学版）2019年第2期。

② 〔爱〕德莫特·莫兰：《具身性与能动性》，罗志达译，《深圳社会科学》2019年第5期。

话语、男权话语、性话语）的规训，这种规训的力量将自拍异化为身体的表演和虚假自我的塑造。

第四，随着人工智能技术对身体的嵌入越来越深，这种嵌入可以造就一个新型的传播主体，即赛博人；也可以造就一种新型的传播方式，即人机传播。人机传播，顾名思义，就是人与智能机器之间的交流互动。这种新型的传播主体和传播方式会对传播实践造成哪些新的改变也是未来传播学研究必须面对的新问题。这就是说，新媒体时代的传播学研究需要站在后人类主义的立场上来重新审视传统媒体时代的传播理论和传播实践，进而提出新的理论范式。具体而言，面对人机传播实践中不断涌现的新现象和新问题，传播学的主流理论范式已经出现解释力和预见力不足的局面。主流传播学的理论范式通常被划分为经验学派和批判学派，而这两大理论范式虽然彼此持有不同的传播观，但都将"自然人"视为传播过程中意义生成的唯一主体，媒介仅仅被视为协助或影响自然人传播信息的工具。这显然不符合人机传播的传播方式。因此，传播学需要更新自己的理论范式。传播学的新理论范式需要特别突出两点：一是人机传播的传播主体是人机交互共生的赛博人，二是人机传播的传播过程必须回归身体在场的互动与交流。

第三节　从"新媒体时代的三种身体"重审
人与媒介的关系

笔者在上一节中梳理了身体问题在传播学研究中经历的从缺席到回归的过程，那么，传播学研究在回归身体之后所关注的是怎样的身体呢？"新身体"的介入将给传播学带来怎样的变化？带着这些问题，笔者将在本节中探讨新媒体时代"人"的三种身体。这三种身体不仅在新媒体传播中扮演着十分重要的角色，是传播学在新媒体时代实现身体转向之后应该重点关注的对象，更重要的是，这三种身体的出现将促使我们重新理解人与媒介的关系。

一　被符号化的身体：节点人的身体

被符号化的身体是消费社会的产物，旨在表明身体成为被消费者观赏和崇拜的符号。这个符号旨在表达美丽、性感、健康、青春等意义。具体而言，被符号化身体的出现源于消费社会中身体的转变，即从隐喻性的身体转变为转喻性的身体，这种转变也改变了身体与物、世界的关系。

海德格尔将隐喻性的身体视为处于劳动中的身体。在他看来，身体在劳动过程中与使用物是完全融为一体的。他将这种身体与物体的关系称为"上手状态"。在这种状态中，身体和物体的意义来源于两者在劳动过程中的磨合。这种磨合使得物体和身体都被打上了彼此的烙印，具有了独一无二性和时间性。

到了消费社会，这种隐喻性的身体逐渐淡出，转喻性的身体逐渐显现。转喻性的身体是指身体在与物体发生关系的过程中，器官功能逐渐弱化，只发挥最末端的功能，并只与物体发生表面联系。但这种表面联系并不能决定身体与物体的意义，它们的意义只能由彼此所在的符号体系决定。身体之所以会发生这种转变，是因为在消费社会，机械化生产已经取代传统手工业成为人们获取物品的主要手段。机械化生产使得人们在生产和使用物品的过程中，不需要身体的全面参与，只需要机械重复地使用肢体末端的简单动作。由此可见，在消费社会，所有物体都具有独立于身体之外的自主性，其功能和意义不再由它与身体的联系决定，而是由其所在的物体体系决定。也就是说，一个物体在整个物体体系中的位置和关系决定了其所能施展的功能和表达的意义。

进而言之，这种转喻性的身体注重的是形式美，与身体形式美相关的器官得到极大关注，与吃喝拉撒等生物性功能相关的器官被有意忽略。至此，围绕着身体形式美建构的身体神话取代了前消费社会强调的灵魂和精神，成为指导消费社会逻辑的根本原则。正如鲍德里亚所言："当代神话建构的身体并不比灵魂更加物质。它，和后者一样，是一种观念，或者应该这么说，因为观念一词尚不足以表达：一种部分实体化了的物品、一种享有优先权并因此而得到投入的双重体。它就像灵魂在其自己的时代中那样，变成了客观化的特权化支柱——消费伦理的指导性神话。"[①] 进

---

① 〔法〕让·波德里亚：《消费社会》，刘成富、全志钢译，南京大学出版社，2000，第149页。

而言之，这种身体神话与消费社会不断建构的身体欲望有关，这些欲望早已超出身体的自然需求，是一种虚假性的需求。这种虚假性需求是由不断符号化的身体制造出来的。

具体而言，这种符号化的身体主要体现在以下三个方面。第一，身体快感是身体符号化的根本原则。也就是说，身体符号化就是用青春、性感、健康、美丽等各项审美标准来装扮和修饰自己的身体，使其引起他人的感官愉悦和审美快感。第二，符号化的身体否定了身体的实体性和自然性，也就否定了身体的生理属性，凸显了身体的审美属性和消费属性。第三，符号化身体的意义和价值是由差异性的符号体系决定的。在前消费社会，身体的差异性主要由身体所处的社会阶层和位置来决定；而在消费社会，身体的差异性主要由身体所穿着和佩戴的消费品来决定。这些消费品在品牌、价格、档次上的差异可以将身体符号化，使其成为炫耀身份和地位的手段，进而使我们在这种追求身体符号差异性的过程中实现阶级分层。总之，从以上三方面可以看出，在消费社会，"身体系于一张从具体实践到语言符号、从社会分层到分类符号的标明各种界限的网络"。① 也正是这个网络实现了对身体的符号化，其所运用的策略就是将不同符号环环相扣，结成一张无形的网络，以此制造出符号差异性，进而制造出消费者的相对匮乏感和无穷无尽的消费欲望。也就是说，在消费社会，消费者所消费的不仅仅是一个个具体的商品，更是符号与符号之间的差异性。正如鲍德里亚所言："人们可以自娱自乐，但是一旦人们进行消费，那就绝不是孤立的行为了（这种'孤立'只是消费者的幻觉，而这一幻觉受到所有关于消费的意识形态话语的精心维护），人们就进入了一个全面的编码价值生产交换系统中，在那里，所有的消费者都不由自主地互相牵连。在此意义上，消费和语言一样，或和原始社会的亲缘体系一样，是一种含义秩序。"② 这个含义秩序使得消费者在消费过程中始终处于由符号差异性构筑的网络之中，处于与他人的联系和攀比带来的匮乏感之中。这也是我们在消费社会虽然拥有极其丰盛的物品，但仍然始终感到物品匮乏的原因。由此可见，我们的身体也处于这样的

① Pasi Falk, *The Consuming Body* (London: SAGE Publications Ltd., 1994), p.55.
② 〔法〕让·波德里亚:《消费社会》，刘成富、全志钢译，南京大学出版社，2000，第70页。

符号网络之中，其意义和价值受他人的支配。

简而言之，这种受他人支配的身体是一种在他人标准规制下的身体，是表演性自我的体现。这种表演性自我特别在意他人的眼光和身体的视觉效果。因此，在消费社会语境下，我们会精心地装扮和修饰自己的身体，使自己的身体能够引起他人的感官愉悦。这样，身体以及与身体相关的活动都成了人们表现自我以及与他人和世界沟通的媒介。

在新媒体时代，节点人的身体就是被符号化的身体，这一点在节点人的自我表达以及节点人与节点人的互动中体现得最为明显。笔者在前文中指出，节点人是指处在网络节点上的人，其传播模式是以人与人之间的社交关系为渠道进行的。这就是说，节点人可以通过微博、微信、抖音、快手等社会化媒体使自己处在他人的凝视之下，这正好为消费社会中的镜像化身体提供了一个很好的展示平台。越来越多的节点人将自己的日常生活搬到这个展示平台之上，进一步满足了其他节点人窥视他人日常生活的欲望。这种窥视欲的满足离不开对于身体的展示、塑造、规训。

社会化媒体中的身体展示就是节点人通过各种美颜和修身的方式和技术来塑造和规训自己的身体，将符号化的身体外观和形象在抖音、快手等短视频平台上展示出来，通过理想的身体来表达理性的自我。同时，这种理想的身体也是在其他节点人的凝视之下经过不断修正塑造出来的，它需要适应互联网的生存法则，也需要迎合作为其他节点人的粉丝的审美标准。可以说，在抖音、快手、Vlog 等短视频中的身体可以将消费社会中的符号化身体展示到极致，因为短视频不仅能为每个节点人提供身体展示的平台，而且智能手机美颜技术的迭代可以不断地满足我们的个性化需求，塑造出理想的身体。这种理想的身体可以发挥身体叙事的作用。

所谓身体叙事，是指"以身体作为叙事符号，以动态或静态、在场或虚拟、再现或表现的身体形成话语的叙事流程，以达到表述、交流、沟通和传播的目的"。[①] 在短视频中，节点人将自己的身体打上记号，以视频的方式表现自己的身体实践，使其成为符号性的、叙事性的身体。正如布鲁克斯所言："身份及其辨认似乎有赖于标上了特殊记号的身体，它俨然就是一个语言学上的能指。记号在身体上留下了烙印，使它成为一个指意过

---

① 郑大群：《论传播形态中的身体叙事》，《学术界》2005 年第 5 期。

程中的一部分。给身体标上记号，这意味着它进入了写作，成了文学性的身体，一般说来，也就是叙述性的身体，因为记号的刻录有赖于一个故事，又推演出这个故事。"① 由此可见，在新媒体时代，社交短视频可以将节点人的身体在公众视野中展示出来，使其承担表意、叙事、传播的功能。

二　被规训的身体：数据人的身体

被规训的身体是权力运作和控制的产物，旨在表明身体承受着来自外在情境和关系的反作用。这点在福柯关于身体与权力的论述中体现得最为充分。在福柯看来，现代社会权力的实施不是表现为一个阶层对另一个阶层自上而下的压迫，而是表现为对身体细致入微的控制与规训。也就是说，在现代社会，身体不仅是一种物质体，还是权力的归属和社会关系的体现。福柯将这种权力控制身体的方式和策略称为身体技术。

这种身体技术体现了现代社会权力形式的转变：从对身体实施暴力的惩罚到对身体进行细微全面的控制。福柯强调，在君主制社会，权力对身体的控制往往体现为对身体粗暴的惩罚和伤害，以达到杀一儆百的目的，从而维护君主的绝对权威和统治。虽然这种权力形式能取得一定的效果，但是因其暴力性常常遭到被统治者的强烈反对和抗议。因此，在现代社会，权力对身体的控制不再以暴力的方式呈现，而是体现为对身体实践和过程的温和而有效的监视和诱导。具体而言，这种控制主要通过以下两种方式实施：一种是从时间和空间两个维度对身体及其实践进行量化；另一种是将人们的日常生活笼罩在权力的凝视之下，使每个人都成为按照权力意志规范生活的被监视者。下面，我们就来具体分析这两种控制和规训身体的方式。

第一种控制和规训身体的方式就是将身体"看作是一组物质因素和技术，它们作为武器、中继器、传达路径和支持手段为权力和知识关系服务，而那种权力和知识关系则通过把人的肉体变成认识对象来干预和征服人的肉体"。② 这意味着把身体视为机械化的器官组合。一方面，身

---

① 〔美〕彼得·布鲁克斯：《身体活：现代叙述中的欲望对象》，朱生坚译，新星出版社，2005，第3~4页。

② 〔法〕米歇尔·福柯：《规训与惩罚：监狱的诞生》，刘北成、杨远婴译，生活·读书·新知三联书店，1999，第30页。

体的机械化表现在从空间的角度来处理身体及其身体实践，即"不是把人体当作似乎不可分割的整体来对待，而是'零敲碎打'地分别处理，对它施加微妙的强制，从机制上——运动、姿势、态度、速度——来掌握它"。① 另一方面，身体的机械化还表现为从时间的角度来处理身体及其身体实践，对身体的发展变化进行预测和规划，使其进入权力实施的轨道。换言之，在身体技术的监控下，身体可以被分解为标准化的发展轨迹。所谓标准化，是指"一种新的规训权力，并与它由之而演变的机械论的规训有很大的不同。一旦身体被视为时间上不断伸展呈现的功能序列，就会使如下这一切成为可能；研究那些身体行使功能的过程；不仅学会如何影响这些过程，而且更重要的是学会如何利用它们内在的能量和权力来影响它们"。② 事实上，身体的标准化就是要将流动的、不可控的、不可见的时间性身体转变为稳定的、可控的、可见的空间性身体。由此可见，无论是从空间还是从时间的角度来处理身体和身体实践，身体都会被纳入空间化的权力之网中。

　　第二种控制和规训身体的方式是"凝视"。福柯以全景监狱为例，说明凝视是如何控制和规训身体的。所谓全景监狱，是指："四周是一个环形建筑，中心是一座瞭望塔。瞭望塔有一圈大窗户，对着环形建筑。环形建筑被分成许多小囚室，每个囚室都贯穿建筑物的横切面。各囚室都有两个窗户，一个对着里面，与塔的窗户相对，另一个对着外面，能使光亮从囚室的一端照到另一端。然后，所需要做的就是在中心瞭望塔安排一名监督者，在每个囚室里关进一个疯人或一个病人、一个罪犯、一个工人、一个学生。通过逆光效果，人们可以从瞭望塔的与光源恰好相反的角度，观察四周囚室被囚禁者的小人影。这些囚室就像是许多小笼子、小舞台。在里面，每个演员都是茕茕孑立，各具特色并历历在目。"③ 简言之，全景监狱就是通过监视者的凝视对被监视者进行全方位的监控，使其无从逃避，因为被监视者无法预测凝视目光的来源与方位。

---

①　〔法〕米歇尔·福柯：《规训与惩罚：监狱的诞生》，刘北成、杨远婴译，生活·读书·新知三联书店，1999，第155页。

②　汪民安、陈永国编《后身体：文化、权力与生命政治学》，吉林人民出版社，2003，第160页。

③　〔法〕米歇尔·福柯：《规训与惩罚：监狱的诞生》，刘北成、杨远婴译，生活·读书·新知三联书店，1999，第224~225页。

这就使得被监视者始终认为自己处在监视者的凝视之下，进而不断调整自己以服从监视者凝视目光的控制与规训。正如福柯所言："在监狱体系中，个体不是被训练从而嵌进新的习惯、新的行为模式中，而是主动地使他们的身体尽可能地服从于规训方针的'驯马技巧'和监视他们的行为。"① 这里的"驯马技巧"就是指权力通过凝视的目光对身体进行隐蔽的、微观的、持续的、温和的规训。

概言之，被规训的身体主要具有以下两个特点。第一个特点是身体的被生产性。现代社会权力对身体的规训主要体现在对身体的生产和塑造上。这种生产与塑造使得身体被打上了权力的烙印，成为被矫正、被异化的身体。第二个特点是身体的缺失性。当身体被纳入权力轨道时，身体的欲望和需求都是被权力制造出来的。这种制造会不停地持续下去，使得身体的欲望和需求永远得不到满足，人们永远都具有缺失感。

在新媒体时代，数据人的身体就是被规训的身体。笔者在前文所言，数据人是指人随时随地都在被数据化，都在被数据和算法所"计算"。事实上，这种将身体数据化的过程，就是对人的身体进行规训的过程。

智能手机、传感器、可穿戴设备等新兴技术为身体的数据化提供了物质条件，也改变了人们过去依据个人感觉看待自己身体的方式。现在，人们是根据各种数据和指标来认识自己的身体状况，进而更好地管理自己的身体，改变自己的生活习惯，这就是所谓的"量化自我"。"量化自我"这个概念在 2007 年由加里·沃尔夫和凯文·凯利率先提出，后来被越来越多的人接受，逐渐成为在数字时代人们重新建构自我的方式。人们依据这些数据和指标来重建自我，就是将自我纳入了数据化的全景监狱中，完成了对自己身体的规训。

这种规训是从内在规训开始的，也就是自己对自己的规训。因为人们普遍相信客观数据比主观感觉更可靠，所以越来越多的人主动养成了根据各种身体数据来认识自己身体状况、调整自己身体行为的习惯。例如，可穿戴设备和手机 App 可以随时监控和记录我们的身体状况、运动状况、饮食状况、睡眠状况等日常生活的数据。然后，我们可以通过观

---

① Felix Driver, "Bodies in Space: Foucault's Account of Disciplinary Power," in Colin Jones and Roy Porter, eds., *Reassessing Foucault: Power, Medicine and the Body* (London and New York: Routledge, 1994), p. 118.

察这些数据是否符合健康标准来不断地自我监督和自我约束，进而完成自己对自己的"凝视"。

同时，我们还可以将自己的身体数据通过社交平台分享出来，变内在规训为外在规训。这种外在规训就是我们将自己的身体数据通过社会化媒体展示出来之后，通过他人的凝视可以进一步监督和改善自己的身体行为和身体实践。事实上，他人凝视的背后体现的是外在权力对身体的规训。这种外在权力的规训可以通过算法来实现。因为身体的数据化依赖于身体的可计算性，也就是说，数据本身并不能直接反映身体，其对身体的反映依赖于算法对数据的分析。然而，算法这种工具并不是完全中立的，它会受到很多因素的影响。其中，算法设计者的认知方式和价值判断会影响算法的结果，而各种政治和商业权力又会影响算法设计者的认知方式和价值判断。可见，身体数据化背后仍然是权力在操控。这种操控使身体的一部分信息可以被看见，也使身体的一部分信息可以被遮蔽。例如，可穿戴设备在向我们敞开心率、卡路里、体脂率、睡眠质量、步数等信息的时候，"也遮蔽了遗传基因、生活环境、经济状况、社会资源分配的差异，遮蔽了商业机构与医疗体系应承担的社会责任，更遮蔽了政府部门对公民健康与健康公平的主体责任"。[①] 由此可见，这种敞开和遮蔽在将身体数据化的同时，也带来了身体的政治化和商品化，进而完成了对身体的规训。

三　被融合的身体：赛博人的身体

"被融合的身体"是赛博人的身体形态。赛博人的身体最早由美国学者唐娜·哈拉维提出，旨在构建一个融合性的、由有机身体与无机机器结合起来的"无我"身体。这种身体形态是三种身体中最为激进的，消解了有机体与无机体、人类与自然物、物质与精神之间的界限，彻底颠覆了亚里士多德提出的"形式-质料"身体观和笛卡尔提出的理性主体观，因为这两位哲学家都是站在灵魂与身体二元对立的立场上来看待身体的。下面，我们就来具体分析这种"被融合的身体"。

[①] 宋庆宇、张樹沁：《身体的数据化：可穿戴设备与身体管理》，《中国青年研究》2019年第12期。

　　一是，哈拉维提出的赛博人的身体质疑了亚里士多德提出的实体论身体观，旨在消解身体与自然的边界。亚里士多德的"形式-质料"身体观在肯定了灵魂的本原性地位的同时，也将身体视为了可见的质料。正是作为质料的身体确立了身体的实体性质。在亚里士多德看来，"所有的实体，似乎都在表示某一个'这个'，而相对于第一个实体来说，它所表明的是一个'这个'，更是无可争辩的真理。因为它所表明的东西是不可分割的，在数目上是单一的"。① 这就是说，实体之所以为实体，不仅是因为它的不可分割性，还因为它的边界性，也就是与其他实体之间具有清晰的边界。因此，身体的实体性也体现在它的边界性上，即身体与自然、身体与物质之间的边界。

　　哈拉维提出的赛博人身体就是在消解这些边界，具体而言，这种消解分为以下三种情况：第一种情况是机器植入我们的身体器官，成为身体的一部分，比如心脏起搏器；第二种情况是与人类朝夕相处的非人类，哈拉维以与她一起运动的牧羊犬为例，她认为这只牧羊犬是她运动时不可或缺的助手，已经成为她身体的一部分；第三种情况是各种转基因生物，这些生物都是自然与人类科技相结合的产物。由此可见，赛博人的身体是与科技融合在一起的，始终处于动态变化之中。

　　二是，哈拉维提出的赛博人的身体还消解了笛卡尔提出的理性主体观。笛卡尔的理性主体观建立在理性主体与作为客体的其他实体之间的二元对立之上。赛博人的身体就消解了这种二元对立，其主要体现在以下两个方面。一方面，哈拉维认为，基因科技的出现改变了生物体的遗传基因，使得生物体可以成为自然与科技融合的产物。赛博人就是这种生物体，它的身体消解了人工与自然、主体与客体、有机体与机器之间的界限。另一方面，哈拉维认为，主体不是建立在与其他非生物体相区分的独立自主的实体之中，而是建立在与其他非生物体相结合的具有动态性的关系之中。因此，赛博人的身体是一种具有关系性的、开放性的，处在动态变化中的主体，这就彻底消解了笛卡尔的理性主体观。

　　综上所述，赛博人的身体之所以被称为"被融合的身体"，原因不仅在于它将有机身体与无机机器结合在一起，更关键的是它消解了西方

---

　　① 苗力田主编《亚里士多德全集》第三卷，中国人民大学出版社，1992，第35页。

长期以来持有的实体论身体观，重构了一个连接的、动态的、融合的身体。

四　身体即媒介的延伸

关于身体与媒介的关系问题，最著名的论断莫过于麦克卢汉提出的"媒介即人的延伸"。该论断认为，媒介是我们身体的一种或多种感觉器官的延伸，这种延伸能够扩大身体的感知范围。但是，当新媒体时代的"人"的三种身体出现之后，媒介与身体的结合越来越紧密，甚至逐渐成为身体中不可或缺的部分，这就使得我们不得不重新思考身体与媒介之间的关系。

严格来说，这三种身体（节点人的身体、数据人的身体、赛博人的身体）都不是原初意义上的自然身体，而是被整合进媒介运作体系的身体。这种身体拥有肉体和机器的双重逻辑。这种双重逻辑使得身体和媒介具有相同的物质基础，可以作为网络的一部分与其他媒介相联结，因此这种身体可以被视为媒介。因为至少在目前的状态下，很多信息和数据的传递、很多关系的连接都需要依靠身体（行动轨迹、手指运动）这个媒介才能完成。于是，麦克卢汉的论断"媒介即人的延伸"，在新媒体时代可以被修改为"身体即媒介的延伸"。

接下来，笔者从拉图尔的行动者网络理论（Actor Network Theory，ANT）出发，分析身体是如何成为媒介的延伸的。拉图尔的行动者网络理论与我们所熟知的传统网络理论不同，它并不将网络视为社会联结的结果，而是将网络视为社会联结的工具。他以铅笔为例来说明这种差异。传统网络理论中的网络是铅笔绘制出的那张网，而行动者网络理论中的网络是那支绘制的铅笔。

行动者网络理论的基本出发点是任何既定的社会现实都是一系列复杂关系网络的产物。在这个复杂关系网络中，有三个核心概念：行动者、转义者、网络。虽然这三个概念在传统网络理论中也经常出现，但是拉图尔赋予了它们新的内涵。其中，第一个核心概念"行动者"被他赋予了能动性。在他看来，传统网络理论往往站在结构功能主义的立场上，将行动者视为处于某个结构位置上而被动执行特定功能的人。这样的行动者就像一个黑箱，只能产生给定条件的结果，不具有能动性。拉图尔认为，行动者是具有能动性的，能够主动制造差异而改变事物的状态。
第二个核心概念"转义者"就是对行动者最好的说明，在拉图尔看来，
所有行动者都可以被视为转义者。与转义者相对的是中介者，后者只能
算是一个黑箱，只要限定输入就能确定输出。而转义者能够主动理解其
他行动者的需求和问题，然后用自己的语言对这些需求和问题进行转换，
进而将不同行动者联结在一起，相互理解、相互作用，形成行动者网络。
同时，拉图尔认为，行动者还具有广泛性，凡是能够在科学知识的建构
过程中起作用的因素都可以被视为行动者。这里既包含人类行动者，又
包含非人类行动者。他还特别强调了非人类行动者的关键作用，这样也
就消解了传统的人与非人、自然与社会的二元对立。它们都是网络中的
元素，在网络中相互作用、交互共生。第三个核心概念"网络"表明
"资源集中于某些地方——节点，它们彼此联接——链条和网眼，这些联
结使分散的资源结成网络，并扩展到所有角落"。① 拉图尔使用这个概念
就是要将人类行动者与非人类行动者联结起来，以同等的身份一起进行
科学实践。这样也就避免了传统社会学中关于主体与客体二元对立的划
分，使人类因素与非人类因素具有了同等的地位，没有任何一方被赋予
了优先权。这样的网络就不是技术意义上的网络，如互联网，也不是结
构意义上的网络，如对社会结构的表征，而是对社会连接方式的一种描
述。这种描述强调的是互动、流动、变化的过程。

　　从行动者、转义者、网络这三个核心概念来看，行动者网络理论就
是一个行动者建立网络、发展网络，以解决特定问题的动态过程。当这
些行动者联结在一起之后，一个既定的社会场域才得以形成。因此，拉
图尔认为："我想要做的就是重新定义社会，让它重新回到网络中。"②
他进一步指出，所有的行动者都没有固定的本质，都只是一种关系性效
应，其身份和作用只能在其所处的关系性网络中得到锚定。也就是说，
单独的行动者不起作用，行动者只能在与其他行动者的联结过程中才能
行动。因此，拉图尔将行动者称为"准客体"，即自身包含行动可能性

---

① 〔法〕布鲁诺·拉图尔：《科学在行动——怎样在社会中跟随科学家和工程师》，刘文
　　旋、郑开译，东方出版社，2005，第219页。

② Bruno Latour, *Reassembling the Social: An Introduction to Actor-Network-Theory* (Oxford: Ox-
　　ford University Press, 2007), p. 11.

的行动者。同时，"社会""网络"都不是结果，而是一个动态的过程，会随着行动者的运动、替换、变形而发生相应的变化。这也就消解了结构与能动之间二元对立的困境，社会和网络的形成并不完全是主体能动的结果，也不完全由结构决定。正如拉图尔所言："一直以来，人们对行动者网络理论都持一种误导的观点，将行动者网络理论冠以'庞大叙事''欧洲中心论'，甚至'霸权主义'的标签。实际上，消解、解构和重构都不是行动者网络理论想要达到的目标，而是应用行动者网络理论所要极力避免、克服的事情。行动者网络理论最重要的就是关注用什么样的方式、过程和概念召集和重新联结'社会'。"①

如果我们基于 ANT 来理解人与技术的关系，那一方面，应该摒弃人与技术二元对立的思维框架，将人与技术都视为复杂关系网络中共同起作用的行动者；另一方面，在关注作为人的行动者的时候，更应该关注的是人的身体，而非人的思想，因为人的思想与技术之间只能形成主客体二元对立的关系，彼此之间不能形成相互联结的关系，而身体与技术都具有物质性，具有相同的物质基础，彼此之间能够相互联结、相互塑造，也正是在身体与媒介相互联结、相互塑造的过程中，身体逐渐被媒介化。这就是说，"技术媒介通过将人的身体及其行为、活动等内容进行数据化后将主体编制进技术系统，以此对现实世界中的主体进行规约和限制。简言之，媒介通过作为媒介的身体而获得身体及身外世界的信息，全面建构起新的连接关系和传播形态，创造出人类新的生活世界。身体和技术一起，开创了新的社会尺度"。②

例如，在新冠疫情期间，健康码的出现和运用就是身体媒介化的最好例证。健康码是身体状态和轨迹的表征，其颜色的改变对人的行为具有指引和规制的作用。它的背后逻辑是：每个人的身体都被移动互联网编织进一个巨大的复杂关系网络之中，进而可以确定其与某个特殊个体或群体是否有交集。至此，身体的存在方式被重新定义，成为肉体和媒介技术交织的产物。这里的身体不再是原初意义上的自然身体，而是被

---

① Bruno Latour, *Reassembling the Social: An Introduction to Actor-Network-Theory* (Oxford：Oxford University Press，2007)，p.10.

② 张华、杨荣智：《身体是媒介的延伸：媒介与身体关系视角下的"时空伴随"》，《中国报业》2023 年第 1 期。

重构的智能身体或电子身体，并且，这里的智能身体和电子身体是比自然身体更真实的存在。因为健康码的使用表明，智能身体和电子身体所传递的信息和数据可以作为一个人在一定时空范围内行动轨迹的依据，并以此来判断这个人是否存在"密接"或"时空伴随"。于是，该身体自然也就成了一种媒介，该媒介能将人与社会中的其他领域（交通、卫生、地域等）连接起来，共同组成一个动态的网络和社会。

正如 ANT 所说的网络和社会都是一个动态的过程，作为媒介的身体在网络和社会中的功能和地位也是流动的，甚至身体是否成为网络和社会的一部分也是流动变化的。例如，外卖骑手的身体在接入网络之后源源不断地生成位置和行动轨迹数据，这是其从业的基本前提。平台会根据这些数据动态调整预计送达时间、热力图等，并以此来规训外卖骑手的身体。同时，面对平台的不断压榨，外卖骑手担心晚点送达会扣钱或影响个人评级，也可以通过打开手机"飞行模式"的方式切断身体与网络的连接，逃过平台的监管，等到外卖送达之后再重新与网络连接起来。

总之，当身体被接入网络，成为网络的一部分，发挥其作为行动者的作用的时候，它就可以被视为一种媒介。笔者在前文所谈到的节点人的身体、数据人的身体、赛博人的身体都可以被视为一种媒介，因为节点人的身体实现了身体的网络化，数据人的身体实现了身体的数据化，赛博人的身体实现了身体的智能化。网络化、数据化、智能化使得身体拥有肉体和机器的双重逻辑，身体与媒介的边界被消解，身体成为媒介的延伸。

第六章　新媒体时代传播学的空间转向

主流传播学上演的都是时间战胜空间的神话，因为每一种新媒介的诞生，其特征通常都是传播速度越来越快，传播距离越来越广。正如莫利在分析手机这种新媒介时所言："手机通常被看作是把我们与远距离的人联系起来的工具，这样我们可以克服地理距离的障碍。"[1] 既然每一种新媒介的出现都是在努力征服空间，那么空间就总是成为被征服对象，传播学自然就会忽视对于空间的探讨。新媒体时代传播学的空间转向就是要重新思考"空间"在传播学中的地位和作用，重新阐释由于空间因素的加入而生成的传播学新理论话语。这种新的理论话语是从媒介现象学的视角来理解空间的社会化重构，并在此基础上重新理解"媒介与空间"和"媒介与人"的关系。

具体而言，本章共分为三节。第一节将梳理空间转向的由来，即西方哲学是如何发生空间转向的，这是传播学空间转向的理论背景。第二节将论述空间转向是如何在新媒体时代的传播学中体现出来的。这一切源于新媒体时代人的角色的转变，这种转变带来的不是对空间的消解，而是对空间的社会化重构。第三节以最能代表第三空间的城市空间为例，将分析空间的社会化重构是如何在城市空间的建构过程中体现出来的，这包含了从场景传播到城市传播的过程。这个过程也是媒介建构空间、建构人与世界关系的过程。

第一节　空间转向的由来：西方哲学的空间转向

空间自古以来就受到西方哲学的关注，但是，西方传统哲学并没有将空间视为一个重要问题来探讨，也没有将其视为主导型的理论话语。

---

① 〔英〕戴维·莫利：《传媒、现代性和科技——"新"的地理学》，郭大为等译，中国传媒大学出版社，2010，第 227 页。

究其原因，在于西方传统哲学往往将空间视为一个容器，而容器本身不值得研究，值得研究的是容器中的内容。到了现代社会，尤其是到了晚期资本主义时期，资本向外扩张导致生产模式发生转变，即从突出时间维度的大规模生产向突出空间维度的灵活积累生产模式转变。这种生产模式的空间转向也就带来了西方哲学的空间转向。由此可见，西方哲学的空间转向不是指之前西方哲学没有关注过空间问题，现在开始关注了，而是指一种重新理解、重新阐释空间的哲学思潮。这一哲学思潮是对晚期资本主义生产模式空间化的一种理论回应。那么，何谓空间转向？为什么会发生空间转向？空间转向是如何发生的？空间转向会带来怎样的空间观念？本节将以 20 世纪西方社会的转型为背景，并结合西方传统的空间观念来回应这些问题，为后面研究传播学的空间转向做铺垫。

具体而言，笔者在本节中将从以下三个方面来探讨西方哲学的空间转向：首先介绍西方传统的空间观念，西方哲学的空间转向是在西方传统空间观念基础上发生的转向，因此，我们只有通过对西方传统空间观念的梳理，才能真正理解空间转向及其形成的空间观念的意义；其次分析西方现代的空间转向，这种空间转向是基于资本主义社会的重大变化而发生的，是对传统空间观念的消解与重构，这种消解与重构是对传统二元对立模式、历史决定论、形而上学的批判；最后阐述西方马克思主义与空间转向，当代西方哲学对空间问题的思考与马克思主义在西方的发展密切相关，因此，我们必须深入理解西方马克思主义理论中的空间观念。

一　西方传统的空间观念

西方传统哲学中虽然没有形成一门专门研究空间的学科，但是空间并没有从西方传统哲学中消失。下面，我们就以西方传统哲学的发展脉络为线索，以代表性哲学家为核心，梳理西方传统的空间观念。这里，笔者将西方传统的空间观念分为西方古代的空间观念和西方近代的空间观念。其中，西方古代的空间观念的形成经历了古希腊和中世纪两个阶段；西方近代的空间观念的形成经历了欧陆理性主义、英国经验主义、德国古典主义三个阶段。

（一）西方古代的空间观念

西方哲学对空间问题的探讨与西方其他思想一样都起源于古希腊哲学。众所周知，古希腊哲学是探讨世界本源的本体论哲学。在对世界本源的探讨过程中，古希腊哲学阐明了其空间观念。

古希腊早期哲学家将空间理解为"虚空"。这一概念最早是由古希腊毕达哥拉斯学派提出来的，该学派认为万物起源于数，而万物之间的区别在于虚空。正如亚里士多德所言："毕达哥拉斯学派也主张有虚空存在，并且认为虚空是由无限的呼吸（作为吸入虚空）进入宇宙，它把自然物区分了开来，仿佛虚空是顺次相接的诸自然物之间的一种分离者和区分者；而这首先表现在数里，因为虚空把数的自然物区分了开来。"①此外，古希腊早期的其他哲学家，比如泰勒斯、德谟克利特等，都将宇宙视为一个有生命的、有机的、和谐的球体，而维持这个球体生命的就是围绕着这个球体的"气"。这里的"气"也是指不同事物之间作为"虚空"的空间。

如果说古希腊早期的哲学家们在用"虚空"来理解空间的话，那么柏拉图是第一个试图阐明"空间是什么"的古希腊哲学家。他将空间理解为"处所"。这个"处所"是在理念世界和现象世界之间的第三者。众所周知，柏拉图将世界分为理念世界和现象世界，其中，理念世界是世界的本源，是永恒不变的；现象世界仅仅是对理念世界的模仿，是运动变化的。但是，柏拉图又指出，在理念世界和现象世界之间还有一个第三者。这个第三者既不是理念，也不是现象，而是前两者之间的中介。正如罗素所言："还有第三种性质，那就是空间，它是永恒的、不容毁灭的并且为一切被创造的事物提供了一个住所。"② 这里的"第三种性质"就是指前面的第三者。由此可见，在柏拉图看来，处于理念世界和现象世界之间的第三者就是空间，它为世界上的一切存在物提供了存在的"处所"。可以说，柏拉图的空间观为以亚里士多德为代表的古希腊空间观奠定了基础。

---

① 〔古希腊〕亚里士多德：《物理学》，张竹明译，商务印书馆，1982，第109页。
② 〔英〕伯特兰·罗素：《西方哲学史》（上卷），何兆武、李约瑟译，商务印书馆，1977，第193页。

亚里士多德是古希腊第一个专门探讨过空间问题的哲学家，其空间观念代表了古希腊空间观念的最高水平。他在《物理学》一书中专门用了一章来论述空间问题，试图用"处所"来否认虚空的存在。亚里士多德认为，世间万物都存在于某一"处所"之中，任何事物的运动都是"处所"的运动。他进一步指出，"处所"是包容事物的容器或界面。这些容器或界面与其所包容的事物大小相同，但它是静止不动的，可以与事物分离。简言之，在亚里士多德看来，"处所"是不能移动的容器。这就直接否定了虚空的存在，否定了空间的无限性。因此，亚里士多德认为，空间是一个物体所占据的有限的"处所"，是有限的、封闭的，而非将所有物体都包含在内的无限的背景。

到了中世纪，基督教哲学家把空间划分为此岸空间和彼岸空间，而彼岸空间又被划分为天堂和地狱。他们认为，人们在此岸空间中的行为直接决定了其灵魂未来在彼岸空间中是进入天堂空间，还是进入地狱空间。总之，中世纪强烈的封建主义思想和严格的教会制度巩固了古希腊封闭的空间观念，并增添了更多的神秘主义色彩。从古希腊到中世纪，"西方古代传统主要思考的是在预设的封闭空间内各种事物之间、人类群体以及个体（肉体与灵魂）的和谐秩序问题，而这种封闭的容器式空间观念从现实政治或生存的角度来讲则是指向古代城邦、教区或封建国家的内部等级和谐"。[①]

（二）西方近代的空间观念

到了近代，随着科学技术的不断发展进步，人们不断拓展对于宇宙的探索，无限宇宙观逐渐形成。这种无限宇宙观是对古希腊空间观中作为"处所"的、封闭的、有限的空间的否定，同时，也肯定了空间的开放性、无限性。这可以从牛顿的绝对空间和相对空间这一对概念中体现出来。牛顿认为："绝对的空间，就其本性而言，是与外界任何事物无关而永远是相同的和不动的。相对空间是绝对空间的可动部分或者量度。"[②] 由此可见，牛顿的绝对空间是一种抽象的纯粹性空间，是由人的

---

① 刘进、李长生：《"空间转向"与当代西方马克思主义文学批评研究》，社会科学文献出版社，2015，第 11 页。

② 〔美〕H. S. 塞耶编《牛顿自然哲学著作选》，上海外国自然科学哲学著作编译组译，上海人民出版社，1974，第 19 页。

抽象能力概括出来的，这就直接否定了以亚里士多德为代表的古希腊空间观念中空间的有限性和封闭性。牛顿的相对空间是一种具体的经验性空间，可以被人的感官经验把握，这就开了近代哲学从人的认知能力来理解空间问题的先河。

德国哲学家莱布尼茨对牛顿的绝对空间提出了严厉的批判：牛顿"主张空间是一种绝对的实在的存在，但这把他们引到一些很大的困难中。因为这存在似乎应该是永恒的和无限的。所以就有人认为它就是上帝本身，或者是他的属性，他的广阔无垠。但因为它有各个部分，这就不是一种能适合于上帝的东西"。① 由此可见，莱布尼茨认为，绝对空间是不存在的，空间应随着事物的存在而存在，随着事物的消失而消失，没有在事物之间或者事物之外存在的空间。在他看来，空间来源于人的心灵知觉能力，这就是说，"人类的空间、形状、运动和静止的观念起源于总和的知觉、心灵本身，因为它们是纯粹知性的观念，不过它们同外在世界有关系"。② 牛顿与莱布尼茨的论断成为欧陆理性主义空间观念的代表。当然，欧陆理性主义哲学创始人笛卡尔也以数学的形式明确提出了几何化空间，肯定了空间的不确定性和无限性。

同样，以培根和霍布斯为代表的英国经验主义哲学家从人的经验感知能力的角度来审视空间，认为空间的观念来源于由外在事物引发的人的感知经验能力。正如霍布斯所言："物体实在的大小使人在头脑中产生空间的观念或幻象，从这个意义来说，想象的空间是头脑的偶性。"③ 在培根、霍布斯之后，洛克、贝克莱、休谟等英国经验主义哲学家虽然具体观点有差异，但都是从人的感官经验的视角来探讨空间问题。比如，洛克认为，空间是通过人们的视觉、触觉等感官经验获得的，"在此基础上，贝克莱进一步明确了人的视觉和触觉等感官构成空间知觉的观点"。④ 休谟也认为，空间的范围是由人的认识阈限决定的。

总之，欧陆理性主义哲学家主张从人的理性认识视角来探讨空间，

①　〔德〕莱布尼茨、〔英〕克拉克：《莱布尼茨与克拉克论战书信集》，陈修斋译，商务印书馆，1996，第17~18页。
②　〔美〕弗兰克·梯利：《西方哲学史》，葛力译，商务印书馆，1995，第379页。
③　〔美〕弗兰克·梯利：《西方哲学史》，葛力译，商务印书馆，1995，第299页。
④　刘进、李长生：《"空间转向"与当代西方马克思主义文学批评研究》，社会科学文献出版社，2015，第16页。

强调了空间的无限性、绝对性、观念性；英国经验主义哲学家主张从人的经验认知视角来认识空间，强调了空间的有限性、相对性、经验性；德国古典主义的空间观念则是对上述两种空间观念的调和。

德国古典哲学的两位代表人物康德和黑格尔都对空间问题进行过探讨。康德的空间观念就是对牛顿和莱布尼茨空间观念的调和。正如他所言："空间不是某种客观的实在的东西，它既不是实体，也不是偶性，也不是关系；而是主观的东西，是观念的东西，是按照固定的规律仿佛从精神的本性产生出的图式，要把外部感知的一切都彼此排列起来。"① 这就是说，康德既批判了牛顿的作为客观实在的绝对空间，又没有完全对其否定，因为他仍然强调了空间的实在性，只不过这种实在不是客观的实在，而是观念的实在；同时，康德在批判莱布尼茨的作为关系的空间的时候，也保留了空间的主观性色彩。康德在《纯粹理性批判》一书中从认识论的角度来探讨空间问题，主张空间不是独立于人类认识之外的实体，也不是事物自身具有的性质和关系，而是人类认识和理解世界的先决条件。

黑格尔的空间观念是对康德空间观的扬弃。黑格尔认为："空间是己外存在，因此，空间构成完全观念的、相互并列的东西；这种相互外在的东西还是完全抽象的，内部没有任何确定的差别，因此空间就是完全连续的。"② 这里的"己外存在"就是指绝对理念的外化，其中的"己"就是指绝对理念。也就是说，在黑格尔看来，与其他事物一样，空间也是绝对理念的显现。从这个意义上说，空间和物质是相互依存的，物质不能离开空间而存在，空间也不能独立于物质而存在。由此可见，黑格尔所理解的空间主要是指相对空间，这是一个与物体合为一体的、不断变化的空间。这个空间既具有实在性，因为它是物体存在和运动的场所和形式；又具有观念性，因为它也是绝对理念的外化。因此，与康德一样，黑格尔的空间观念也在调和空间的主观性和客观性。

纵观西方近代，虽然不同思想流派、不同思想家的空间观念不尽相同，但是相对于西方古代的空间观念，西方近代的空间观念有两点共性：

---

① 李秋零主编《康德著作全集》第二卷，中国人民大学出版社，2004，第412页。
② 〔德〕黑格尔：《自然哲学》，梁志学等译，商务印书馆，1980，第39~40页。

第一，虽然西方近代也将空间视为容器，但是不再将其视为封闭的、有限的，而是将其视为开放的、无限的；第二，西方近代哲学不再将空间视为独立于人之外的背景实体，而是从人自身出发去理解空间。这两点共性为西方现代的空间转向做好了准备。

二　西方现代的空间转向

西方现代社会的到来以西方资本主义在 20 世纪中后期进入晚期资本主义为标志。这个时期也是资本主义全面繁荣的时期，其繁荣的根本原因在于生产模式的变革，即从以时间为基础的大规模生产模式向以空间为基础的灵活生产模式转变。总体而言，西方现代哲学是在反思和批判资本主义制度的基础上来思考人的，主要有以下三条路径：一是试图消解西方的传统形而上学，重新从存在论的视角来理解人；二是试图消解西方传统哲学对于理性和灵魂的关注，转而关注人的身体和欲望；三是从传统马克思主义出发，从实践论和文化批判的视角重新理解人。这三条路径推动了西方现代哲学的空间转向。笔者在这小节主要分析前两条路径，最后一条路径留在第三小节探讨。

（一）海德格尔的此在空间

对于第一条思考人的路径而言，海德格尔的空间观念无疑具有重要的启发价值。海德格尔是从此在的角度来理解空间的，他将空间与人的生存状态联系在一起。正如他所言："就此在在世的基本建构来看，此在本身在本质上就具有空间性，与此相应，空间也参与组建着世界。"[1] 如前文所述，海德格尔试图将哲学的讨论重点从"存在者"转向"存在"。这一转变就表明哲学不再从传统形而上学的视角来理解人，而是直接关注人的存在样态。这种存在样态就是"存在于世界之中"，这也是此在的本质。这种"存在于世界之中"的此在展现出了此在的空间性：此在并不是一种独立而抽象的存在，而是在世界之中的存在，这种存在必然要与世界上其他的存在者打交道，打交道的过程本质上就是一种空间化活动。海德格尔认为，这种空间化活动包含"去远"和"定向"两个

---

[1] 〔德〕马丁·海德格尔：《存在与时间》，陈嘉映、王庆节译，生活·读书·新知三联书店，2006，第 131 页。

方面。

　　这里的"去远"和"定向"都是将此在与其熟悉的"上手事物"联系起来思考的概念。其中,去远是指"将……带到近旁"。这里的"带到近旁"不是指将一个东西带到自己身旁,而是指将一个东西带到我们日常操劳的中心,使其成为"上手事物"。这就是说,此在的空间只有通过"将……带到近旁"的去远活动才能领会。这个领会的过程就是由一系列操劳活动决定一个事物的位置。也就是说,我们在与事物打交道的过程中会根据其与自己"切近性"的不同,而赋予不同事物恰当的位置。这些由不同事物占据的不同位置共同构成了一个彼此关联的空间。这里的"切近性"是无法用尺码来衡量的,只能由我们对它的使用状况来决定,经常使用的事物比起很少使用的事物更加具有"切近性"。由此可见,"此在已经随身携带而且始终随身携带着这种去远,因为此在本质上就是去远,也就是说,此在本质上就具有空间性"。[①]

　　此外,此在的去远活动还具有定向的性质,也就是说,此在"将……带到近旁"的过程总是具有一定的方向性。这个方向性能够指明被去远的事物所行走的方向,以便我们确定其位置和场所之后使其成为"上手事物"。正如海德格尔所言:"只要此在存在,它作为定向去远的此在就总已有其被揭示了的场所。定向像去远一样,它们作为在世的存在样式都是先行由操劳活动的寻视引导的。"[②]

　　综上所述,海德格尔的此在空间显然不是容器式的客观空间,也不是先验式的主观空间,而是与人的生存处境密切相连的空间。这个空间既参与了此在的存在方式,也参与了世界的构建。

(二) 梅洛-庞蒂的身体空间

　　对于第二条思考人的路径而言,法国哲学家梅洛-庞蒂的空间观念无疑具有重要的启发价值。梅洛-庞蒂对空间问题的思考是与身体联系在一起的,在此基础上,他提出了"身体空间"这个概念。此概念也是对西方近代理性主义空间观和经验主义空间观的批判。梅洛-庞蒂区分了两种

---

① 〔德〕马丁·海德格尔:《存在与时间》,陈嘉映、王庆节译,生活·读书·新知三联书店,2006,第126页。
② 〔德〕马丁·海德格尔:《存在与时间》,陈嘉映、王庆节译,生活·读书·新知三联书店,2006,第126页。

不同的空间：一种是流俗的空间，这种空间是数学和物理学意义上的空间，不具有本源意义；另一种是源始的空间，这种空间才是本源的空间，只有通过身体才能理解和把握。因此，我们只有理解了梅洛-庞蒂的身体观才能理解其空间观念。

正如笔者在第四章所言，梅洛-庞蒂将身体理解为"身体图式"，即"我的整个身体不是在空间并列的各个器官的组合。我在一种共有中拥有我的整个身体。我通过身体图式得知我的每一肢体的位置，因为我的全部肢体都包含在身体图式中"。[1]由此可见，"身体图式"不仅是对身体的整体把握，也是对身体所处位置的把握。也即是说，"身体图式"是人存在于世的基本方式。

梅洛-庞蒂对"身体图式"的思考也带来了他对空间的重新理解："空间不是物体得以排列的（实在或逻辑）环境，而是物体的位置得以成为可能的方式。也就是说，我们不应该把空间想象为充满所有物体的一个苍穹，或把空间抽象地设想为物体共有的一种特性，而是应该把空间构想为连接物体的普遍能力。"[2]这就是说，在他看来，空间不是包裹身体的容器，而是我们身体在世的存在领域。总之，梅洛-庞蒂的身体空间是最源始的空间，是与身体合二为一的空间。身体是空间的身体，空间是身体的空间。正如他所言："我的身体在我看来不但不只是空间的一部分，而且如果我没有身体的话，在我看来也就没有空间。"[3]

（三）空间转向之后的空间观念

虽然海德格尔和梅洛-庞蒂的空间观念不尽相同，但是都代表了空间转向之后的空间观念。这种空间观念是对传统空间观念的挑战和批判，这种挑战和批判主要体现在以下两个方面。

一方面是对传统二元对立模式的批判。在传统的二元对立模式中，时间是第一性的，是变化的、有活力的、辩证的；空间是第二性的，是静止的、僵死的、非辩证的。在这种模式的主导下，作为第二性的空间被视为可以从客观上加以量化的几何化空间或自然空间。所谓空间转向，

---

[1]　〔法〕莫里斯·梅洛-庞蒂：《知觉现象学》，姜志辉译，商务印书馆，2001，第135页。
[2]　〔法〕莫里斯·梅洛-庞蒂：《知觉现象学》，姜志辉译，商务印书馆，2001，第310~311页。
[3]　〔法〕莫里斯·梅洛-庞蒂：《知觉现象学》，姜志辉译，商务印书馆，2001，第140页。

就是要打破这种二元对立的思维模式，推翻空间的附属性，重新凸显空间的本体地位。

另一方面是对传统形而上学的批判。传统形而上学将空间视为形而上的抽象空间。空间转向之后的空间观念就是要反对这种将空间视为抽象空间的观念，从实践论和存在论的视角重新理解空间。正如海德格尔所言："唯有回溯到世界才能理解空间。并非只有通过周围世界的异世界才能通达空间，而是只有基于世界才能揭示空间性。"[①] 这里的"回溯到世界"是指西方哲学的目光转向日常生活空间，进而打开研究社会空间的大门。

综上所述，空间转向之后的空间观念是从实践的人和存在的人的视角来重新理解空间的，这种观念将空间视为人的存在领域，消解了西方传统空间观念的附属性和形而上学性，指明了人们重新理解空间的新方向。

三　西方马克思主义与空间转向

虽然海德格尔、梅洛-庞蒂等哲学家提出了自己的空间观念，但是他们都是在探讨其他问题的时候顺便提到了空间，并没有专门探讨空间问题，也就是说，空间问题还没有真正得到重视。西方马克思主义的思想家真正使得被西方传统哲学长期压制的"空间"浮出水面，受到学界的高度重视，真正实现了西方哲学的空间转向。西方马克思主义的空间观念是在经典马克思主义的基础上发展起来的，因此，如果我们想要真正理解西方马克思主义的空间观念，就需要首先理解经典马克思主义的空间观。

（一）经典马克思主义的空间观

虽然在经典马克思主义哲学中，空间从来没有被视为一个核心问题来探讨，但是马克思本人确实对空间给予过特别的关注和思考，这些关注和思考无论是对于西方马克思主义的空间观念还是对于整个"空间转向"来说，都是极其重要的。

---

① 〔德〕马丁·海德格尔：《存在与时间》，陈嘉映、王庆节译，生活·读书·新知三联书店，2006，第131页。

　　马克思和恩格斯是从批判资本主义生产方式的视角来阐述空间问题的。在他们看来，资本主义这种生产方式一旦确立，其在改变社会生活各个方面的过程中，也会在空间安排上提出一定的要求，使其在最大程度上有利于资本主义生产方式的发展。空间的资本化是资本主义生产方式的必然结果。其中，城市的出现就是空间资本化的主要表征。由此可见，马克思主义的空间观念主要蕴含在其关于城市的论述之中。

　　马克思、恩格斯认为资本主义生产方式推动了城市的全面发展，大量农村人口被吸引到城市中，城市空间日益扩大。正如马克思、恩格斯所言："资产阶级使农村屈服于城市的统治。它创立了巨大的城市，使城市人口比农村人口大大增加起来，因而使很大一部分居民脱离了农村生活的愚昧状态。"① 同时，城市空间的形成也能促进资本主义的建立和发展，因为随着资本主义统治阶级逐步将自然空间转变为城市空间，城市空间逐渐成为资本主义统治阶级维护其统治地位、剥削工人阶级的工具。这就是说，资本的逐利本性使得资本的运行必须扫清一切空间障碍，使得其运行范围从城市内部扩展到城市之间，最后扩展到全球范围内。这种扩展使得城市空间中充斥着不同阶级之间的利益纷争和阶级矛盾。

　　在马克思、恩格斯看来，这种阶级矛盾主要体现为城乡对立。这种城乡对立源于人类物质劳动和精神劳动的分工，这种对立形成了城市和农村两个相互对立的不同空间。正如他们所言，"物质劳动和精神劳动的最大的一次分工，就是城市和乡村的分离。城乡之间的对立是随着野蛮向文明的过渡、部落制度向国家的过渡、地域局限性向民族的过渡而开始的，它贯穿着文明的全部历史直至现在"。②

（二）列斐伏尔的空间观念

　　虽然经典马克思主义没有专门探讨过空间问题，但是其在批判资本主义过程中展露出的空间观念对于西方马克思主义空间观念的形成起到了很大的推进作用。在西方马克思主义学者中，列斐伏尔的空间观念对空间转向的影响很大。

　　"空间的生产"是列斐伏尔空间观念中的核心概念，旨在阐明不同

---

① 《马克思恩格斯选集》第一卷，人民出版社，1995，第276~277页。
② 《德意志意识形态（节选本）》，人民出版社，2003，第48页。

社会的生产方式塑造着不同的空间。在这一点上，他继承了马克思主义的观点，主要是在批判资本主义塑造的空间。在他看来，城市空间是根据资本主义生产方式的发展被塑造出来的，是用来巩固和加强资产阶级统治的工具。也就是说，资产阶级通过对空间的生产和争夺来实现对无产阶级的支配和统治，进而强化其对整个社会的领导权和统治权。在此基础上，列斐伏尔认为，资本主义的生产方式已经从"空间中对象的生产"发展到"空间本身的生产"。

由此可见，列斐伏尔认为，空间不是几何学意义上的空洞的容器，而是社会关系再生产的产物。因此，空间蕴含着复杂的社会属性和政治属性。正如他所言："空间并不是某种与意识形态和政治保持着遥远距离的科学对象。相反，它永远是政治性的和策略性的……空间，看起来好似均质的，看起来其纯粹形式好像完全客观的，然而一旦我们探知它，它其实是一个社会产物。"①

既然空间是社会的产物，列斐伏尔就在此基础上打破了传统空间的二元辩证关系，开启了空间的三元辩证关系。这个三元包括：空间的实践、空间的表象、表象的空间。其中，空间的实践是指人们的实践活动生产出来的可感知的空间，这种空间可以被精确地测量和描绘；空间的表象是指人们头脑中构建出来的用来替代现实空间的一种知识性和概念性的抽象空间，例如地图、图纸等；表象的空间是指空间使用者体验到的经验性的日常空间。列斐伏尔进一步指出，在这三种空间中，空间的实践是最不重要的，因为这种实践过程一旦结束就很容易被人遗忘。然而，空间的表象和表象的空间可以长久地留在人们的记忆中，因为头脑中的抽象空间和个人的空间体验是不容易被人遗忘的。例如，当人们去参观天安门、长城、兵马俑等名胜古迹的时候，通常不会去关注当年建造它们的空间实践，而会重点关注它们的象征意义和与之相关的个体体验。列斐伏尔对空间的表象和表象的空间的强调代表了其空间观念中的主要思想。

（三）戴维·哈维和爱德华·索亚的空间观念

戴维·哈维和爱德华·索亚（也译作爱德华·索杰）都是西方马克思主义的代表人物，"空间"也是贯穿他们学术思想的关键词。他们在

---

① 包亚明主编《现代性与空间的生产》，上海教育出版社，2003，第62页。

列斐伏尔空间观念的基础上更加强调空间与社会之间的关联。

在戴维·哈维看来，我们既不能将空间视为绝对的，也不能将其视为相对的，而是要结合具体的社会语境来理解。也就是说，我们对于空间的理解不能脱离与空间相关的人类实践。正因如此，"'空间是什么'的问题，要让位给'不同的人类实践如何创造出不同概念的空间以及怎样利用这些不同概念的空间'的问题"。① 由此可见，戴维·哈维对于空间与社会、空间与实践之间关系的论述也在消解"价值中立"的客体空间，使得我们需要在社会发展过程中来理解空间："在社会发展过程中，空间形式不是被看作无生命的对象，而是被看作包含社会过程的事物，同样，社会过程也是空间的。"② 由此，哈维深入分析了当代资本主义社会的空间形式，认为当代资本主义空间生产与扩张源于资本积累的过程。也就是说，为了满足资本积累的需求，资本主义不得不破坏既有的空间而建立新的城市空间。

爱德华·索亚在列斐伏尔的空间三元辩证关系的基础上提出了新的空间三元辩证法，即"空间-时间-社会存在"。这个新的三元辩证法在审视空间的时候将"社会存在"纳入其中，从而消解了传统"时间-空间"的二元对立关系，并在此基础上提出了"第三空间"这个新概念。在索亚看来，这个第三空间"既是一个区别于其他空间（物质空间和精神空间，或者说第一空间和第二空间）的空间，又是超越所有空间的混合物"。③ 这个混合物既包含了第一空间又包含了第二空间，同时打破了第一空间和第二空间的独立存在。索亚认为，第一空间是物质化的物理空间；第二空间是基于认识论的精神空间。然而，第三空间就是要将物理空间和精神空间统一于空间性的实践活动中，进而从实践理性的视角来重新理解空间，这种观念批判了传统空间的封闭性，强调了空间的开放性、多元性、丰富性。

---

① David Harvey, *The Condition of Postmodernity: An Enquiry into the Origins of Cultural Change* (Cambridge：Wiley-Blackwell, 2006)，p. 275.

② 尹保红：《西方马克思主义空间理论建构及其当代价值》，光明日报出版社，2016，第53页。

③ 〔美〕爱德华·索杰：《第三空间——去往洛杉矶和其他真实和想象地方的旅程》，陆扬等译，上海教育出版社，2005，第79页。

（四）福柯的空间观念

虽然福柯不是一位马克思主义者，他也从来不允许别人给他扣上任何主义的帽子，但是鉴于他与列斐伏尔和索亚在空间理论上的亲缘关系，本书仍然将他的空间观念纳入西方马克思主义的相关领域来考量。

笔者之所以说福柯与列斐伏尔和索亚在空间理论上有亲缘关系，是因为福柯的空间观念与列斐伏尔的表象空间和索亚的第三空间有很多相似之处。但是，与他们不同，福柯的空间观念没有明确的政治诉求，并没有将对空间问题的思考纳入对资本主义批判的轨道。福柯主要是从知识与权力的二元关系中去审视空间，提出了"知识-空间-权力"的全新三元辩证法。由此可见，福柯的空间观念是与权力紧密联系在一起的。权力必须以空间为中介才能发挥对人的规训作用。进而言之，权力的规训需要通过对空间的改造进行，如将整个社会变成一个全景监狱。在这个监狱中，"空间内部首先按照分隔基本单元的原则加以组织，每个个体有一个小单元，每个小单元有一个个体，这样整个空间就建立起了一个在场或不在场的控制体系，所有的个体通过这个体系可以得到安置、训诫和监视"。[1]

福柯将这种被权力改造过的空间称为"异托邦"。乌托邦是指现实中不存在的理想空间，而异托邦是指现实中存在的被实现了的乌托邦。然而，异托邦与其所反映的现实世界不同，因为它又与乌托邦空间存在着混合和交汇，也就是说，异托邦具有一定的虚幻性，是真实与虚幻的混合。例如，镜子就是一个异托邦，因为镜子本身是真实存在的，但是镜子里面的镜像是虚幻的。总之，福柯的空间观念将空间与权力的运作结合在了一起，强调了空间的差异性和并置性，这在一定程度上也推动了西方人文社会科学的空间转向。

第二节 新媒体时代的"人"与空间的社会化重构

笔者在上一节中梳理了空间转向的由来，本节将在此背景下探讨这种空间转向是如何在新媒体时代的传播学中体现出来的。既然空间转向

---

[1] 童强：《空间哲学》，北京大学出版社，2011，第83页。

之后的空间是社会建构的产物,那么传播学的空间转向就开始研究媒介在空间社会化建构中所起的作用。这一切源于新媒介技术改变了人的角色,因为媒介是通过重塑"人"的方式来完成对空间的社会化重构的。在本节中,笔者将根据空间转向之后的空间观念,分别从"空间的生产""空间的规训""空间的流动"三个方面来探讨新媒体时代的"人"是如何对空间进行社会化重构的。

一 新媒体时代的"人"与空间的生产

笔者在前文指出,"空间的生产"是列斐伏尔空间观念中的核心概念,旨在阐明空间不是几何学意义上的空洞的容器,而是社会关系再生产的产物,不同时代的生产方式塑造着不同的空间。那么,新媒体时代的生产方式是怎样塑造空间的?这种塑造基于新媒介技术对"人"的改变。笔者在第二章已经提到,节点人将是新媒体时代下"人"的存在样态之一。那么,这种节点人又是如何完成空间生产的呢?

传统传播学通常采用的是结构功能主义范式,这种范式将人视为先于媒介技术存在的独立主体。任何新出现的媒介技术都会被视为人的工具,对其的研究也只停留在为作为主体的人增加或增强了哪些功能。然而,与作为主体的人不一样,节点人并不是先于媒介技术而独立存在的,而是一种中介化存在。这种"中介"不是传统传播学意义上的连接主客体之间的工具,而是存在论意义上的"处于中间介入两者之间的,使两者发生关系的第三者,如果没有这个中介,这种关系就不会存在"。① 这就是说,节点人是与网络紧密相连的存在,离开了网络,节点人将不复存在。节点人的意义也不是独立存在和固定不变的,而是在与其他节点人的互动实践中动态呈现出来的。这里的节点人与网络之间的关系可以被视为海德格尔意义上的人与用具之间的"上手状态"。海德格尔以锤子为例来解释这种"上手状态"。具体说来,我们只有在使用锤子的过程中才能真正把握这把锤子,也就是说,用具只有在被使用的过程中才能作为用具而存在,因为我们只有在使用锤子的过程中才知道它顺不顺

---

① 〔法〕雷吉斯·德布雷:《媒介学引论》,刘文玲译,中国传媒大学出版社,2014,第122页。

手、好不好用，这些都不能通过静态的观察而得来。我们通过静态的观察只能认识到它的形状、大小、重量、颜色等特性，而这些特性并不能代表用具的本质，因为"用具本质上是一种'为了作……的东西'，有用、有益、合用、方便等都是'为了作……之用'的方式"。①这种节点人与网络之间的"上手状态"使得节点人一出现就被抛入网络世界之中，我们可以将被抛入网络世界之中的节点人称为"此在"。下面，我们就来具体分析，作为"此在"的节点人是如何进行空间生产的。

节点人的空间生产过程本质上也是一种空间实践。这种空间实践与列斐伏尔的空间实践既有联系又有区别。它们的联系在于都将空间实践视为一种与人类实践密切相关的空间生产过程，这个过程受到权力和资本的支配和控制。而它们的区别在于：列斐伏尔所关注的空间是主流的、公开的资本空间；节点人关注的却是碎片空间。碎片空间处于不同空间之间的缝隙之中，过去往往被资本和权力遗忘和忽视，属于空间生产的盲区。这些碎片空间包括等公交、等地铁、睡觉前、上班途中、工作间隙等。而节点人就是要将这些被遗忘、被忽视的碎片空间重新激活，使其成为资本空间。

具体而言，节点人激活碎片空间的过程就是重构社会关系的过程，就是利用碎片空间来搭建新的社交关系的过程。在社会化媒体时代，人与人之间的社交关系主要是通过微信、微博、QQ等社会化媒体的关注、转发、评论、点赞、分享、拉黑、屏蔽等功能建立起来的。这些功能在建构社交关系的过程中可以将碎片空间重新激活，因为人们在社会化媒体上的刷朋友圈、发朋友圈、转发、评论、点赞、聊天等搭建社交关系的行为往往都是在等公交、等地铁、睡觉前、上班途中、工作间隙等碎片空间中完成的。社会化媒体中微文本的碎片化传播特征也正好符合人们在碎片空间中的阅读和观看需求。当碎片空间被激活之后，它就进入了社会化的关系网络之中，就可以被资本利用，进行社会化生产。例如，卧室空间本来是一个商业价值不高的碎片空间，但是，当现在人们在睡觉前有刷微信和微博习惯的时候，卧室空间就可以被激活，被资本利用。

---

① 〔德〕马丁·海德格尔：《存在与时间》，陈嘉映、王庆节译，生活·读书·新知三联书店，2006，第79页。

同时，碎片空间的社会化生产除了需要对碎片空间进行社会化重构，还需要对空间关系进行再造，使两个陌生的碎片空间基于商业或政治目的而发生关系。这种关系是一种中介化关系，也就是说，这种关系是以社交网络为中介建立起来的。节点人就处在社交网络中的一个个节点之上，彼此也是一种中介化的关系。这种中介化关系能够给节点人带来一种被抛入世界的共在感。这种共在感是我们重构空间关系和空间生产的前提，因为共在感既可以使本来处在不同空间之中两个陌生的节点人迅速建立联系，又可以使两个不同的空间发生关系，进而实现空间关系的再生产。例如，微信的"摇一摇""周边的人"等功能就可以给节点人带来一种共在感，使得他们随时可以建立社交关系，随时可以将不同的碎片空间连接和利用起来。

二　新媒体时代的"人"与空间的规训

正如笔者前文所言，权力的规训是通过对空间的改造实现的，权力将整个社会变成一个全景监狱。在这个全景监狱中，监视者处在中心的瞭望塔上，监视着监狱中囚犯的一举一动。在这个监视过程中，权力通过监视者的目光完成了对主体的规训。由此可见，空间的规训本质上是一个对空间进行可见性建构的过程。在新媒体时代，节点人也在制造着一个个透明的空间，通过对空间的可见性建构，进而完成对新媒体时代的"人"的规训，即"数据人"的诞生（笔者在第二章已经提到，"数据人"将是新媒体时代下"人"的存在样态之一）。下面，我们就来具体分析新媒体时代的节点人是如何通过对空间的可见性建构来完成对新媒体时代的"人"的规训，进而制造"数据人"的。

我们先来看新媒体时代的节点人是如何完成对空间的可见性建构的。在可见性建构的过程中，社会化媒体对节点人及其空间实践的可视化建构发挥着重要的作用。微信、微博、抖音、豆瓣、百度地图、高德地图等社会化媒体中的"基于位置的服务"（Location Based Services，LBS）功能可以通过智能手机和可穿戴设备对处在每个节点上的节点人的空间位置和行动轨迹进行定位。这个定位可以使每个节点人都清晰地显示在LBS这张大网之上，成为一个透明的、可见的数据人。笔者在第一章指出：所谓数据人就是对个体进行数据化描绘，其目的是揭示个体的自然属性、社会属性、政治倾向、经济状况、兴趣爱好、行为习惯等。"数据人"将成为一个比我更真实的"我",我们可以通过这个"数据人"对"节点人"有更加准确、全面的认识。由此可见,社会化媒体可以将全社会都塑造成一个全景监狱。这个监狱不仅能使节点人成为数据人,而且使得节点人的空间实践也成为可视化对象。同时,社会化媒体所制造的全景监狱与福柯的不一样。福柯的全景监狱是"少数人监视多数人",而社会化媒体的监狱却是"多数人监视少数人"或者"多数人监视多数人"。当节点人被规训为数据人之后,每个数据人的数据理论上可以被所有人获取和利用,因为社会化媒体时代的权力不再是垄断的,而是分散在每个节点之上的。

节点人对空间的可见性建构的过程就是一个空间规训的过程,因为空间规训的本质就是要将原本黑暗的、隐秘的空间公开化和透明化,使其进入公共领域,成为权力和资本规训的对象。与空间的生产一样,节点人所要规训的空间也是碎片空间。碎片空间处在空间与空间之间的缝隙之中,具有黑暗性和私密性,通常被政治和资本遗忘。节点人想要规训碎片空间就需要使得这些黑暗的碎片空间具有可见性,空间只有具有可见性之后才不会被政治和资本遗忘。社会化媒体的 LBS 功能就具有将黑暗的碎片空间可视化的能力。我们每个人所处的日常空间通常都是碎片化的,不会引起大家的重视。但是,在社会化媒体时代,LBS 功能可以测量和了解每个节点人的空间特征,使这些碎片空间具有可见性;然后,网络服务商可以根据这些空间特征为每个节点人提供精准化的服务。例如,微信"摇一摇"基于空间的可见性可以为你摇到空间上与你邻近的朋友;滴滴打车基于空间的可见性可以为你寻找到就近的车辆;各种 App 基于空间的可见性可以为你推送在空间上与你邻近的内容和服务。同时,社会化媒体中的微博、微信、微小说、微电影、微访谈等微文本也是填充碎片空间的最佳之物,因为这些短小精悍的微文本最能满足人们在等公交、等地铁、睡觉前、上班途中、工作间隙等碎片空间中的阅读和观看需求。

总之,当一个个碎片空间被节点人激活且具有可见性之后,这些碎片空间既可以成为权力规训的对象,又可以成为具有建构性的公共空间。在这个公共空间中,透明的数据人不再是被规训的对象,反而具有主体性。这种主体性体现在数据人可以以自己的方式获得这种可见性。比如，在微信朋友圈发自拍照就是数据人以自己的方式获得可见性的方式之一。虽然自拍的过程也会受到他人"凝视"的影响，但是这个过程更多体现的还是个体主动选择进入公共空间的方式。这也是社会化媒体时代"多数人监视少数人"或者"多数人监视多数人"的"监狱"与福柯的"少数人监视多数人"的"监狱"之间最大的区别所在。

三 新媒体时代的"人"与空间的流动

正如笔者在第二章所言：空间的流动是依靠功能性聚拢的方式实现的，可以突破地域限制，打破传统空间中的时空障碍，实现空间关系的重组与再造。就流动空间而言，决定其形成的社会关系变化主要体现为：节点人与节点人之间不再有物理距离，可以建立即时性关联。

在新媒体时代，社会化媒体就是诠释这种空间的流动的最佳平台。究其原因，一方面，流动在社会化媒体上的微博、微信、微视频、微电影、微访谈等微文本形态通过各种方式可以渗透进人们日常生活的各个角落，进而实现空间关系的流动和重构。社会化媒体对节点人与节点人之间关系的再造与重构，创造了一种流动的空间实践。这种空间实践是一种"人脉关系的识别与再造过程，往往伴随着信息、符码、资本、组织、技术的流动过程，最直接的表现就是主体的自由流动，以及由于主体流动而带动的交往'节点'和空间关系的流动"。[①] 这个流动的过程使得节点人抛弃了原有的空间关系，构建了新的空间关系。由此，空间不再是孤立的，而是被整合进了一个流动的关系结构之中，与其他空间发生着动态的资本和权力关系。在这个过程中，节点人也被整合进了空间网络之中，与其他人发生着动态的关系。也就是说，空间的流动就是人际关系的流动，是对节点人所在的空间关系的重构。

另一方面，社会化媒体的 LBS 功能可以将每个节点人所处的空间位置和关系清晰地标注在全面覆盖的网络结构之中。这样，人们可以随时动态地识别、调整、激活自己和他人的位置和状态，进而带动空间关系

---

① 刘涛：《社会化媒体与空间的社会化生产——列斐伏尔和福柯"空间思想"的批判与对话机制研究》，《新闻与传播研究》2015 年第 5 期。

的重构。百度地图、高德地图、谷歌地图等智能 App 可以随时向节点人显示自己所在位置及其周边的停车场、餐馆、商场、公交站、地铁站等空间信息。人们在现实空间中流动的时候,也会带动其周边空间信息的流动。社会化媒体可以敏锐地捕捉到空间信息流动的轨迹,并根据这些轨迹重构节点人与节点人之间空间关系。例如,百度地图可以根据驾驶者的行动轨迹为其推送距离最近的停车场。同时,各种智能可穿戴设备可以随时记录用户的行进路线和身体状态。用户可以将这些信息和数据及时上传到微信朋友圈与他人分享。这个分享的过程就是动态地重构交往圈子和空间关系的过程,也就是空间流动的过程。由此可见,随着大数据技术和人工智能技术的不断发展成熟,虚拟空间与实体空间之间的界限不断被消解,空间的流动愈加智能化。

第三节 从场景传播到城市传播:建构作为第三空间的城市

笔者在第二节分别从"空间的生产""空间的规训""空间的流动"三个方面来探讨新媒体时代的"人"是如何完成空间的社会化重构的。这三个方面的重构使得人与网络(媒介)之间构成了一种中介化的关系。这种中介化的关系能够给处于空间中的每个人带来一种被抛入空间的共在感。这种共在感就表明人与网络(媒介)之间不再是主体与客体之间的关系,而是共生共在的关系。同时,这种被重构的空间也不是一个容器式的空间,而是一个与人的存在与实践相结合的空间,也就是索亚意义上的第三空间。城市就是第三空间的典型代表,因为城市作为现代人的主要聚集空间,具有第三空间的社会性。城市空间的社会性主要体现在以下两点。第一,城市本身就是一个复杂的网络。这就是说,城市内部由许多网络构成,这些网络能将彼此隔绝的城市元素连接起来。第二,城市也是全球网络的重要节点。这就是说,处在不同节点上的城市能将彼此隔绝的人类文明连接起来。同时,城市作为与现代媒介交互共生的空间,具有第三空间的融合性。城市空间的融合性主要体现在城市本身就是一种作为基础设施的媒介,这种媒介能够将城市中的实体空间和虚拟空间融为一体。

具体而言，城市想要实现其作为第三空间的社会性，即连接不同城市元素和不同文明的功能，就离不开场景传播；城市想要实现其作为第三空间的融合性，即融合实体空间和虚拟空间的功能，就离不开城市传播。总之，城市空间的建构经历了从场景传播到城市传播的过程。下面，我们就来具体分析这个建构过程。

一　作为实践的地方：从固定场景到移动场景

（一）场景传播的由来

罗伯特·斯考伯和谢尔·伊斯雷尔在《即将到来的场景时代》一书中第一次将"场景"一词用在了传播学领域。他们认为，场景时代的到来依赖于五大技术。这五大技术也被称为"场景五力"，即移动设备、社交媒体、大数据、传感器、定位系统。这五大技术构成了场景传播的基础，为场景传播带来了个性化、精准化、智能化、社会化。

首先，移动设备是指智能手机、iPad、可穿戴设备等各种移动终端。这些移动设备让互联网具有移动性，是人们体验场景传播的载体。其次，以微信、微博为代表的社会化媒体能够提供个性化的内容，这是为场景传播带来个性化的源泉。再次，大数据是为用户提供个性化内容和服务的技术保障，因为大数据可以追踪和收集到与我们有关的数据，形成个性化的数据身份。从次，传感器能实现人与物、物与物、人与环境之间的有效连接和智能交流。最后，定位系统能够较为精确地定位到用户的位置及其周边环境，进而为用户提供智能的、个性的内容和服务。当这"场景五力"共同发挥作用的时候，就预示着场景时代的到来。这个时代最显著的传播特征就是为人们构筑一个智能化、个性化的新型空间。在这个空间中，"人与人、人与环境、人与事物之间，乃至人与智能机器等人工物之间，基于新的信息与媒介技术，可以虚拟或真实地融合实现智能性'超链接'，并在社交平台进行多方互动的数字化情境"。① 进而言之，随着媒介技术的发展进步，支撑场景传播的技术绝不仅仅只有这五种，VR、AR、物联网等新兴技术都将推动场景传播的发展。在知道

---

① 阎峰：《场景即生活世界：媒介化社会视野中的场景传播研究》，上海交通大学出版社，2018，第5页。

了构成场景传播的技术基础之后，我们来具体分析"什么是场景传播"以及"场景传播的具体特征"。

场景传播中的"场景"一词早期主要用来指称文学、戏剧、影视作品中的各种情景或氛围。如某某作品为我们展现了一个什么样的场景。后来，"场景"一词逐渐被运用到了其他能给我们带来一定情景和氛围的领域。在传播学领域，"场景"一词主要是指各种传播技术带给我们的、围绕着不同个体而存在的特定时间、空间、氛围、环境、情景。

具体而言，场景一词由"场"和"景"两部分组成。其中，"场景"中的"场"原来是物理学中的概念，特指一种空间领域。在这个空间领域中，不同物体之间的相互作用都依赖"场"来实现，比如磁场、电场、引力场等。后来，"场"这个概念被运用到了很多学科之中。传播学四大奠基人之一的勒温就将"场"运用到了社会心理学的研究之中，提出了著名的"群体动力学"理论。该理论认为，一个群体就是一个场。这个群体中的每个个体的行为动力都会受到群体的控制和影响。此后，布迪厄也提出了"场域理论"。其中的"场域"是指一个相对独立的社会空间，这个空间由人与周围环境中的各因素之间的关系构成。处在不同关系位置上的人会受到不同的影响和控制。布迪厄在此基础上区分出了很多不同的场域，如政治场域、经济场域、文化场域、教育场域、新闻场域、宗教场域等等。这些不同场域之间既相互独立，又相互影响和渗透。由此可见，"场"这个概念主要强调个体与整体之间的关系，而且这个关系主要体现为整体对个体的影响和控制。

而"场景"中的"景"有景物、景别、景观的意思。其中，景物是指可供观赏的事物；景别是指全景、远景、中景、近景、特写等取景范围的大小；景观是指景物的艺术效果，由景物和景别共同构成。这就是说，景物的艺术效果取决于观察者或拍摄者对于景物的取景方式。由此可见，"景"这个概念主要强调事物和环境带给我们的艺术效果和审美体验。

在分清楚了"场"和"景"的不同含义之后，我们就可以将场景传播分为两个阶段：第一个阶段的重点在"场"，这个阶段的传播主要关注的是从不同个体的社会关系中推断出该个体的需求，然后进行个性化和精准化的推送；第二个阶段的重点在"景"，这个阶段的传播主要强调的是这种个性化和精准化的推送带给个体的审美体验。当然，这两个阶段并不是截然分开的，第一个阶段仍然能带给我们审美体验，第二个阶段也仍然在进行个性化推送，只是这两个阶段的侧重点不同而已。

（二）从固定场景到移动场景

从新媒体技术的发展历程来看，场景传播中的"场景"经历了从固定场景到移动场景的变化。固定场景是指人们在相对静止的状态下体验到的特定时间、空间、氛围、环境、情景。这种固定场景主要出现在Web 1.0时代。由于Web 1.0时代主要是用PC电脑上网，人们能够体验到的场景基本是在书房和客厅这些固定空间之中。这种固定场景与人的关系通常是稳定和封闭的。

而在今天，移动互联网和物联网的普遍使用打破了场景的固定性和封闭性，构建了一个全新的场景，即移动场景。移动场景区别于固定场景的最大特征在于移动性和并置性。一方面，移动场景改变了固定场景中"地方"的含义。固定场景中的地方都是固定不变的，这一点在卡斯特和哈维的论述中都有所提及。卡斯特将网络社会的空间分为流动空间和地方空间。他在强调流动空间在网络社会中的支配地位的同时，也强调了地方空间在承载一代人集体记忆中的重要性。哈维在谈论全球资本流动时也提到了作为地方的场所的重要性。正如他所言："场所的特质由此在日益增强的空间的抽象之中处于被突出的地位。积极地创造具有空间独特的各种场所，成了地方、城市、地区和国家之间在空间竞争方面的重要标志。"[①] 虽然卡斯特和哈维从不同的视角强调了地方空间的重要性，但是他们都将地方空间视为固定不变的。

但是，在移动场景中，地方不再是固定不变的，而是被媒介技术嵌入社会关系之中的，随着社会关系的变化而变化。正如蒂姆·克雷斯韦尔所言："地方在比较深刻的意义上，根本不需要有任何固定不变的位置……地方可以像房间里的角落一样小，或者和地球一样庞大。"[②] 社会关系的变化过程也就是场景的移动过程。这里的场景移动主要是指人们在不同场景之间频繁穿梭，这里的场景既包含物理场景，又包含虚拟场

---

① 〔美〕戴维·哈维：《后现代的状况——对文化变迁之缘起的探究》，阎嘉译，商务印书馆，2003，第370页。

② 〔英〕蒂姆·克雷斯韦尔：《地方：记忆、想象与认同》，徐苔玲、王志弘译，台北：群学出版有限公司，2006，第36~37页。

景。这种穿梭也主要是从物理场景穿梭到虚拟场景或者虚实结合的场景，因为物理场景通常都出现在商场、卧室、餐厅、宾馆等固定空间中，这种物理场景受到空间距离的限制不太可能具有移动性，而虚拟场景都出现在虚拟空间中，所以没有空间距离的限制，反而具有高度的移动性。比如，随身携带智能手机的人们，可以一边在家电市场逛一边在京东或淘宝上对比价格。家电市场和京东市场就是两个完全不同的场景，一个是物理场景，一个是虚拟场景；人们在使用微信的过程中也可以在不同的微信群之间频繁穿梭，每个微信群都是一个虚拟场景。

另一方面，场景的移动性带来的就是场景的并置性。人们在不同场景之间频繁穿梭的时候也将不同的场景并置在了一起。例如，微信的建群功能可以使得用户同时处在十几个甚至是几十个微信群之中，不同的微信群具有不同的场景，群与群、场景与场景之间是并置关系。此外，微信朋友圈作为一个信息发布平台，既可以自主发布内容，也可以转发微信群和微信公众号上的内容，还可以对他人的朋友圈进行点赞和评论。这些功能在延伸我们人际关系的同时，也在并置和延伸场景。总之，这种并置关系可以延伸节点人的人际关系，使得每个节点人都可以同时处在多重场景之中。

对于用户来说，场景的移动和并置意味着每一种新的场景都会给用户带来新的需求。因此，我们可以根据用户前后场景的转换来为该用户提供特定场景下的内容和服务。当我们要为处在一定场景中的用户提供内容和服务的时候，可以分析该用户是从什么场景到达此场景的，这样可以更好地理解该用户到达此场景的目的。比如，当一个用户处在书店这个场景中的时候，我们就可以根据该用户的前一个场景推测出他来书店的主要目的。如果该用户的前一个场景是商场，那么该用户来到书店可能只是闲逛，没有明确的需求，停留时间可能也不长，这就需要我们用打折、排行榜等方式尽可能激发出该用户的购买需求。如果该用户的前一个场景是家，那么该用户来书店可能就有明确的需求，我们的主要任务就不再是激发他的需求了，而是尽可能满足他的需求。

同时，我们在满足用户在此场景中的需求之后，还可以进一步诱导他们对下一个场景产生需求。比如，在用户买完书准备离开的时候，我们可以引导他们去观看一部最近上映的热门电影，或者引导他们去附近的餐馆用餐。

　　总之，我们对于前场景、此场景、后场景的分析，就是一个从固定场景到移动场景的过程。这个过程显然离不开大数据、移动设备、定位系统、传感器等技术的支持。我们"场景分析的最终目标是要提供特定场景下的适配信息或服务。适配意味着，不仅要理解特定场景中的用户，还要能够迅速地找到并推送出与他们需求相适应的内容或服务。对相关信息或服务的发现、聚合与推送能力，也决定着适配的水平"。①

　　场景传播从固定场景发展到移动场景之后，会改变"地方"的含义，建构一种新型"地方"，即作为实践的地方。这种作为实践的地方"既不是固着于地理空间的，也不是剔除空间元素的完全虚拟世界，它既包含抽象的理性认识，也夹杂无意识的身体惯习。地方是在人们天天操演着的日常生活的实践中被建构出来的，这种实践是一种不可还原的动态过程，每一次都是具体的，都无法被抽象为一般规律。人们在这样的实践中建构着地方感，这种感觉既是意识意义上的，也是场所意义上的，也是生命经验意义上的。它把地方的原本各个隔绝的侧面重组在一起"。② 简言之，这种作为实践的地方是与人的存在联系在一起的，是人类存在方式中不可或缺的因素。

　　作为实践的地方是依赖于支撑场景传播的各种技术建构起来的。威廉斯曾就媒介技术与地方的关系做出过自己的论断："大众传播的技术，只要我们判定它们缺乏共同体的条件，或者以不完整的共同体为条件，那么这些技术就与真正的传播理论互不相干。"③ 也就是说，传播技术只有建构出一个共同体之后，才能构建出真正的传播理论。这里的共同体就相当于一个地方，是在一定区域内人们的共同体验的基础上建构出来的。威廉斯认为，地方报纸就是基于特定区域内人们的共同体验和共同兴趣生产出来的。

　　在新媒体时代，新媒体技术催生了多种多样的基于共同体验和共同兴趣建构的新型地方。比如，微信就是一个由新媒体技术建构起来的新型地方，因为微信与我们的日常生活实践紧密联系在一起。人们每天在

---

① 彭兰：《场景：移动时代媒体的新要素》，《新闻记者》2015 年第 3 期。
② 孙玮：《微信：中国人的"在世存有"》，《学术月刊》2015 年第 12 期。
③ 〔英〕雷蒙·威廉斯：《文化与社会：1780-1950》，高晓玲译，吉林出版集团有限责任公司，2011，第 327 页。

微信上聊天、浏览公众号、刷朋友圈、发朋友圈的频率越来越高，使得微信对于人们来说不再是一种认识世界的工具，而是人们存在的地方。新媒体技术对这种作为实践的新型地方的建构完成了建构城市空间的第一步，也就是实现了城市空间的社会性，因为作为实践的新型地方是基于人们的共同体验和共同兴趣建立起来的。基于这些共同体验和共同兴趣，这些不同的城市元素和不同文明就能被连接起来。然而，想要实现城市空间的融合性，还需要城市传播来完成。

二 "赛博城市"：城市传播建构的新型城市形态

过去，我们对城市的研究主要将城市分为两种形态：一种是由物理材料构成的实体城市；另一种是以实体城市为原型建构出来的虚拟城市。这两种城市形态分别处于物理空间与虚拟空间之中，彼此隔绝。这两种城市形态源于我们对城市传播的两种不同的研究范式：一是将城市传播理解为"城市中的传播"，就是研究在城市这个物理空间中发生的传播活动，这些传播活动普遍受到作为物理空间的城市的规约和形塑；二是将城市传播理解为"传播中的城市"，就是研究传播活动建构虚拟城市空间的过程。在这个过程中，媒介具有再现和再造物理空间的能力，并在此基础上建构一个虚拟的城市空间。

但是，我们对于城市传播的第三种研究范式打破了实体城市与虚拟城市之间的隔绝，打造了一种新型城市形态，即赛博城市。这种赛博城市不再是对实体城市的模仿和再现，而是虚拟城市与实体城市相互融合的产物。这里的第三种研究范式将城市传播理解为"作为媒介的城市"，将城市视为一个"容器型媒介"。这种"容器型媒介"不是将媒介仅仅视为一种反映和再造城市物理空间的工具，而是视为一种直接参与城市空间建构的基础设施。这种建构不是建构一个虚拟的城市空间，而是建构一个虚实相生的赛博城市。在这个虚实相生的赛博城市里面，"我的生物躯体与城市合二为一：城市本身不仅成了我网络化认知系统的领域，而且——更为重要的是——也成了这一系统的空间和物质化身"。① 然

---

① 〔英〕尼古拉斯·盖恩、戴维·比尔：《新媒介：关键概念》，刘君、周竞男译，复旦大学出版社，2015，第61页。

而，如果想要将生物躯体与城市合二为一，就需要重构人与城市之间的关系，即从媒介再现转向具身实践。也就是说，我们不再用媒介去再现城市，而是用移动的身体去体验和建构城市。这种用移动的身体去体验和建构城市的人就是"赛博人"。

笔者在第二章中提到，赛博人的在场是一种物理与虚拟相结合的身体在场。由此可见，这种物理与虚拟相结合的赛博人可以克服身体在场的时空局限，实现身体在赛博城市中的直接在场。"赛博人身体的两重性，使得这个技术叠加生物体的界面能够打破实体空间网络与虚拟信息网络的屏障，即时性地穿越在分属不同层面的各种网络系统中。"[①] 这就是说，在赛博城市中游走的赛博人，可以通过移动互联网、物联网、大数据等新媒体技术将自己的身体与整个城市连接起来，进而用自己身体去体验和建构这座城市。

下面，我们就分别从"打卡""自拍""扫码""导航"四个案例来分析赛博人是如何用移动的身体去体验和建构赛博城市的。

"打卡"是新媒体时代的一个流行语，意指用自媒体在一定的时空中留下自己的痕迹。在赛博城市中，打卡意味着赛博人的物理身体在某个城市空间之中，亲身接触到某个网红事物之后，再拍摄照片或者视频，然后将其上传到微信、微博等 App，引起大家的关注、点赞、评论、转发等。新媒体时代的"打卡"拍摄与传统媒体时代的拍摄最大的不同就在于：传统媒体时代对于城市的拍摄只是提供一个上帝视角，拍摄者的身体不出场，被拍摄者的身体也不是拍摄重点。正如孙玮教授所言，传统媒体的拍摄"借助'假器'以超人的方式在城市之上、之中飞檐走壁、凌空穿越，捕捉城市的整体轮廓，潜入城市的历史记忆，浓缩城市流动的速度，这种观看的主体是非人的"[②]。事实上，传统媒体时代拍摄的城市景观是一种宏大叙事的视觉奇观，脱离了日常生活实践，也摒弃了身体与城市的直接联系，展现出来的是一种远离身体的、以实体城市为原型的虚拟城市。也就是说，在传统媒体时代，虚拟空间与物理空间在城市中是无法兼容的。我们的身体只能直接体验到城市中的物理空间，

①　孙玮：《赛博人：后人类时代的媒介融合》，《新闻记者》2018 年第 6 期。

②　孙玮：《镜中上海：传播方式与城市》，《苏州大学学报》（哲学社会科学版）2014 年第 4 期。

城市中的虚拟空间与身体体验无关，是媒介再现的产物。

新媒体时代的打卡则能将城市中的物理空间与虚拟空间融为一体，创造出赛博城市。打卡照片或视频中包含的位置信息能将城市中的物理空间召回到虚拟空间之中。比如，我们在微信朋友圈打卡一个网红城市的时候，就包含该城市的位置信息，吸引观看者前往打卡地。这样，人的身体就能在城市中的虚拟空间和物理空间中同时移动，城市中的虚拟空间和物理空间能在打卡人这里融合在一起。

"自拍"也是赛博人用身体去体验和建构赛博城市的一种重要方式。在传统媒体时代，作为主体的拍摄者与作为客体的城市是二元对立的关系，也就是说，拍摄者的身体是不会出现在拍摄画面之中的，拍摄者所展现出来的城市也是一种类似《航拍中国》这部纪录片中呈现的视觉奇观。而新媒体时代的自拍将拍摄者的身体和移动轨迹与城市融为一体，从我拍城市变为我拍"我与城市"，进而改变了城市形象的展现方式。

自拍中的城市形象是从个体的视角出发展现出来的。自拍中的城市形象是个体的身体与城市的互嵌，是此时此地的自我在城市中的移动轨迹。因此，网红城市通常是由无数个体在自拍中展示出来的城市影像汇集而成的。相对于传统媒体时代的城市形象，自拍中的网红城市具有以下几个特点：第一，赛博人的身体与城市空间互嵌在自拍照片或视频之中，城市在这种互嵌中获得新的意义；第二，赛博城市在与赛博人的身体互嵌过程中获得的意义是即时即地的，不同时空下的自拍能获得不同的意义；第三，赛博人对赛博城市的体验不是单一感官（视觉、听觉）的体验，而是多感官（视觉、听觉、味觉、嗅觉、触觉等）的全方位体验；第四，赛博人在自拍中展现出来的是自己在赛博城市中的日常生活碎片，不同的碎片展现了不同的"自我城市"，这些碎片汇聚在一起就成了整体的城市形象。

"扫码"是赛博人在当今城市生活中最常见的一种体验和建构赛博城市的方式，因为二维码已经散落在城市的各个角落之中，隐藏在赛博人随身携带的手机之中。这种星罗棋布的二维码能将人与世间万物连接起来，重构城市空间，改变人类存在方式。扫码就是将自己的身体和身体活动数据化的过程，因为扫码不是人在主动识别二维码，而是机器在识别。这就意味着人将被卷入复杂的数据系统之中，被数据系统形塑和改造。这里，人与二维码之间的关系不再是主体与工具之间的关系，而是交互共生的关系。这种交互共生的关系使得扫码既能将扫码者自身数据化，又能重构城市空间。也就是说，我们每一次扫码都既在更新自己，又在更新城市。在这种双重更新的过程中，城市中的万物都在被数据化。

进而言之，在城市中，当人与物之间通过扫码发生相互作用的时候，我们虽然直接面对的都是被数据化的物，但我们不仅能改变物的数据，还能改变物的物理性质本身。此时，物的数据化存在方式与物的物理性质在扫码过程中被融为一体。这就是说，在城市中，控制物就是控制数据，造物也就是造数据。当物质与数据之间的界限在扫码过程中不复存在的时候，城市中的物理空间与虚拟空间也就融为了一体，赛博城市也就通过扫码被建构起来了。

在赛博城市中，人类的生存环境中布满了二维码，这些二维码随时随地用各种我们看不到、摸不到的方式发送和收集信息，进而影响和决定我们的认知和判断。进而言之，当未来每一种物体都被分配一个二维码的时候，会更有利于人类对于城市的智能化管理。这样的智能化管理可以使任何物品都能成为智能的物品，可以真正实现任何物与任何物、任何物与任何人之间的智能互联，使我们真正进入"智慧城市"的时代。

"导航"也是赛博人建构城市空间的一种重要方式。这种方式的出现基于新媒体技术创造了人们认识和改造世界的新方式，即从被动阅读、收听、观看的线性空间转向主动身体力行的可导航空间。这里的"导航"是指赛博人根据赛博空间中的位置定位和规划路线，使得自己的身体在赛博空间中来回穿梭，并在此过程中改造城市空间，进而建构赛博城市。由此可见，"可导航空间是一个主观化的空间，其结构呼应着主体的运动和情感。当漫游者穿越现实中的城市时，这种主观化的改造只发生在漫游者的感知中，在漫游者穿越虚拟空间的导航中，空间可以真正发生改变，成为折射用户主体性的一面镜子"。[1]

事实上，这种可导航空间的体验和建构从鼠标的使用就开始了。与书籍、电影、电视等呈现的线性的封闭文本不同，电脑屏幕上呈现的文本通常是开放的可导航文本。这种文本的阅读、聆听、观看需要鼠标来

---

[1] 〔俄〕列夫·马诺维奇：《新媒体的语言》，车琳译，贵州人民出版社，2020，第272页。

导航，用户可以主动选择自己在文本中穿梭和游览的路径，进而建构专属的虚拟空间。随着智能手机和移动互联网的出现，"导航"已经不再局限于虚拟空间之中，而是扩展到了物理空间，实现了虚拟空间与物理空间的融合。智能手机可以随身携带，并且可以随时随地与移动互联网相连，这就使得城市空间的位置成了可导航的数据，携带智能手机的用户可以根据这些可导航的数据在城市空间中自由穿梭。城市中的虚拟空间和物理空间在这个自由穿梭的过程中实现了融合，进而实现了赛博城市的建构。

总之，赛博人的打卡、自拍、扫码、导航都不是对实体城市的模仿、再现，而是在用一个个的城市碎片建构城市本身。赛博人不仅是城市形象的观看者，而且是城市形象的建构者。赛博人通过具身化的媒介实践将虚拟城市与实体城市融合在一起，进而建构出虚实相生的赛博城市。

三　可沟通城市：城市空间建构的目标

既然场景传播和城市传播可以建构作为第三空间的城市，那么城市空间建构的目标是什么？笔者将在这部分围绕该问题展开论述。

城市传播就是将"城市理解为交流系统，这个交流系统涵盖物品的交换、人的移动、信息的交流、人的交往、意义的分享等多个层面"。[①]城市传播将城市视为交流系统，也就是将城市视为具有社会性的第三空间。城市传播的思想起源于美国芝加哥学派。芝加哥学派的代表人物帕克、怀特、麦肯齐、伯吉斯、沃斯等在 20 世纪上半叶将美国的新兴城市芝加哥作为研究对象，研究了该城市在城市化过程中出现的各种社会矛盾和社会问题，并开创了城市社会学的研究。

虽然芝加哥学派的城市社会学的主要研究对象不是传播，而是社会，但是该学派的学者将传播视为社会的重要构成因素，具体探讨了传播媒介、城市社会、人三者之间的互动关系。正如杜威所言："社会不仅因传递与传播而存在，更确切地说，它就存在于传递与传播之中。"[②]具体而言，芝加哥学派主要从以下三个方面来探讨传播在城市社会中的作用。

---

① 陆晔主编《图说城市传播》，中国传媒大学出版社，2019，第 22 页。

② 转引自〔美〕詹姆斯·W. 凯瑞《作为文化的传播："媒介与社会"论文集》，丁未译，华夏出版社，2005，第 1 页。

首先，探讨传播在城市生态建设中的重要作用。对此，帕克曾指出，交通和通信、电车和电话、报纸和广告、钢筋水泥建筑和电梯——总之，这些促使城市人口既频繁流动又高度集中的一切——正是构成城市生态组织的首要因素。① 这就是说，我们需要从生态的视角来看待传播与城市的关系，寻找传播与城市发展过程中其他因素之间的关系。

其次，探讨传播对城市中人的发展的重要作用。在芝加哥学派看来，"城市决不只是一种与人类无关的外在物，也不只是住宅区的组合；相反，城市包含着人类的本质特征，它是人类的通泛表现形式，尤其是由空间分布特征而决定的人类社会关系的表现形式"。② 这就是说，城市化过程必然会带来人的变化，传播在这个变化过程中起了重要的作用。

最后，探讨传播在城市共同体建构中的重要作用。前面两点对于传播重要作用的探讨的最终目的是建构城市共同体。过去，城市被视为共同体的反面，因为城市化过程带来的诸多矛盾和问题很多源于城市中人与人之间的疏远和冷漠。而城市共同体的建构就是要解决城市化过程中的诸多问题。对此，杜威曾指出传播与共同体之间的关系："人们由于拥有共同的事物生活在一个社区里；传播正是他们得以拥有共同事物的方法，他们必须共有的事物包括……目标、信仰、渴望、知识——一种共同的理解——就像社会学家所说的想法一致……共识需要传播。"③ 这就是说，在芝加哥学派看来，城市共同体依靠传播达成不同主体之间的共识而建立起来。

由此可见，既然芝加哥学派的城市社会学的最终目标是通过传播建构城市共同体，那么城市传播的目标也应该是城市共同体的建构。然而，"可沟通性"是建构城市共同体成功的主要标志，也就是说，建构可沟通城市是城市空间的目标。

可沟通城市这个概念最早是由荷兰传播学家哈姆林克提出的，旨在从传播的视角来重新理解城市，具体而言，就是将城市视为一种由传播

---

① 〔美〕R. E. 帕克等：《城市社会学——芝加哥学派城市研究》，宋俊岭、郑也夫译，商务印书馆，2012，第2页。

② 〔美〕R. E. 帕克等：《城市社会学——芝加哥学派城市研究》，宋俊岭、郑也夫译，商务印书馆，2012，第3页。

③ 转引自〔美〕詹姆斯·W. 凯瑞《作为文化的传播："媒介与社会"论文集》，丁未译，华夏出版社，2005，第11页。

构筑起来的复杂网络。"可沟通性"就是评价这个复杂网络建构得是否完备的核心指标,这个指标的设立旨在解决现代城市中出现的不同主体之间缺乏沟通和难以沟通的问题。

当前,我们虽然有多种评估城市的方式,但是基本上是将城市视为一个简单的经济体,忽视了城市中人们复杂的日常生活和精神追求,尤其是忽视了城市中不同主体之间的沟通与交流。近年来,"智慧城市"虽然能通过物联网技术将城市中的不同主体连接起来,但是这种连接只是表层的,无法进行深层的生活交往与意义共享。这就可能导致城市中出现"重连接轻沟通、有连接无沟通"的新问题。由此可见,我们无论是将城市视为一个经济体,还是将其视为一个"智慧城市",都是从单一视角来理解城市,完全不能理解城市的根本属性——作为复杂网络的可沟通城市。

可沟通城市的根本属性应该分别从"网络"和"复杂"两个方面来理解。其中,以网络的视角来理解城市,意味着我们不再将城市视为一个有待填充的容器,而是将其视为一个与人类实践密切相关的开放和互动空间。这里的网络"不仅指城市物质、资本之间通过媒介而实现的广泛连结(物联网或地理网),还包括人与人之间的交往互动与协调合作(社会网),以及经由象征符号而实现的文化共享与认同(意义网),这些网络的形成都是基于传播的过程"。① 也就是说,城市的形成依赖于城市中不同主体之间的广泛连接、协调合作、文化共享与认同,而这一切又依赖于传播编织的网络。这里的传播也不是传统传播学所认为的信息传递过程,而是一个意义共享的过程。"复杂"是指城市中的网络不是静止不动的,而是流动变化的。也就是说,城市网络中任何一个节点的突变都会导致整个城市网络的改变。

由此可见,可沟通城市不是一个稳定不变的、被预先给定的实体,而是一个流动变化的、始终处于社会化建构状态的空间,正如拉图尔所言:"城市的各部分以及它们所嵌入的不同整体并没有被预先决定。"②

---

① 复旦大学信息与传播研究中心课题组、谢静:《可沟通城市:网络社会的新城市主张》,《新闻与传播研究》2015 年第 7 期。

② Bruno Latour, "Introduction: Paris, Invisible City: The Plasma," *City*, *Culture and Society*, Vol. 3, No. 2 (2012): 91-93.

城市空间中充斥着各种各样的物，这些物可以是社会互动所借助和面对的对象，比如，交通工具、道路、建筑、科技产品、花草、树木等；也可以是社会互动发生的场所，比如，公园、广场、购物中心等；还可以是处于社会互动中的人，这既包括人的自然属性（性别、年龄、身高、身材等），还包括人的社会属性（职业、身份、行为、着装、价值观等）。这些物可以被视为拉图尔行动者网络理论视域下的包含"人"和"非人"的各类行动者。这些行动者之间彼此互动，共同构成城市网络。例如，城市中一个建筑的设计、修建、使用不是独立完成的，而是与其他行动者互动的结果。建筑设计师可能因为场所的限制修改设计方案，政府可能因为预算的变更改变修建计划，建筑修好以后也可能因为使用者的意见进行相应的翻修。这里的建筑、建筑设计师、政府、使用者都是行动者，它们之间的互动既是修建建筑的过程，也是构筑城市的过程。同时，这些行动者之间互动的过程也是传播的过程。这里的传播就不仅是为了维持城市结构而进行的功能性传递，而是成了建构城市的基础性力量。因此，"从某种程度上来说，城市并非完全'被社会性地建构'，而是被招募进由身体、物质材料、技术、物、自然和人类共同形成的网络之中，而这一切都恰恰是在传播活动中得以实现"。①

　　总之，作为复杂网络的可沟通城市主要包含以下四个特征：第一，连接，即城市中的各个要素之间是互联互通的；第二，流动，即城市网络中的人与物，以及整个城市网络都不是僵死不动的，而是流动变化的；第三，平等，即城市网络中的不同主体之间是平等的，彼此进行平等的互动与交流；第四，融合，即城市网络中传统与现实、虚拟空间与实体空间、城市与乡村以及不同城市之间的融合。

---

① 戴宇辰：《"物"也是城市中的行动者吗？——理解城市传播分析的物质性维度》，《新闻与传播研究》2020年第3期。

结语 走向"媒介本体论"

笔者在前文中首先论述了基于主客体二元对立的传播学及其在新媒体时代遭遇的危机；其次从媒介现象学的路径分析了传播学应该如何超越主客体二元对立的研究范式，进而走出危机；最后阐述了走出危机之后的传播学应该以媒介理论研究为研究范式，并在此基础上分析了媒介理论研究为新媒体时代的传播学带来的两个重要转向，即身体转向和空间转向。事实上，无论是媒介理论研究的兴起，还是传播学的身体转向和空间转向，都在将传播学带向一个共同的终点：媒介本体论。在结语部分，笔者将对"媒介本体论"展开论述。

一 从本体论的演进看"语言的转向"：从工具到本体

"媒介本体论"来源于"语言本体论"，"语言本体论"是本体论演进的结果，即语言从工具转向本体。笔者在这部分将从本体论演进的角度来论述语言是如何从工具转向本体的，为后面"媒介本体论"做铺垫。

（一）本体论的演进

本体论这个概念最早是由德国经院哲学家郭兰克纽在 17 世纪提出来的，他在一篇文章中首次使用了"ontologia"一词。这里的"onto"指"本体"，"logia"指理论和科学，故"ontologia"指关于本体的理论和科学，即本体论。最早对本体论下定义的是德国哲学家沃尔夫，黑格尔在《哲学史讲演录》一书中谈到了沃尔夫的本体论定义："本体论，论述各种抽象的、完全普遍的哲学范畴，如'是'以及'是'之成为一和善，在这个抽象的形而上学中进一步产生出偶性、实体、因果、现象等范畴。"[①]

从这个定义我们可以看出，本体论的研究对象是"是"，"是"是指

---

① 〔德〕黑格尔：《哲学史讲演录》第四卷，贺麟、王太庆译，商务印书馆，1978，第189页。

抽象的、包容一切的超越性实在。本体论先通过确定"是"（超越性实在）这个包容一切的、最高、最普遍的概念，进而使一切"所是"（经验性实在）的意义得到概念上的确定。然而，在本体论中，包容一切的、最高、最普遍的那个本体从来就不是一成不变的，它取决于本体论者对人生意义、生存价值、存在真理的看法，因此它在形成和发展的过程中是不断变化的，不是已成之物，而是未成之物。

虽然本体论这个概念到 17 世纪才正式提出，但是对于本体的研究从古希腊就开始了。在古希腊哲学史上，前苏格拉底时期主要是探讨世界的本源是什么，即世界是由什么基本物质构成的。从伊奥尼亚的"水"、毕达哥拉斯的"数"到阿那克西美尼的"气"以及巴门尼德的"存在"，他们在谈论世界的本源的时候都没有把作为本体的人考虑进去，而是把一些与人毫不相干的自然物质当作世界的本源。因此，前苏格拉底哲学又被称为自然哲学，这个时期的本体论为"自然本体论"。

随着哲学思想的发展，哲学家们逐渐意识到不能离开人来谈论世界的本体。苏格拉底率先宣布与自然哲学相对立，他以"认识你自己"的口号来规定哲学研究的对象。苏格拉底认为哲学研究的对象不是自然界，而是人自身。理性、灵魂、伦理等这些关于人的知识才是真正意义上的知识。此后，柏拉图提出了一种二元本体论，他将世界一分为二，一个是理念世界，另一个是现象世界。"柏拉图认为现象之中不可能有永恒不变的东西，一定存在着另一个稳定、绝对的和永恒的世界作为他们的根据，否则一切将失去存在，甚至根本不可能存在。"[①] 这个稳定、绝对的和永恒的世界就是理念世界。亚里士多德在柏拉图的基础上提出了"四因说"：质料因、形式因、目的因和动力因。在解释具体事物的时候，他又把目的因、动力因和形式因统称为形式因。因此，亚里士多德认为，任何事情都是质料因和形式因的统一，任何事情的发展都是由质料因向形式因的转化。这里的质料因就相当于柏拉图的现象世界，而形式因相当于理念世界。

到了中世纪，基督教哲学将这种二元本体论发展到了极致。古希腊的自然本体论和人学本体论被统一于神学本体论，上帝成了人和自然的

---

① 郑伟：《论本体论的演进》，《学术交流》2008 年第 2 期。

终极原因和目的，世界的本源也变成了全知全能的上帝。"人被宣布为上帝所安排的秩序的组成部分，作为绝对的和决定一切的本原。上帝早就预先注定了世界和人的命运。他行事不让人知道，把人变成自动执行神的意志的盲目工具。"① 在神学本体论中，人和自然在上帝这里得到了统一。

近代哲学是从反对基督教神学开始的，它提倡理性，反对愚昧；提倡人本主义，反对神本主义。本体论也在近代发展成了理性本体论。笛卡尔提出"我思故我在"的口号，这里的"我思"就是指"我在怀疑"，因此，这一口号的提出确立了理性和人的主体性的地位，使理性高于信仰、人高于上帝。笛卡尔之后，无论是唯理论还是经验论的哲学家都将人的理性提到了至高无上的地位，他们认为理性是万能的，人通过理性可以得到普遍、客观的真理。

康德是近代第一个也是唯一一个提出"理性有局限"的哲学家，他认为人的理性只能认识到现象世界，而物自体是人的理性认识不到的，只能诉诸信仰。此后，黑格尔坚决反对康德对现象世界和物自体的区分，反对有不可知的物自体的存在。黑格尔是西方哲学史上的"集大成者"，他扬弃了前人的各种观点，提出了"实体即主体"的著名命题。在这个命题中，"绝对精神既是主体又是客体，是包含了特殊的普遍，包含了具体的共相。它由于在自身中包含着差异和矛盾而不断运动、变化和发展，并在自我发展和自我认识中复归于自身"。② 绝对精神在黑格尔哲学中具有本体论的地位，人和自然的一切活动都是绝对精神辩证运动的结果。

随着时间的推移，这种以理性为中心建立起来的本体论日益表现出它的局限性。哲学家们重新开始思考什么才是真正的本体，他们在否认理性本体论的基础上提出了生命本体论。将"生命解释成人的价值存在，人的超越性生成，人的终极意义显现，这才是人所生活于其中的世界本原"。③ 这种以人的生命意志为本体而建立起来的本体论改变了过去本体论的非人化倾向，确立了人的"生命活力"和"精神意志"的本体地位，如叔本华的"生存意志"、尼采的"权力意志"、柏格森的"直觉"等，都是作为本体而存在的。

---

① 王岳川：《艺术本体论》，生活·读书·新知三联书店，1994，第 13 页。
② 秦湘源：《本体论的历史演进》，《求是学刊》1994 年第 4 期。
③ 王岳川：《艺术本体论》，生活·读书·新知三联书店，1994，第 15 页。

此后，本体论发生了生存论转向，即从过去对于世界本源的探讨转向对人的生存状态和现实生命的关切。海德格尔严格区分了"存在"和"存在者"，他认为传统本体论都只是在探讨"存在者"，遗忘了"存在"。对"存在"的探讨应是前概念、前逻辑、前本质的，是超越主客体二元对立的，应在比概念的、逻辑的、本质的世界更具本源性的领域中探索。海德格尔在界定"本源"时指出："本源一词在这里指的是，一件东西从何而来，通过什么是其所是并且如其所是。使某物是什么以及如何是的那个东西，我们称之为某件东西的本质。"① 这就是说，在他看来，本源不是本质，而是本质之源，是使得某物成为自身的东西。由此可见，海德格尔从生成逻辑来理解本体这一概念，使得本体论得以回归人的生活世界和生存状态。下面，我们以海德格尔的本体论解释学为例来进一步阐释本体论的生存论转向，并在此基础上探讨"语言的转向"。

（二）基于本体论解释学的"语言的转向"

解释学是一种关于意义、理解和解释的哲学理论，亦称为诠释学、释义学。解释学一词源于古希腊词 Hermes，本意是指"传达神谕"，目的在于把隐晦的神意转换为人们可以理解的语言和信息。古希腊哲学家亚里士多德认为，"解释的目的在于排除歧义以保证词与命题判断的一致性"。② 到了中世纪，基督教哲学家奥古斯丁将解释学应用于解释圣经和宗教教义中，并通过马丁·路德的宗教改革，将解释学发展成了诠释经文和法典的一门学科。到了近代，德国浪漫主义宗教哲学家施莱尔马赫将解释学运用于哲学史中，希冀通过批评的解释来揭示某个文本中的作者的原意。总而言之，传统解释学是建立在传统认识论的主客体二元对立的思维框架之内的，在这样的思维的主导下，解释学是作为方法论而存在的，是主体去认识客体的方法，是读者去解读文本中作者原意的方法。

海德格尔率先完成了解释学的哥白尼式的革命，使解释学从一种方法论转向了本体论。海德格尔的存在论哲学观就是要克服传统形而上学危机，他认为整个西方形而上学的最大危机就是对存在的遗忘，即忘在。忘记了存在，我们就必然陷入传统认识论的主客体分裂的困境当中。在

---

① 孙周兴选编《海德格尔选集》，上海三联书店，1996，第237页。
② 转引自王岳川《后现代主义文化研究》，北京大学出版社，1992，第27页。

认识论那里，人被规定为主体，世界是外在于人的客体。而海德格尔的存在论则认为，人与世界应该是"融为一体"的，我们在认识事物之前已经在世界之中。海德格尔将人这种特殊的存在方式称为"此在"，"对海格德尔来说，理解的本质是作为'此在'的人对存在的理解，理解不再被看作一种认识的方法，而是看作'此在'的存在方式本身"。① 也就是说，海德格尔认为解释学不是主体去认识客体的方法，而是人的存在方式（此在）本身。因此，解释学也就从方法论上升到了本体论。

后来，伽达默尔（也译作加达默尔）以海德格尔的本体论解释学为起点，提出了哲学解释学。哲学解释学将解释看成一个解释者与文本之间的对话过程。伽达默尔认为人是存在于历史之中的，因此解释活动也不可能克服历史的局限性。解释的历史性构成了人的偏见和特殊视界，解释者有解释者的视界，而文本包含作者原来的视界，解释的对话过程就是这两种视界的对话，进而使两种视界交融在一起，达到"视界融合"，从而使解释者与解释对象都超越原来的视界，达到一个全新的视界。这个全新的视界又为新的解释和经验提供了可能性。因此，解释也被看成一个敞开、流动、循环的过程。

解释学的本体论转向进一步推进了 20 世纪以来的"语言的转向"。这种语言转向的根据在于，本体论解释学的对话模式已经暗示了语言对于解释学的根本意义，对话与交流没有语言是不可想象的，更不用说我们领会的东西绝大部分是语言文本。伽达默尔在《真理与方法——哲学诠释学的基本特征》一书中认为，"语言就是领会本身得以进行的普遍媒介"。② 也就是说，人们必须用语言去理解和认识世界，并且用语言去表达自己对世界的理解。同时，伽达默尔将他的语言学观点解释为："如果我们只在充满语言的领域，在人类共的领域，在共同理解并不断达到共识的领域——一个对于人的生活来说如同我们呼吸的空气一样不可缺少的领域看到语言，那么语言就是人存在的真正媒介。"③

① 王岳川：《后现代主义文化研究》，北京大学出版社，1992，第 30 页。
② 〔德〕汉斯-格奥尔格·加达默尔：《真理与方法——哲学诠释学的基本特征》上卷，洪汉鼎译，上海译文出版社，1992，第 496 页。
③ 转引自〔美〕帕特里曼·奥坦伯德·约翰逊《伽达默尔》，何卫平译，中华书局，2003，第 56 页。

传统解释学认为语言是表达人的意识的形式,是主体去认识客体的工具;哲学解释学则反对工具论语言观,认为语言不是单纯表达思想的工具,也不是可以被主体用来控制或操纵的客体,而是人类和世界得以存在的领域,所以离开人的语言去研究人的意识活动,是抽象的、片面的。"人是一种语言的存在物,因为人的理解活动离不开语言,或者它根本上就是一种语言活动。语言具有基本的优先性,不是人的工具,不是一个对象,而是人的生存和生活经验的形式。"① 在此意义上,海德格尔提出了著名的"语言是存在之家",他认为语言不是主体去认识客体的工具,而是存在真理显现的场所;换言之,人是以语言的方式去拥有世界的,语言表达了人和世界的一切关系,而每一种语言都是一种特殊的世界观,如果没有语言,任何的存在都不能被人所理解和掌握。伽达默尔也认为"能被理解的存在就是语言",亦表明语言已经不再是传递意义的工具了,它已经成了我们的存在方式本身,人只有借助语言才能理解存在。

二 从"作为工具的媒介"到"作为本体的媒介"

以"语言的转向"为参照,我们可以就此探讨"媒介的转向",因为语言是一种媒介,我们可以从本体论的视角来看待语言,自然也就可以从本体论视角来看待媒介。也就是说,媒介也经历了从工具到本体的转向。

(一) 作为工具的媒介

媒介通常被赋予"器"的功能。器,皿也,也就是一种工具。长期以来,人们将媒介理解为由人类发明创造的、供人类使用的、用于了解和认知外部环境的工具。因此人们对媒介的认知都是工具论意义上的。一般来说,媒介最基本的功能是信息传播和接受,其他的功能是在这个基础之上扩充和演化而来的。

研究媒介的功能,不得不提到西方社会学中的一个重要学派——结构功能主义。1945 年,美国社会学家帕森斯在《社会学系统理论的现状和前景》一文中,提出和阐述了用以指导经验研究的系统理论——结构

---

① 费多益:《话语心智》,《自然辩证法研究》2007 年第 6 期。

功能主义。该理论重点研究社会的结构及其各组成部分之间在功能上的差异和相互关系。当今的媒介功能研究在很大程度上是基于结构功能主义的理论观点，并吸取了心理学、社会心理学的相关研究成果的研究范式。用结构功能主义的理论来分析媒介的功能，它关心的就不是媒介系统自身的问题，而是媒介系统与社会系统的互动关系，是媒介的社会功能。

1948 年，拉斯韦尔在《传播在社会中的结构与功能》一书中首次明确地提出了大众传媒的社会功能，即后来著名的"三功能说"，包括环境监测功能、社会协调功能、社会遗产传承功能。1959 年，赖特在《大众传播：功能的探讨》一书中对拉斯韦尔的"三功能说"又进行了补充，增加了重要的"提供娱乐"的功能，将大众传媒的功能扩充到"四功能"。传播学奠基人施拉姆将拉斯韦尔、赖特的功能观总结为三个方面：政治功能，包括监视环境、社会协调、传递社会遗产等；经济功能，包括市场信息的传递和解释、经济行为的开创等；一般的社会功能，包括社会规范的传达、协调公众的了解和意愿、娱乐等。此外，传播学的另一位奠基人拉扎斯菲尔德和社会学家默顿提出了传媒的"三功能论"，而且第一次指出并研究了传媒的"负功能"问题。他们认为"授予地位""促进社会规范的实行"是正功能，而"麻醉精神"则是负功能。

从以上分析可以看出，虽然传播学家提出了很多关于媒介功能的理论，但是，从本质上来看，这些理论都从不同的侧面和角度强调了媒介功能的"工具性"，强调了媒介这种工具可以进行信息传递、宣传教育、娱乐消遣等，如媒介被称为"瞭望哨""社会排气阀"等，认为媒介是为了人们更有力地应对环境、适应生活，能顺利地、有效地开展与自身生存和发展有关的一切行为而生的工具。也就是说，人们对媒介的认识总体上仅停留在将其作为一种认识和改造世界的工具的层面。

而这种工具论的媒介观是建立在西方哲学的传统认识论基础之上的。传统认识论强调主客体的二元对立，将人和自我看作主体，将世界和他人看作客体，知识正是由主体去认识客体而获得的。因此，认识论将媒介看成外于主客体的"连接"主客体的"桥梁"，并且是主体去认识客体时所使用的工具。

与这种认识论相关的媒介理论还包括"拟态环境""涵化理论"等，认识论强调真实世界和虚拟世界的二元对立，并且认为我们应该以真实世界为本,而虚拟世界仅仅是真实世界的摹本。李普曼的"拟态环境"理论就认为媒介是对外部世界的扭曲或重塑,并认为我们应当对这种认识工具进行反思从而达到主客体认识相一致的结果,否则我们将被媒介营造的虚拟世界所误导和欺骗,甚至对真实世界的生活做出错误的决策。由此可见,李普曼的"拟态环境"理论仍然没有摆脱传统认识论的主客体分裂的模式,即认为人是主体、真实环境是客体,而拟态环境是介于人与真实环境之间的由大众传媒所建构出来的环境。

然而,这种工具论的媒介观在"语言的转向"的背景下却遭到了根本性的颠覆。我们对媒介的理解发生了根本的转向,而这种转向的理论根源可以从"解释学的转向"中找到依据。

(二)作为本体的媒介

正如解释学的本体论转向认为"语言是存在之家",反对工具论语言观一样,媒介作为语言的一种替代形式,其功能也在发生着"从工具到本体"的转向。我们当然不会否认媒介的一般功能,如传递信息、提供娱乐等,但从本体论的角度来看,媒介最基本的功能是它揭示了一个世界,即胡塞尔意义上的生活世界,或海德格尔讲的存在。真空不能传声是物理学中的常识,声音不能独立存在,其传播必须依赖于介质,声音是与其介质共存的:介质不是声音传播的渠道,而是其存在的领域。在本体论视域下,媒介与世界的关系正如介质与声音的关系,媒介成为世界得以呈现和存在的领域。正是媒介打开了我们的世界,使得事态得以呈现出来、人与人之间得以交流、社会得以形成。在此意义上,我们生活的世界可以叫作媒介世界。但是这里需要明确区分的一点是,这个媒介世界并不是李普曼在其《舆论学》中界定的"拟态环境"。

在《舆论学》一书中,李普曼区分了"两个环境",即拟态环境和真实环境。"拟态环境"是指大众传媒营造的楔入人和环境之间的虚拟环境,它在人和"真实环境"之间充当中介角色,是对真实环境的一种扭曲和重塑,而媒介正是塑造这种拟态环境的工具。"真实环境"是独立于人的意识之外的,不以人的主观意志为转移的客观世界。李普曼区分这两个环境的目的是向人们揭示出大众传媒所建构的拟态环境与人们生活所遭遇的真实环境之间的差异,并期望通过对媒介工具的批判使之达到客观中立的呈现真实环境的结果,最终使得媒介营造的拟态环境能够尽量模拟真实。

李普曼对"两个环境"假设的逻辑区分建立在一种主客体二元对立的认识论上，属于传统认识论的范畴；而解释学的转向以及接踵而至的语言的转向让我们认识到，媒介不再被认为是主体可以任意使用的工具，而是存在显现的场所。媒介世界本身就是真实环境得以展开和被领会的领域。世界通过媒介使我们感知其存在，人通过媒介拥有其生活世界。换言之，我们生而"被抛入"这个媒介世界，媒介世界就是我们的日常生活世界，是我们的生存方式，我们通过媒介理解自己和世界。人们和媒介世界打交道就像呼吸一样自然，人们并不会去设想一个分裂而虚设的另一个"真实世界"，那样的概念与我们作为人的生活经验并不相符。媒介的本体论转向要求我们的认知对日常生活经验开放，通过经验本身寻找并发现表达它的领域，但这并不意味着媒介是对对象的简单描摹，也并非一个与物相符合的符号，而是从属于对象本身的。由此可知，"拟态环境"在媒介本体论的语境下成了一个伪命题，人们真实感知的、在其中生活和作为决策依据的媒介环境就是真实环境。正如彼得斯所指出的"环境即媒介"，即"我们可以将'媒介'视为一种友好的环境，它能为各种生命形式提供栖居之地，也能催生各种其他的媒介"。①

对象在媒介世界中拥有它的存在。我们甚至可以说，事物为了被认知而将它们自身带到媒介的表达之中。近年来，郭美美事件等媒介事件的共同点在于它们的发生和发展与媒介密切相关。在围观或参与这些事件的过程中，我们并不支配或占有这些事件；相反，这些事件通过媒介而具有自在的生命，我们让它们占有我们，也因此参与建构我们的日常世界。

因为我们的经验会在媒介中展开，所以在媒介中我们的经验本身也在形成和不断改变着。人和世界在媒介中经历着一个本源的相互隶属性。对人而言，人是世俗而有限的存在，我们总是处在一个环境之内，"此在性"规定我们不能站在我们生存的环境之外的某个超然物外之境，从一个客观的距离之外来审视世界，并以为从那里世界将会被正确认知；相

---

①　〔美〕约翰·杜海姆·彼得斯：《奇云：媒介即存有》，邓建国译，复旦大学出版社，2020，第3页。

反，我们的世界是从这种环境的内部被"照亮"的，媒介的世界是对人有意义的世界。也就是说，媒介不是一个外在性的东西，而是世界存在和自我发展、自我揭示的领域，它将物带入我们的世界，并因此而成为世界的一部分。对事物而言，说某物是"事实的存在"在于它被人意识到并被看成有意义的，在这个意义上我们甚至可以说"媒介是存在之家"。世界在媒介中有了得以显现和存在的领域，没有在媒介中自我显现的事物对人这个有限的此在来说是无法认识也没有意义的，亦即不存在的。

如果我们站在传统认识论立场上理解媒介的本体论这一观点会很困难，主要原因在于传统认识论预先设定了媒介是外在于主客体的工具的观念，而本体论则想要告诉我们，媒介是我们生存的媒介，我们存在于媒介之中。当我们问"你在网络上做什么"的时候，工具论的回答是"上网查资料"或者"上网聊天"，而本体论的回答是"在网上生活"，甚至我们还能够设想有人会反问："不上网能做什么？"

人们在这样的媒介世界里体验着自身的存在方式，世界也通过媒介缓缓地自我呈现其内在的丰富多样性；媒介对我们来说是如此熟悉，如此不可或缺，它就像是水或空气那样无所不在却又大隐于市。

三 从"媒介的可供性"看媒介本体论

既然作为本体的媒介能为我们打开一个世界，能成为我们存在的家园，那么，具体而言，这一过程是如何实现的，换言之，媒介本体论是如何建立起来的，这就需要从媒介的可供性谈起。

(一) 媒介的可供性

最早对媒介可供性进行系统研究的学者是拉图尔。他将可供性理解为："一种装置允许或禁止它预期的行动者（人类或非人）所做的事情；它是一个集合的道德，既包括消极的（它所规定的），也包括积极的（它所允许的）。"[1] 拉图尔对可供性的理解离不开他提出的行动者网络理论。笔者在第五章提到，行动者网络理论认为，一个社会就是由众多行

---

[1] Madeleine Akrich, Bruno Latour, "A Summary of a Convenient Vocabulary for the Semiotics of Human and Nonhuman Assemblies," in Wiebe E. and John Law, eds., *Shaping Technology/Building Society: Studies in Sociotechnical Change* (Cambridge: The MIT Press, 1992), p. 261.

动者组成的网络，所有行动者（人的行动者与非人的行动者）在这个网络中相互联结、相互作用，进而形成最后的结果。由此可见，在行动者网络理论视域下，非人的行动者在建构网络和社会的过程中不再只是一个构成物，而是具有了自主性和能动性。这就表明，在拉图尔看来，作为非人行动者的物在行动过程中所扮演的角色并不逊色于作为行动者的人，这就消解了主客体二元对立的思想，凸显了物的可供性。正如他所言："除了'决定'和充当'人类行为的背景'之外，事物还可能授权、允许、提供、鼓励、建议、影响、阻碍、赋能、禁止等等。"① 总之，可供性被拉图尔用来标识行动者网络理论，该理论与爱丁堡学派在对待物的态度上存在差异，因为在爱丁堡学派看来，物只是科学研究的构成物，不具有可供性。

"可供性"理论的正式提出者是美国心理学家詹姆斯·吉布森，他在《视知觉的生态学方法》一书中专门用了一章来阐述"可供性理论"。他首先指明了可供性与属性之间的关系：属性是可供性的基础，决定了可供性的方向，而且先于可供性被感知。正如他所言："当恒定对象的恒定属性被感知时，观察者可以继续发现它们的可供性。我创造了这个词来代替效价……我指的仅仅是物提供的东西，无论好坏。毕竟，它们能给观察者带来什么，取决于它们的属性。"② 同时，可供性具有方向性，也就是说，同一个事物对于不同的物种而言具有不同的可供性，正如吉布森所言："猎物气味的可供性与捕食者气味的可供性是不同的，一个是正的，另一个是负的……对于食腐动物来说，腐肉的气味很吸引人；对他人来说则会排斥。植物、叶子、花和水果的气味是客观提供的，但对不同的动物有不同的吸引力。"③

此后，吉布森进一步从消解主客体二元对立的视角阐述了可供性与属性的关系，他指出："'可供性'既不是客观的属性，也不是主观的属性；或者如果你喜欢的话，两者都可以是。可供性跨越了主客观

---

① Bruno Latour, *Reassembling the Social: An Introduction to Actor-Network-Theory* (Oxford: Oxford University Press, 2007), p. 72.

② James J. Gibson, *The Senses Considered as Perceptual Systems* (San Francisco: Praeger, 1983), p. 285.

③ James J. Gibson, *The Senses Considered as Perceptual Systems* (San Francisco: Praeger, 1983), p. 146.

的二分法，帮助我们理解了它的不足。它既是物质的，也是精神的，但两者都不是。可供性指向两方面，环境和观察者。"① 由此可见，可供性既指向环境，又指向动物，是动物与环境之间互动的产物。这就是说，可供性一方面是内在于环境之中的，以环境属性为基础，独立于动物而存在；另一方面只能通过动物的感知、观察、行动才能显现。这也体现出吉布森超越主客体二元对立的决心。比如，街边邮筒的可供性不会因为没有人寄信而消失，但它的可供性只有通过有人去寄信才能显现出来。

综上所述，拉图尔对"非人行动者"的理解与吉布森的"可供性"之间虽然有所不同，但都是在试图消解主客体二元对立，都将可供性视为人与物（技术）之间互动的产物，视为开放的、生成的。这种开放的、生成的可供性正好可以用来解释媒介的可供性。

媒介化理论的几位代表人物都不约而同地提到了"媒介的可供性"。延森指出了可供性与伊尼斯的"媒介偏向论"的差异："与媒介内在的偏向不同，可供性这一名词强调了社会和文化施加于媒介的持续不断地改造和影响。"② 夏瓦也指出："作为技术的媒介拥有一系列可供性，可供性可以促进、限制并形塑传播与行动。"③ 尼克·库尔德利与安德森·赫普认为，可供性"为媒介的'可用性'提供了具体操作的可能性"。④ 媒介化理论的学者们拒不承认带有本质主义倾向的媒介决定论，也不承认主客体二元对立视域下的媒介工具论，这就为我们理解"媒介的可供性"指明了方向。这就是说，媒介的可供性并不是先在的，甚至媒介都不是先在的，而是生成性的。也就是说，一个物或技术并不天然就是媒介，只有当其具有可供性的时候才是媒介。比如，一艘船并不天然就是媒介，但当它驶入海洋的时候，它就成了连接人与海之间的媒介，同时，

① James J. Gibson, *The Ecological Approach to Visual Perception* (New York: Psychology Press, 2014), p. 121.
② 〔丹〕克劳斯·布鲁恩·延森：《媒介融合：网络传播、大众传播和人际传播的三重维度》，刘君译，复旦大学出版社，2012，第79页。
③ 〔丹〕施蒂格·夏瓦：《文化与社会的媒介化》，刘君等译，复旦大学出版社，2018，第31页。
④ Nick Couldry, Andreas Hepp, *The Mediated Construction of Reality* (Cambridge: Polity Press, 2016), pp. 35-36.

人也成了海与船之间的媒介，海也成了人与船之间的媒介。这个时候，船、海、人都是媒介，都具有可供性。可见，媒介的可供性将不同元素联结在一起，并将这些元素都转化为媒介。媒介生成的时候也就是媒介可供性实现的时候。正如马修·福勒所言："可供性并非一个对象'本身'所有，而是它与其他元素进行组合时所可能之生成。"[①] 这就是说，媒介和可供性一定是同时生成的，一个事物具有可供性就一定是媒介，一个事物成为媒介就一定具有可供性。

（二）基于"生成性"的媒介本体论

既然媒介及其可供性都是生成的，那么我们就应该基于生成性来理解媒介本体论。最早提出生成本体论的是怀特海，他认为："一个真实存在的实体形成并构成了这个真实存在……它的'存在'是由它的'生成'构成的。"[②] 这就是说，生成本体论把存在视为一个开放的生成过程，并不存在人与物、主体与客体二元对立的划分。如果我们从生成本体论来理解媒介本体论，媒介的生成过程就是建构世界的过程。那么，媒介是如何建构世界的？这就是媒介本体论所要回答的问题。

由此可见，媒介本体论不是在主客体二元对立的视域下来审视媒介，而是从存在论的视角去探讨媒介与人、媒介与世界的关系。这里的媒介不再是一个传播信息，或认识和改造世界的工具，而是一个建构世界的本体。正如克莱默尔所言："作为工具的技术只是节省了劳动；而作为装置的技术则生产出一个人工的世界，它开启了新的经验，并使新的方法得以可能产生，而没有装置这种方法不只会不起作用，而且是根本不会存在。不是效率上的提升，而是世界的产生，这才是传媒技术的生产意义。"[③] 事实上，作为本体的媒介并不是一个实体，也不是一个具体的媒介物，而是一个抽象的、具有可供性的隐喻。媒介与媒介物的关系类似于存在与存在者的关系。虽然媒介的可供性必须通过具体的媒介物才能

① 〔英〕马修·福勒：《媒介生态学：艺术与技术文化中的物质能量》，麦颠译，上海社会科学院出版社，2019，第103页。

② Alfred North Whitehead, *Process and Reality: An Essay in Cosmology* (New York: The Free Press, 1978), p.23.

③ 〔德〕西皮尔·克莱默尔：《传媒、计算机、实在性——真实性表象和新传媒》，孙和平译，中国社会科学出版社，2008，第75页。

彰显，但是媒介物不是媒介，它只是在某种意义上能代替媒介的可供性，也就是说，任何事物都可以充当媒介物，但是前提是它必须能代替可供性。然而，媒介的可供性之所以能转化为媒介的生成性，就在于"当媒介征用媒介物而成为媒介技术体系时，它已经将与之关联的元素转化或者同化为自己的组成部分，从而创造出一个可见的世界"。①

总而言之，媒介基于可供性将一切人和物都转化为媒介，让不同媒介之间相互生成、相互作用，进而规定人与人、人与物、物与物之间的关系，世界就是在此基础上得以生成。媒介本体论就是要消解主客体二元对立的媒介观，揭示作为本体的媒介生成世界的重要意义。这就是说，媒介之外无他物，即在媒介生成之前，世界并无意义。正如彼得斯在《奇云：媒介即存有》一书中指出："如果没有船，大海将只是一个'物自体'而无法出现于人类认识的地平线。是'船'使海洋成为一种媒介——一个人类旅行、捕鱼和探险的渠道；如果没有船，海洋就不可能成为媒介，至少对于人类而言不可能成为媒介。"② 从海与船互为媒介的过程可以看出，一个事物只有被转换为媒介，对于人类来说才有意义，世界对于人类来说也才开始生成。胡翼青教授在论述互联网的基础设施地位时也谈道："是人充当了二进制世界的延伸，从而生成了一个新的技术融合的世界。通过自认为是行动主体的人，二进制世界将现实世界融入自身，而现实世界也将二进制的技术逻辑变成自身的行动逻辑。"③ 事实上，不仅是互联网，所有具有可供性的媒介几乎都拥有基础设施地位，都能生成一个新的世界，都能让现实世界将媒介逻辑变成自身的行动逻辑，只能说互联网的基础设施地位更容易被察觉。笔者在第四章中论述到的媒介理论研究的三大学派和思潮（媒介环境学派、媒介技术哲学、媒介化理论），虽然其各自的观点不尽相同，但都在走向媒介本体论，都在以媒介的视角审视人与人、人与世界的关系。

最后，我们来分析"走向媒介本体论"对于传播学研究的意义。众所周知，主流传播学主要是在拉斯韦尔的"5W"模式框架里探讨问题，

---

① 吴璟薇编《媒介研究导论》，中国传媒大学出版社，2024，第123页。
② 〔美〕约翰·杜海姆·彼得斯：《奇云：媒介即存有》，邓建国译，复旦大学出版社，2020，第125页。
③ 胡翼青：《人是媒介的延伸》，《新闻与写作》2022年第9期。

虽然也在关注媒介，但只是把媒介视为一种无足轻重的、承载和传播信息的工具，没有看到媒介本身的结构性力量。而媒介本体论要探讨就是媒介的这种结构性力量，强调媒介的联结性和生成性，将媒介视为能够将不同元素联结起来，并生成一个意义世界的基础设施。这种媒介本体论为传播学研究带来了巨大的想象力，也构成了传播学的理论根基。长期以来，传播学都因理论匮乏而遭人诟病，遇到学科危机（关于传播学的危机，笔者在第二章已有详细论述，这里不再赘述）。媒介本体论能为传播学研究带来本体论哲学的理论和方法，使传播学摆脱工具论媒介观，跳出主客体二元对立的思维模式，以媒介自身的生成逻辑深入思考媒介与人、媒介与世界的关系。这样，传播学能够回到自身的应然出发点，并与作为母学科的哲学发生关联，进而增强自身的理论基础，完善自身的学科体系，激发自身的学科想象力。

参考文献

一 中文译著

〔法〕阿兰·科尔班主编《身体的历史（卷二）：从法国大革命到第一次世界大战》，杨剑译，华东师范大学出版社，2013。

〔法〕阿芒·马特拉、米歇尔·马特拉：《传播学简史》，孙五三译，中国人民大学出版社，2008。

〔德〕埃德蒙德·胡塞尔：《纯粹现象学通论》，李幼蒸译，商务印书馆，1992。

〔德〕埃德蒙德·胡塞尔：《逻辑研究》，倪梁康译，商务印书馆，2018。

〔德〕埃德蒙德·胡塞尔：《内时间意识现象学》，倪梁康译，商务印书馆，2010。

〔德〕埃德蒙德·胡塞尔：《欧洲科学的危机与超越论的现象学》，王炳文译，商务印书馆，2001。

〔德〕埃德蒙德·胡塞尔：《生活世界现象学》，倪梁康、张廷国译，上海译文出版社，2002。

〔德〕埃德蒙德·胡塞尔：《现象学的观念》，倪梁康译，上海译文出版社，1986。

〔德〕埃德蒙德·胡塞尔：《哲学作为严格的科学》，倪梁康译，商务印书馆，1999。

〔法〕埃米尔·涂尔干：《社会分工论》，渠东译，生活·读书·新知三联书店，2000。

〔美〕爱德华·索杰：《第三空间——去往洛杉矶和其他真实和想象地方的旅程》，陆扬等译，上海教育出版社，2005。

〔英〕安东尼·吉登斯：《社会的构成：结构化理论大纲》，李康、李猛译，生活·读书·新知三联书店，1998。

〔英〕安东尼·吉登斯：《现代性与自我认同：现代晚期的自我与社会》，

　　　赵旭东、方文译，生活·读书·新知三联书店，1998。

〔古罗马〕奥古斯丁：《奥古斯丁忏悔录》，向云常译，华文出版社，2003。

〔法〕奥古斯特·孔德：《论实证精神》，黄建华译，商务印书馆，1996。

〔古希腊〕柏拉图：《柏拉图文艺对话集》，朱光潜译，人民文学出版
　　　社，1959。

〔古希腊〕柏拉图：《斐多：柏拉图对话录之一》，杨绛译，辽宁人民出版
　　　社，2000。

包亚明主编《权力的眼睛——福柯访谈录》，严锋译，上海人民出版社，
　　　1997。

〔美〕保罗·莱文森：《软利器：信息革命的自然历史与未来》，何道宽
　　　译，复旦大学出版社，2011。

〔美〕保罗·莱文森：《数字麦克卢汉》，何道宽译，社会科学文献出版社，
　　　2001。

〔法〕贝尔纳·斯蒂格勒：《技术与时间：3.电影的时间与存在之痛的问
　　　题》，方尔平译，译林出版社，2012。

〔美〕彼得·布鲁克斯：《身体活：现代叙述中的欲望对象》，朱生坚译，
　　　新星出版社，2005。

〔英〕伯特兰·罗素：《西方的智慧——西方哲学在它的社会和政治背景
　　　中的历史考察》，瞿铁鹏等译，上海人民出版社，1992。

〔英〕伯特兰·罗素：《西方哲学史》（上卷），何兆武、李约瑟译，商务
　　　印书馆，1991。

〔法〕布鲁诺·拉图尔：《科学在行动——怎样在社会中跟随科学家和工
　　　程师》，刘文旋、郑开译，东方出版社，2005。

〔美〕查尔斯·霍顿·库利：《社会过程》，洪小良等译，华夏出版社，
　　　2000。

〔美〕戴维·哈维：《后现代的状况——对文化变迁之缘起的探究》，阎
　　　嘉译，商务印书馆，2003。

〔英〕戴维·莫利：《传媒、现代性和科技——“新”的地理学》，郭大
　　　为等译，中国传媒大学出版社，2010。

〔英〕丹尼斯·麦奎尔、〔瑞典〕斯文·温德尔：《大众传播模式论》，祝
　　　建华、武伟译，上海译文出版社，1987。

《德意志意识形态：节选本》，人民出版社，2003。

〔法〕笛卡尔：《第一哲学沉思集》，庞景仁译，商务印书馆，1986。

〔法〕笛卡尔：《谈谈方法》，王太庆译，商务印书馆，2000。

〔美〕E. M. 罗杰斯：《传播学史：一种传记式的方法》，殷晓蓉译，上海译文出版社，2005。

〔美〕弗兰克·梯利：《西方哲学史》，葛力译，商务印书馆，2004。

〔德〕弗里德里希·基特勒：《留声机 电影 打字机》，邢春丽译，复旦大学出版社，2017。

〔德〕冈特·绍伊博尔德：《海德格尔分析新时代的技术》，宋祖良译，中国社会科学出版社，1993。

〔美〕郭颖颐：《中国现代思想中的唯科学主义（1900—1950）》，雷颐译，江苏人民出版社，2010。

〔美〕H. S. 塞耶编《牛顿自然哲学著作选》，上海外国自然科学哲学著作编译组译，上海人民出版社，1974。

〔加〕哈罗德·伊尼斯：《传播的偏向》，何道宽译，中国人民大学出版社，2003。

〔加〕哈罗德·伊尼斯：《帝国与传播》，何道宽译，中国人民大学出版社，2003。

〔德〕汉斯-格奥尔格·加达默尔：《真理与方法——哲学诠释学的基本特征》上卷，洪汉鼎译，上海译文出版社，1992。

〔德〕黑格尔：《法哲学原理》，范扬、张企泰译，商务印书馆，2011。

〔德〕黑格尔：《美学》第三卷上册，朱光潜译，商务印书馆，1979。

〔德〕黑格尔：《哲学史讲演录》第四卷，贺麟、王太庆译，商务印书馆，1978。

〔德〕黑格尔：《自然哲学》，梁志学等译，商务印书馆，1980。

〔加〕杰弗里·温斯洛普-扬：《基特勒论媒介》，张昱辰译，中国传媒大学出版社，2019。

〔美〕卡尔·米切姆：《技术哲学概论》，殷登祥、曹南燕等译，天津科学技术出版社，1999。

〔美〕凯瑟琳·海勒：《我们何以成为后人类：文学、信息科学和控制论中的虚拟身体》，刘宇清译，北京大学出版社，2017。

〔美〕凯斯·R.桑斯坦:《信息乌托邦:众人如何生产知识》,毕竞悦译,法律出版社,2008。

〔美〕凯斯·桑斯坦:《网络共和国》,黄维明译,上海人民出版社,2003。

〔美〕凯文·凯利:《失控》,东西网编译,新星出版社,2011。

〔德〕康德:《道德形而上学原理》,苗力田译,上海人民出版社,2012。

〔美〕克莱·舍基:《认知盈余》,胡泳、哈丽丝译,中国人民大学出版社,2012。

〔丹〕克劳斯·布鲁恩·延森:《媒介融合:网络传播、大众传播和人际传播的三重维度》,刘君译,复旦大学出版社,2012。

〔美〕克里斯托弗·辛普森:《胁迫之术:心理战与美国传播研究的兴起(1945—1960)》,王维佳等译,华东师范大学出版社,2017。

〔美〕L.S.斯塔夫里阿诺斯:《全球通史:从史前史到21世纪》(第7版修订版下册),吴象婴等译,北京大学出版社,2006。

〔德〕莱布尼茨:《人类理智新论》,陈修斋译,商务印书馆,2002。

〔德〕莱布尼茨、〔英〕克拉克:《莱布尼茨与克拉克论战书信集》,陈修斋译,商务印书馆,1996。

〔法〕雷吉斯·德布雷:《媒介学引论》,刘文玲译,中国传媒大学出版社,2014。

〔法〕雷吉斯·德布雷:《普通媒介学教程》,陈卫星、王杨译,清华大学出版社,2014。

〔英〕雷蒙·威廉斯:《文化与社会:1780—1950》,高晓玲译,吉林出版集团有限责任公司,2011。

李秋零主编《康德著作全集》第二卷,中国人民大学出版社,2004。

〔俄〕列夫·马诺维奇:《新媒体的语言》,车琳译,贵州人民出版社,2020。

〔美〕罗伯特·B.塔利斯:《杜威》,彭国华译,中华书局,2002。

〔加〕罗伯特·洛根:《理解新媒介——延伸麦克卢汉》,何道宽译,复旦大学出版社,2012。

〔德〕马丁·海德格尔:《存在与时间》,陈嘉映、王庆节译,生活·读书·新知三联书店,2006。

〔德〕马丁·海德格尔:《路标》,孙周兴译,商务印书馆,2000。

〔美〕马克·波斯特：《第二媒介时代》，范静哗译，南京大学出版社，2000。

《马克思恩格斯选集》第一卷，人民出版社，1995。

〔德〕马克斯·霍克海默、西奥多·阿道尔诺：《启蒙辩证法——哲学断片》，渠敬东、曹卫东译，上海人民出版社，2006。

〔德〕马克斯·韦伯：《新教伦理与资本主义精神》，于晓等译，生活·读书·新知三联书店，1987。

〔加〕马歇尔·麦克卢汉：《理解媒介——论人的延伸》，何道宽译，商务印书馆，2000。

〔加〕马歇尔·麦克卢汉：《麦克卢汉如是说：理解我》，何道宽译，中国人民大学出版社，2006。

〔英〕马修·福勒：《媒介生态学：艺术与技术文化中的物质能量》，麦颠译，上海社会科学院出版社，2019。

〔美〕曼纽尔·卡斯特：《网络社会的崛起》，夏铸九等译，社会科学文献出版社，2001。

〔美〕曼纽尔·卡斯特主编《网络社会：跨文化的视角》，周凯译，社会科学文献出版社，2009。

〔美〕梅尔文·德弗勒、桑德拉·鲍尔-洛基奇：《大众传播学诸论》，杜力平译，新华出版社，1990。

〔法〕米歇尔·福柯：《规训与惩罚：监狱的诞生》，刘北成、杨远婴译，生活·读书·新知三联书店，1999。

苗力田主编《亚里士多德全集》第三卷，中国人民大学出版社，1992。

〔法〕莫里斯·梅洛-庞蒂：《知觉现象学》，姜志辉译，商务印书馆，2001。

〔德〕尼采：《权力意志》，孙周兴译，商务印书馆，2007。

〔德〕尼采：《苏鲁支语录》，徐梵澄译，商务印书馆，1992。

〔美〕尼尔·波兹曼：《童年的消逝》，吴燕莛译，中信出版社，2015。

〔英〕尼古拉斯·盖恩、戴维·比尔：《新媒介：关键概念》，刘君、周竞男译，复旦大学出版社，2015。

〔美〕尼古拉斯·克里斯塔基斯、詹姆斯·富勒：《大连接：社会网络是如何形成的以及对人类现实行为的影响》，简学译，中国人民大学出版社，2013。

倪梁康选编《胡塞尔选集》，上海三联书店，1997。

〔美〕帕特里曼·奥坦伯德·约翰逊：《伽达默尔》，何卫平译，中华书局，2003。

〔美〕乔治·H.米德：《心灵、自我与社会》，赵月瑟译，上海译文出版社，1992。

〔英〕乔治·柏克莱：《人类知识原理》（修订本），关文运译，商务印书馆，1958。

〔美〕R.E.帕克等：《城市社会学——芝加哥学派城市研究》，宋俊岭、郑也夫译，商务印书馆，2012。

〔法〕让·波德里亚：《消费社会》，刘成富、全志钢译，南京大学出版社，2000。

〔意〕圣多玛斯·阿奎纳：《宇宙间的灵智实体问题》，吕穆迪译，台北：台湾商务印书馆，1970。

〔丹〕施蒂格·夏瓦：《文化与社会的媒介化》，刘君等译，复旦大学出版社，2018。

〔德〕叔本华：《作为意志和表象的世界》，石冲白译，商务印书馆，2018。

〔荷〕斯宾诺莎：《伦理学》，贺麟译，商务印书馆，1991。

孙周兴选编《海德格尔选集》，上海三联书店，1996。

〔英〕W.C.丹皮尔：《科学史及其与哲学和宗教的关系》，李珩译，商务印书馆，1975。

〔美〕威尔伯·施拉姆、威廉·波特：《传播学概论》，陈亮等译，新华出版社，1984。

〔美〕维克多·维拉德-梅欧：《胡塞尔》，杨富斌译，中华书局，2002。

〔德〕西皮尔·克莱默尔：《传媒、计算机、实在性——真实性表象和新传媒》，孙和平译，中国社会科学出版社，2008。

〔美〕宣伟伯、余也鲁：《传媒·教育·现代化——教育传播的理论与实践》，高等教育出版社，1988。

〔古希腊〕亚里士多德：《尼各马科伦理学》，苗力田译，中国社会科学出版社，1990。

〔古希腊〕亚里士多德：《物理学》，徐开来译，中国人民大学出版社，

2003。

〔以〕尤瓦尔·赫拉利:《未来简史:从智人到神人》,林俊宏译,中信出版社,2017。

〔美〕约翰·奥尼尔:《身体形态:现代社会的五种身体》,张旭春译,春风文艺出版社,1999。

〔美〕约翰·杜海姆·彼得斯:《奇云:媒介即存有》,邓建国译,复旦大学出版社,2020。

〔美〕约翰·杜翰姆·彼得斯:《对空言说:传播的观念史》,邓建国译,上海译文出版社,2017。

〔美〕詹姆斯·W. 凯瑞:《作为文化的传播:"媒介与社会"论文集》,丁未译,华夏出版社,2005。

二　中文著作

包亚明主编《现代性与空间的生产》,上海教育出版社,2003。

陈嘉明:《现代西方哲学方法论讲演录》,广西师范大学出版社,2009。

陈嘉明:《现代性与后现代性十五讲》,北京大学出版社,2006。

陈明宽:《技术替补与广义器官:斯蒂格勒哲学研究》,商务印书馆,2021。

范龙:《媒介现象学:麦克卢汉传播思想研究》,中国大百科全书出版社,2012。

高亮华:《人文主义视野中的技术》,中国社会科学出版社,1996。

宫承波主编《新媒体概论》,中国广播影视出版社,2017。

郭庆光:《传播学教程》,中国人民大学出版社,2011。

胡翼青主编《西方传播学术史手册》,北京大学出版社,2023。

胡翼青主编《西方媒介学名著导读》,北京大学出版社,2023。

匡文波:《新媒体概论》,中国人民大学出版社,2019。

李苓编著《传播学:理论与实务》,四川人民出版社,2002。

李沁:《沉浸传播:第三媒介时代的传播范式》,清华大学出版社,2013。

李沁:《媒介化生存:沉浸传播的理论与实践》,中国人民大学出版社,2019。

刘进、李长生:《"空间转向"与当代西方马克思主义文学批评研究》,

社会科学文献出版社，2015。

陆晔主编《图说城市传播》，中国传媒大学出版社，2019。

苗力田、李毓章主编《西方哲学史新编》，人民出版社，1990。

欧阳灿灿：《当代欧美身体研究批评》，中国社会科学出版社，2015。

彭兰：《新媒体用户研究：节点化、媒介化、赛博格化的人》，中国人民
　　大学出版社，2020。

乔瑞金主编《技术哲学教程》，科学出版社，2006。

童强：《空间哲学》，北京大学出版社，2011。

汪民安、陈永国编《后身体：文化、权力与生命政治学》，吉林人民出版
　　社，2003。

王岳川：《后现代主义文化研究》，北京大学出版社，1992。

王岳川：《艺术本体论》，生活·读书·新知三联书店，1994。

吴璟薇编《媒介研究导论》，中国传媒大学出版社，2024。

吴璟薇、毛万熙主编《媒介与技术研究经典导读》，中国传媒大学出版
　　社，2022。

吴志远：《超越主体主义：反思20世纪传播学的哲学源流》，江苏人民出
　　版社，2020。

谢劲松：《胡塞尔传》，长江文艺出版社，2002。

许良：《技术哲学》，复旦大学出版社，2004。

阎峰：《场景即生活世界：媒介化社会视野中的场景传播研究》，上海交
　　通大学出版社，2018。

杨大春：《现代性与主体的命运》，中国人民大学出版社，2019。

杨庆峰：《翱翔的信天翁：唐·伊德技术现象学研究》，中国社会科学出
　　版社，2015。

殷晓蓉：《战后美国传播学的理论发展：经验主义和批判学派的视域及其
　　比较》，复旦大学出版社，2000。

尹保红：《西方马克思主义空间理论建构及其当代价值》，光明日报出版
　　社，2016。

余志鸿：《中国传播思想史》（古代卷·上），上海交通大学出版社，2005。

喻国明：《媒介革命：互联网逻辑下传媒业发展的关键与进路》，人民日
　　报出版社，2015。

张汝伦：《现代西方哲学十五讲》，北京大学出版社，2003。

张廷国：《重建经验世界——胡塞尔晚期思想研究》，华中科技大学出版
　　社，2003。

张志伟：《西方哲学十五讲》，北京大学出版社，2004。

赵星植：《皮尔斯与传播符号学》，四川大学出版社，2017。

三　中文论文

陈嘉映：《说隐喻》，《华东师范大学学报》（哲学社会科学版）2002 年
　　第 6 期。

戴宇辰：《媒介化研究：一种新的传播研究范式》，《安徽大学学报》（哲
　　学社会科学版）2018 年第 2 期。

戴宇辰：《"物"也是城市中的行动者吗？——理解城市传播分析的物质
　　性维度》，《新闻与传播研究》2020 年第 3 期。

单纯：《"知识沟"理论的演变及其社会意义》，《社会科学》1993 年第
　　8 期。

邓晓芒：《胡塞尔现象学导引》，《中州学刊》1996 年第 6 期。

杜骏飞、周玉黍：《传播学的解放》，《新闻记者》2014 年第 9 期。

方苏：《人类：一个娱乐至死的物种？——尼尔·波兹曼〈娱乐至死〉
　　阅读札记》，《东南传播》2007 年第 11 期。

费多益：《话语心智》，《自然辩证法研究》2007 年第 6 期。

复旦大学信息与传播研究中心课题组、谢静：《可沟通城市：网络社会的
　　新城市主张》，《新闻与传播研究》2015 年第 7 期。

顾烨烨、莫少群：《媒介化研究：理论溯源与研究路径》，《全球传媒学
　　刊》2022 年第 2 期。

胡翼青：《人是媒介的延伸》，《新闻与写作》2022 年第 9 期。

胡翼青：《重塑传播研究范式：何以可能与何以可为》，《现代传播（中
　　国传媒大学学报）》2016 年第 1 期。

胡泳：《新词探讨：回声室效应》，《新闻与传播研究》2015 年第 6 期。

黄旦：《对传播研究反思的反思——读吴飞，杜骏飞和张涛甫三位学友文
　　章杂感》，《新闻记者》2014 年第 12 期。

李金铨：《传播研究的典范与认同》，《书城》2014 年第 2 期。

李良荣：《传播革命下"新解释框架"建构》，《人民论坛》2015 年第 14 期。

刘海龙：《传播中的身体问题与传播研究的未来》，《国际新闻界》2018 年第 2 期。

刘海龙、束开荣：《具身性与传播研究的身体观念——知觉现象学与认知科学的视角》，《兰州大学学报》（社会科学版）2019 年第 2 期。

刘涛：《社会化媒体与空间的社会化生产——列斐伏尔和福柯"空间思想"的批判与对话机制研究》，《新闻与传播研究》2015 年第 5 期。

刘晓红：《行为主义和传播研究》，《新闻与传播研究》1998 年第 3 期。

梅琼林：《透明的媒介：论麦克卢汉对媒介本质的现象学直观》，《人文杂志》2008 年第 5 期。

彭兰：《场景：移动时代媒体的新要素》，《新闻记者》2015 年第 3 期。

秦湘源：《本体论的历史演进》，《求是学刊》1994 年第 4 期。

任剑涛：《人工智能与公共拟制》，《当代美国评论》2019 年第 1 期。

宋庆宇、张樹沁：《身体的数据化：可穿戴设备与身体管理》，《中国青年研究》2019 年第 12 期。

隋岩、曹飞：《论群体传播时代的莅临》，《北京大学学报》（哲学社会科学版）2012 年第 5 期。

孙玮：《交流者的身体：传播与在场——意识主体、身体-主体、智能主体的演变》，《国际新闻界》2018 年第 12 期。

孙玮：《镜中上海：传播方式与城市》，《苏州大学学报》（哲学社会科学版）2014 年第 4 期。

孙玮：《赛博人：后人类时代的媒介融合》，《新闻记者》2018 年第 6 期。

孙玮：《微信：中国人的"在世存有"》，《学术月刊》2015 年第 12 期。

孙玮：《为了重建的反思：传播研究的范式创新》，《新闻记者》2014 年第 12 期。

谭雪芳：《图形化身、数字孪生与具身性在场：身体-技术关系模式下的传播新视野》，《现代传播（中国传媒大学学报）》2019 年第 8 期。

王治东：《"物联网技术"的哲学释义》，《自然辩证法研究》2010 年第 12 期。

吴飞、傅正科：《大数据与"被遗忘权"》，《浙江大学学报》（人文社会科学版）2015 年第 2 期。

吴飞：《何处是家园？——传播研究的逻辑追问》，《新闻记者》2014 年
第 9 期。

徐轶瑛、那宇奇：《智能媒介视域下传播学研究的范式流变》，《现代传
播（中国传媒大学学报）》2023 年第 8 期。

张华、杨荣智：《身体是媒介的延伸：媒介与身体关系视角下的"时空
伴随"》，《中国报业》2023 年第 1 期。

郑大群：《论传播形态中的身体叙事》，《学术界》2005 年第 5 期。

郑伟：《论本体论的演进》，《学术交流》2008 年第 2 期。

朱红文：《近代唯科学主义的形成及其实质》，《上海社会科学院学术季
刊》1995 年第 3 期。

四　外文文献

Alfred North Whitehead, *Process and Reality: An Essay in Cosmology* (New
York：The Free Press, 1978).

Andreas Hepp, Friedrich Krotz, What "Effect" Do Media Have? Mediatiza-
tion and Process of Social-Cultural Change (paper represented at The In-
ternational Communication Association Conference in San Francisco, May
24-28, 2007).

Bernard Stiegler, *For a New Critique of Political Economy*, trans. by D. Ross
(Cambridge：Polity Press, 2010).

Bruno Latour, *Reassembling the Social: An Introduction to Actor-Network-Theory*
(Oxford：Oxford University Press, 2007).

Bruno Latour, "Introduction：Paris, Invisible City: The Plasma," *City,
Culture and Society*, Vol. 3, No. 2 (2012).

David Harvey, *The Condition of Postmodernity: An Enquiry into the Origins of
Cultural Change* (Cambridge：Wiley-Blackwell, 2006).

Edmund Husserl, *Logische Untersuchungen: Band II* (Tuebingen：Max Niem-
eyer Verlag Tuebingen, 1980).

Eric McLuhan, Frank Zingrone, eds., *Essential McLuhan* (Toronto：House of
Anansi Press, 1995).

Felix Driver, "Bodies in Space: Foucault's Account of Disciplinary Power," in Colin Jones and Roy Porter, eds. , *Reassessing Foucault: Power, Medicine and the Body* (London and New York: Routledge, 1994).

Friedrich Krotz, "The Meta-Process of 'Mediatization' as a Conceptual Frame," *Global Media and Communication*, Vol. 3, No. 3 (2007).

Friedrich Kittler, *Optical Media*, trans. by Anthony Enns, with an introduction by John Durham Peters (Cambridge: Polity Press, 2010).

James J. Gibson, *The Ecological Approach to Visual Perception* (New York: Psychology Press, 2014).

James J. Gibson, *The Senses Considered as Perceptual Systems* (San Francisco: Praeger, 1983).

Livingstone Sonia, "Foreword: Coming to terms with 'Mediatization'," in Knut Lundby, eds. , *Mediatization: Concept, Changes, Consequences* (New York: Peter Lang, 2009).

Madeleine Akrich, Bruno Latour, "A Summary of a Convenient Vocabulary for the Semiotics of Human and Nonhuman Assemblies," in Wiebe E. and John Law, eds. , *Shaping Technology/Building Society: Studies in Sociotechnical Change* (Cambridge: The MIT Press, 1992).

Maurice Merleau-Ponty, *Phénoménologie De La Perception* (Paris: Librairie Gallimard, 1945).

Michael E. Zimmerman, *Heidegger's Confrontation with Modernity: Technology, Politics, and Art* (Bloomington and Indianapolis: Indiana University Press, 1990).

Nick Couldry, Andreas Hepp, *The Mediated Construction of Reality* (Cambridge: Polity Press, 2016).

Pasi Falk, *The Consuming Body* (London: SAGE Publications Ltd. , 1994).

Paul Heyer, *Harold Innis(Critical Media Studies: Institutions, Politics, and Culture)* (Boulder: Rowman & Littlefield, 2003).

Stig Hjarvard, *The Mediatization of Culture and Society* (London: Routledge, 2013).

Stig Hjarvard, "The Mediatization of Society: A Theory of the Media as Agents of Social and Cultural Change," *Nordicom Review*, Vol. 29, No. 2 (2008).

Sybiller Krämer, *Medium, Messenger, Transmission: An Approach to Media Philosophy* (Amsterdam: Amsterdam University Press, 2015).

Wilbur Schramm, "Comments on 'The State of Communication Research'," *Public Opinion Quarterly*, Vol. 23, No. 1 (1959).

后 记

　　本书的写作历时四年，终于杀青。这是我的第二本个人学术专著，与第一本学术专著《传媒本体论：新媒体时代的理论转向》一样，本书也在关注"媒介本体论"的相关问题。我的第一本专著完成于2014年，那时候关注"媒介本体论"的人还不多，相关研究还很不成熟，可参考的资料也很少。经过十年的发展，"媒介本体论"的相关研究已经取得长足的进步，本书可以说是站在巨人的肩膀上完成的。虽然我自认为本书的写作水平相比第一本专著而言还是精进不少，但是仍然很不成熟，只能起到抛砖引玉的作用，希望可以让更多的学者来关注传播学的基础理论研究。

　　我从读博士开始，就一直对基础理论研究感兴趣，也认为传播学研究最大的问题就是基础还不牢靠，还没有跟作为"万学之母"的哲学深入结合，相关研究的理论性和思辨性还不强。有些人可能会提出异议：传播学本来就是一门应用性很强的学科，理论思辨性不强是应该的。但是，经济学、法学、政治学都是应用型学科，而这些学科都有很深厚的理论根基，都能产出极具理论思辨性的学术成果，究其原因，是这些学科都从哲学中找到了相关的理论资源来为自己的学科建设服务。因此，传播学想要真正摆脱"无学"的骂名，想要真正提升自己的学科地位，也应该从哲学中去寻找理论资源。本书就将哲学中现象学的理论和方法引入传播学研究，重新理解媒介，重新理解媒介与人、媒介与世界的关系，让传播学不再仅仅关注"大众传播"的相关问题，而是回到自己应然的出发点，即探讨媒介与人类存在的关系。

　　本书虽然是我独立完成的，但是离不开身边很多人的帮助和支持。

　　首先感谢我的博士生导师蒋晓丽教授，我从读硕士开始就一直跟着蒋老师求学，在这么多年的求学路上，蒋老师一直鼓励我从事传播学的基础理论研究，并给了我很大的支持和帮助；感谢著名符号学家赵毅衡先生，承蒙先生的厚爱，让我得以加入川大符号学研究团队，这个强大而温暖的团队给了我莫大的帮助，让我在学术上找到了自己的家园；感谢我的博士后合作导师胡易容教授，我在读博期间就认识了胡老师，并一直非常敬佩他的学识和人品。后来有幸能够拜在胡老师门下求学，接受胡老师的指导，让我在学术研究上有了更清晰的目标和方向。

在从事学术研究的道路上，还有很多帮助和指导过我的师友，我在这里也一一表示感谢：刘俊教授、丁和根教授、唐小林教授、陆正兰教授、谭光辉教授、饶广祥教授、赵星植教授、李泉教授，等等。感谢社会科学文献出版社的张建中老师，没有张老师的帮助和支持，本书不可能这么顺利地出版。

感谢我的家人对我的支持，没有他们的支持，我不可能有那么多时间和精力来完成本书的写作。最后，我把我的这本小书献给我最心爱的女儿"琪琪"，希望你能一直健康快乐地成长。

2024 年 8 月于保利·紫薇花语